Gestão Baseada em Valor

A Resposta das Empresas à Revolução dos Acionistas

Tradução
José Guimarães Alcântara

Gestão Baseada em Valor

A Resposta das Empresas à Revolução dos Acionistas

John D. Martin

J. William Petty

QUALITYMARK

Edição original Copyright© 2000 by Notice and Acknowledment
Tradução autorizada do original inglês Value based management.
Publicado através de acordo com a Havard Business School Press

Copyright© 2004 by Qualitymark Editora Ltda.

Todos os direitos desta edição reservados à Qualitymark Editora Ltda.
É proibida a duplicação ou reprodução deste volume, ou parte do mesmo,
sob qualquer meio, sem autorização expressa da Editora.

Direção Editorial
SAIDUL RAHMAN MAHOMED
editor@qualitymark.com.br

Produção Editorial
EQUIPE QUALITYMARK

Capa
WILSON COTRIM

Editoração Eletrônica
ABREU'S SYSTEM

CIP-Brasil. Catalogação-na-fonte
Sindicato Nacional dos Editores de Livros, RJ

M334g

Martin, John D., 1945-
    Gestão baseada em valor : a resposta das empresas à revolução dos acionistas / John D. Marin, J. William Petty ; tradução de José Guimarães Alcântara. — Rio de Janeiro : Qualitymark, 2004.

    Tradução de: Value based management : the corporate response to the shareholder revolution
    Apêndices
    Inclui bibliografia
    ISBN 85-7303-364-9

    1. Análise de valor (Controle de custo). 2. Administrção de empresas.
I. Petty, J. William, 1942-. II. Título.

04-0929

CDD 658.1
CDU 658.1

2004
IMPRESSO NO BRASIL

Qualitymark Editora Ltda.
Rua Teixeira Júnior, 441
São Cristóvão
20921-400 – Rio de Janeiro – RJ
Tel.: (0XX21) 3860-8422

Fax: (0XX21) 3860-8424
www.qualitymark.com.br
E-Mail: quality@qualitymark.com.br
QualityPhone: 0800-263311

Dedicatória

À medida que contemplávamos a dedicatória desse livro, consideramos um sem número de possibilidades. Freqüentemente, o os autores dedicam seu trabalho a membros da família, que é facilmente justificável dada importância deles para nós. Entretanto, no processo de nossa investigação da gestão baseada em valor, conhecemos e passamos a admirar vários executivos e gestores que enfrentaram as dificuldades da adoção, implementação e administração do sistema da gestão baseada em valor. Para nós, esses indivíduos são heróis sem reconhecimento. Eles estão, afinal de contas, fazendo diferença significativa nas vidas de investidores individuais que colocam seu futuro financeiro nas mãos desses gestores. Portanto, saudamos os homens e mulheres cujos esforços na implementação dos programas de gestão baseada em valor criaram riqueza para milhões de investidores anônimos que, por sinal confessamos incluir nossos próprios planos de aposentadoria 401(k).

Prefácio

A Financial Management Association em conjunto com a Harvard Business School Press co-patrocinaram a publicação da série Survey and Synthesis em um esforço para encurtar a distância entre a pesquisa financeira e a prática de finanças. O assunto desse livro é a gestão baseada em valor ou Value Based Management (VBM), que é um termo genérico para um conjunto de ferramentas de gestão utilizado para facilitar o gerenciamento das operações em uma empresa de maneira a realçar o valor para o acionista. O VBM é uma inovação relativamente recente na prática de finanças que só há pouco começou a influenciar as pesquisas em finanças. O propósito desse livro é examinar as ferramentas e práticas da gestão baseada em valor ou VBM de modo que será útil tanto para acadêmicos como para praticantes.

De certo modo o VBM é em si uma síntese das múltiplas disciplinas e assuntos de negócios. Das finanças, o VBM adotou o objetivo da geração de valor para o acionista juntamente com a aceitação do paradigma do cálculo de valor pelo fluxo de caixa descontado. Da estratégia empresarial, o VBM aceitou a noção de que a criação de valor é um resultado do investimento em nichos de mercado ou oportunidades onde a empresa tem alguma vantagem comparativa sobre seus concorrentes atuais e em potencial. Da contabilidade, o VBM adotou a estrutura básica das demonstrações contábeis de uma empresa e as modificou para seus próprios propósitos. E finalmente, do comportamento organizacional o VBM adotou a noção de que "O que é medido e recompensado é feito". Assim, o sistema VBM constitui um sistema de medida e recompensa elaborado para encorajar empregados a concentrar suas atividades na geração de valor para o acionista.

O desenvolvimento do VBM de fato apóia-se nos mesmos princípios fundamentais que há muito têm sido parte do mundo das finanças acadêmicas. Primeiro, o VBM adota como pressuposto que a criação de valor depende dos conceitos de cálculo de valor pelo fluxo de caixa descontado. Segundo, o VBM apóia-se na crença de que as atitudes de uma empresa são de grande interesse para o público que nela investe. Assim, o gestor deve considerar a perspectiva dos investidores da empresa quando decide quanto à melhor maneira de tocar o negócio.

A prática de negócios evoluiu ao longo de dois caminhos paralelos. A prática de orçamentos de capital adotou a noção do cálculo de valor pelos fluxos de caixa futuros descontados. Entretanto, a avaliação de desempenho de operações em andamento para a maioria das empresas continua a basear-se em medidas contábeis anuais, tais como lucros e crescimento em lucros. A inconsistência entre essas medidas de desempenho e a criação de valor para o acionista já foi reconhecida há muito tempo, porém aplicar abordagens de cálculo de valor visando o futuro apresenta alguns problemas de grande dificuldade. Os sistemas VBM se propõem a resolver estes problemas e têm ganhado muitos seguidores, por exemplo, uma edição especial da revista *Fortune* classifica todos os anos as empresas norte-americanas que mais criaram valor e o *Wall Street Journal* oferece rankings baseados em retornos totais aos acionistas.

Três principais métodos estão sendo utilizados na gestão baseada em valor, correspondendo em sua maior parte às empresas de consultoria que serviram como seus proponentes:

1. O método do fluxo de caixa livre como proposto de uma forma ou de outra por empresas tais como a McKinsey & Co. e a LEK/Alcar.
2. O método do valor econômico adicionado/valor de mercado adicionado (EVA/MVA) apoiado pela Stern Stewart & Co.
3. A abordagem do retorno sobre o investimento base caixa (CFROI) utilizada pelo Boston Consulting Group e HOLT Value Associates

Embora freqüentemente promovidos como novos desenvolvimentos, todas as três técnicas apóiam-se na teoria básica que sustenta o uso dos métodos tradicionais de fluxo de caixa descontado na avaliação de novas oportunidades de investimento. Isso não significa que o VBM não traga algo de novo — e necessário — à mesa. O VBM é uma maneira de avaliar o sucesso ou o fracasso de *operações em andamento*; isso é, ele oferece à gestão um método para avaliar o desempenho dos ativos existentes da empresa ou ativos em uso, utilizando o mesmo padrão que é usado para avaliar novas aquisições de ativos (i.e., a contribuição antecipada ao valor da ação). Essa distinção é importante pois até 40% dos ativos de uma empresa não são sujeitos a nenhuma avaliação de fluxo de caixa descontado antes de serem adquiridos. Consistentemente, os gestores desses ativos não são responsabilizados em termos de geração de valor ou a falta da mesma. Adicionalmente, o VBM proporciona uma estrutura para unir o desempenho à remuneração — uma questão de primordial importância se desejamos que os gestores tenham incentivos para agir no interesse dos acionistas.

O crescente interesse no VBM pode ser amplamente atribuído à predominância cada vez maior dos interesses do acionista na gestão e controle das empresas norte-americanas. Essa crescente preocupação pelos interesses do acionista pode ser diretamente associada ao crescimento dramático na manutenção institucional de ações de empresas norte-americanas ao longo das duas últimas décadas. O crescimento na concentração de ações ordinárias nas mãos de investidores institucionais ofereceu abertura a maiores pressões para que a gestão das empresas se concentrasse nos interesses dos acionistas. Assim, esse livro e outros como ele surgem da necessidade de que gestores de todas as empresas — grandes ou pequenas, públicas ou privadas — estejam mais bem preparados para responder à crescente pressão que enfrentam para gerar valor ao acionista.

O reconhecimento da necessidade por um livro da Survey and Sinthesis sobre o VBM também surgiu de nosso trabalho em um estudo extensivo de benchmarking sobre a gestão baseada em valor. Nesse estudo, tivemos a oportunidade de interagir com várias empresas que gerenciam ativamente com foco no valor ao acionista. Observamos que as empresas que patrocinavam a pesquisa tinham grande desejo em tornar-se eficientes na gestão de valor ao acionista, porém tinham dificuldade em encontrar a melhor maneira de fazê-lo. O catalisador final para o livro veio dos recrutadores de executivos, especialmente de empresas de consultoria que buscam graduados que estejam familiarizados com o VBM.

Dividimos o livro em três partes, começando com uma discussão sobre a necessidade por mudanças que produziu a revolução do VBM. A Parte II expõe as ferramentas do VBM e inclui um capítulo que revisa os sistemas de remuneração que constituem um elemento crítico para qualquer sistema VBM. A Parte III apresenta um olhar crítico sobre as deficiências teóricas e empíricas do VBM. Nosso objetivo nessa parte é oferecer um resumo do que é conhecido ou não sobre a utilização do VBM e seus efeitos sobre a geração de valor para o acionista. Também discutimos as lições aprendidas por muitos que adotaram o VBM, o que proporciona um guia valioso, para outros potenciais utilizadores, baseado em seus sucessos e fracassos.

Agradecimentos

Desejamos expressar nossa gratidão sincera aos vários indivíduos cujo encorajamento e cooperação foram essenciais à conclusão desse livro. Sua disposição em ajudar demonstra sua convicção de que a gestão de valor ao acionista deve ser uma questão de vital importância para todos na empresa. Especificamente, agradecemos os seguintes executivos:

James Breen e Judith V. Whipple, Briggs & Stratton Corporation
Steven L. Werkheiser, Northrop Grumman Corporation
Terry Pardue, Proctor & Gamble Company
Don Macleod, National Semiconductor Corporation
Matthew J. Devine e Denis J. Voisard, CSX Transportation
James C. Benjamin, Harnischferger Industries, Inc.
Bob Dettmer, PepsiCo, Inc.

Além disso, tivemos muita sorte em receber ajuda de vários consultores na gestão baseada em valor, incluindo John McCormak (Stern Stewart & Co.), Steve O'Byrne (Shareholder Value Advisors), e Rawley Thomas (Boston Consulting Group).

Também reconhecemos o trabalho da American Productivity and Quality Center (APQC) que patrocinou um estudo de benchmarking sobre a *gestão baseada em valor*. Como participantes nesse estudo, essa experiência serviu para estimular nosso interesse sobre esse assunto intrigante e verdadeiramente significativo. Especificamente, reconhecemos a ajuda de Michelle Hurd, Peggy Newton e Pegi Panfely da APQC International Benchmarking Clearinghouse. Também associadas ao estudo de benchmarking da APQC reconhecemos as empresas patrocinadoras, que incluem a Bell Canada, Chevron Corporation, ENI SPA, KPGM Peat Marwick LLP, Lagoven S.A., Northrop Grumman Corporation, Petro Canada e Weyerhaeuser Company.

Também expressamos nossa gratidão aos indivíduos que trabalharam conosco no processo de editoração e produção. Da Harvard Business School Press, agradecemos a Kirsten Sandberg, cujos conselhos e grande persistência ajudaram a tornar esse livro realidade. (Esperamos que ela jamais conte porque perdemos o manuscrito no aeroporto DFW.) Além disso, agradecemos a LindsayWhitman e Erin Beth Korey por sua assistência constante em manter o processo de andamento da obra e fazer aquelas "pequenas" coisas, que de outro modo se tornariam "grandes" coisas. E, finalmente, a Nancy Benjamin e Carol Keller da Books By Design, Inc., dizemos obrigado por todo o trabalho duro em manter a produção do livro e nos manter no cronograma, o que não foi fácil — e vocês fizeram isso com classe.

Sumário

PARTE I   INTRODUÇÃO À GESTÃO BASEADA EM VALOR E A NECESSIDADE POR MUDANÇA................................... 1

Capítulo 1   O que é Gestão Baseada em Valor? 3
Paradigmas Alternativos de Cálculo de Valor:
    Modelo Contábil versus Fluxo de Caixa Descontado 7
Unindo Estratégias de Negócios à Geração de Valor
    para o Acionista 9
As Ferramentas do VBM 9
O que Faz um Programa VMB Obter Sucesso? 10
Origens e Objetivos Deste Livro 10
Referências 11

Capítulo 2   A Revolução dos Acionistas e o Apelo por Mudanças 13
O Mercado pelo Controle das Corporações na Década de 80 14
Implementando as Fundações para o Ativismo dos Investidores
    Institucionais 15
Pressão de Investidores Institucionais Ativistas 21
Poucos Investidores Institucionais Engajam-se em
    Investimento Ativista ou de Relacionamento 21
A CII é o Ponto Focal do Ativismo Institucional 22
A Comunicação entre Investidores é Primordial 23
Investidores Institucionais Utilizam Procedimentos Similares
    para Selecionar suas Empresas-Alvo 24
As Empresas que se Concentram na Geração de Valor
    ao Acionista Provavelmente não se Tornarão Alvos 25
Investidores Institucionais Muitas Vezes Seguem os Ativistas
    do Setor Privado 26
Os Investidores Institucionais Podem Proporcionar Uma Fonte
    Direta de Capital 27
Reformar os Conselhos de Fundos de Pensão Públicos para
    Incluir Membros Menos Politizados 29
Aplicar os Padrões Fiduciários do ERISA aos Fundos Públicos 29

Estratégias Passivas de Investimento 30
Constitucionalizar a Independência do Conselho dos Fundos 30
Mudar para Planos de Contribuição Definida 30
Implicações para os Gestores Corporativos 31
Resumo 31

Apêndice 2A   Projeto de Lei sobre os Direitos dos Acionistas do Conselho de Investidores Institucionais 33

Apêndice 2B   O Sistema da CalPERS para Identificar Empresas-Alvo 37
Referências 38

Capítulo 3   Por que as Antigas Métricas não Funcionam 41
Gerenciar os Lucros *versus* Gerenciar o Valor ao Acionista 42
A Abordagem Contábil Tradicional à Avaliação de Desempenho ... 46
Resumo 52
Referências 52

PARTE II   GESTÃO BASEADA EM VALOR: NOVAS FERRAMENTAS PARA MEDIR E RECOMPENSAR O DESEMPENHO DAS EMPRESAS 55

Capítulo 4   Cálculo de Valor pelo Fluxo de Caixa Livre: O Alicerce da Gestão Baseada em Valor 57
O Começo para o VBM: Fluxos de Caixa Livres 59
Fluxos de Caixa Livres: É Isso que Importa 63
Fluxo de Caixa Livre e Cálculo de Valor da Empresa 64
Determinando a Taxa de Desconto 73
Os Direcionadores de Valor: Aprofundamento 75
O Acionista, Fluxos de Caixa Livres e Outras Coisas 78
Resumo 81

Apêndice 4A   Demonstrações Financeiras da Johnson & Johnson ($ milhões) 83

Apêndice 4B   Cálculos do Custo de Capital para a Texas Instruments 85
Referências 85

Capítulo 5 **Escolha um Nome, Qualquer Nome: Lucro Econômico, Lucro Residual ou Valor Econômico Agregado** 87
    O Conceito Fundamental: Lucro Residual ou Lucro Econômico.... 88
    EVA: Detalhamento do Lucro Residual.. 94
    Medindo o EVA de uma Empresa... 97
    Calculando NOPAT e CAPITAL 98
    Briggs & Stratton e o EVA... 99
    EVA Calculado: Uma Ilustração... 100
    Herman Miller, Inc. e o EVA.. 108
    Mais do que um Exercício Financeiro... 110
    Resumo.. 112

Apêndice 5A **Lucro Residual e Dividendos Descontados** 115
    Referências... 116

Capítulo 6 **A Avaliação de Desempenho Utilizando Taxas de Retorno**... 119
    Adotando a Perspectiva da Taxa de Retorno – TSR e TBR............ 121
    TSR e a Procter & Gamble 124
    Retorno sobre o Investimento Base Caixa (CFROI)...................... 125
    Investimento Bruto em Dólar Corrente... 131
    Fluxo de Caixa Bruto em Dólar Corrente...................................... 133
    Ativos Não-Depreciáveis.. 133
    Vida do Ativo.. 134
    CVA: A Alternativa do BCG ao EVA... 138
    Resumo.. 139

Apêndice 6A **Ajustando os Dados** 141
    Referências... 144

Capítulo 7 **Avaliação de Projetos Utilizando as Novas Métricas**... 145
    Exemplo de um Projeto de Investimento de Capital 146
    Medidas Tradicionais do Valor de um Projeto............................. 146
    Utilizando o EVA para Avaliar a Geração de Valor de um Projeto 148

Fluxos de Caixa Desiguais e NPV Positivo 156
Um EVA de Período Múltiplo para o Setor de Petróleo e
    Gás Natural 157
Resumo 163

Apêndice 7A   A Equivalência do MVA e NPV 165
Referências 166

Capítulo 8   Remuneração de Incentivo: O que se Mede e Recompensa é Feito 167
Determinando a Política de Remuneração de uma Empresa 170
Medidas de Desempenho de Período Único e Incentivos
    para a Gestão 176
Estendendo o Horizonte dos Gestores Através do Uso de um
    Banco de Bônus 182
Estabelecendo as Metas de EVA com Base nos Melhoramentos
    Ano a Ano 183
Utilizando Ações para Aumentar os Horizontes de Decisão dos
    Gestores 184
Como os Executivos são Pagos? 187
Por que o Pagamento pelo Desempenho não é a Norma? 188
Resumo 189
Referências 191

PARTE III   O QUÃO BEM FUNCIONA A GESTÃO BASEADA EM VALOR? 193

Capítulo 9   A Evidência Empírica: A Gestão Baseada em Valor Realmente Funciona? 195
A Teoria do Fluxo de Caixa Descontado Proporciona
    Previsões Confiáveis dos Preços das Ações? 197
Resumo da Evidência 206
Métricas VBM, Valores das Ações e Retornos das Ações 208
Resumos 215
Referências 217

Capítulo 10   O que as Empresas que Adotaram a Gestão Baseada em Valor Têm a Dizer? 219

Duas Empresas Experimentam o VBM.. 219
A Visão Daqueles que Adotaram com Sucesso o VBM 223
Compartilhando Experiências 225
Eles Fariam Tudo de Novo 232
Uma História de Sucesso na CSX Transportation.......................... 232
Uma História de Sucesso na Briggs & Stratton 233
Resumo 234

***Apêndice 10A* Perfis das Empresas que Foram Visitadas** 237
    Referências... 244
    Epílogo 245
    Índice Remissivo... 249

Parte I

•○●○•

Introdução à Gestão Baseada em Valor e a Necessidade por Mudança

As duas últimas décadas do século XX presenciaram mudanças dramáticas na maneira como as empresas são operadas. A fonte dessas mudanças tem sido o ressurgimento do poder do acionista e o conseqüente redirecionamento do esforço da gestão para a geração de valor ao acionista. Enquanto muitos podem proclamar a "mesquinharia" disso, poucos estão ansiosos para abrir mão do tremendo aumento no valor dos ativos de seus planos de pensão.

Na Parte I descrevemos a natureza e as origens da gestão baseada em valor (VBM). Além disso, revisamos os sistemas contábeis que se apóiam nos lucros e nas receitas como principais direcionadores de valor e que estão sendo substituídos pelas novas métricas do VBM.

Capítulo 1

O que é Gestão Baseada em Valor?

Todo indivíduo procura empregar seu capital de modo que seu uso possa lhe render o maior valor. Geralmente, ele não tem como intenção promover o interesse público e nem tem idéia de quanto o está promovendo. Ele visa somente sua própria segurança, seu próprio ganho. E ele está nisso guiado por uma mão invisível que promoverá um fim, que não fez parte das suas intenções. Ao buscar seus próprios interesses, ele freqüentemente promove os interesses da sociedade de modo mais eficiente do que quando ele realmente tem a intenção de fazê-lo.

Adam Smith, *The Wealth of Nations* (1776)

Por que os indivíduos compram ações ordinárias? Danny DeVito, no papel de Larry the Liquidator no filme *Other People's Money*, colocou isso da seguinte maneira quando se dirigiu à conferência anual dos acionistas da New England Wire and Cable Co.: "A menos que esteja enganado, a razão pela qual vocês se tornaram acionistas foi para ganhar dinheiro". Portanto, para um acionista um investimento tem sucesso quando o valor de seus fundos cresce.

Os gestores geram valor para o acionista ao identificar e empreender investimentos que obtêm um retorno maior do que o custo para a empresa de levantar o capital. Quando fazem isso, há um benefício adicional à sociedade. A competição entre empresas por fundos que financiam seus investimentos atrai o capital aos melhores projetos e a economia como um todo se beneficia. Essa é a mão invisível de Adam Smith trabalhando nos mercados de capitais. Os recursos são direcionados ao seu uso mais produtivo. Dessa maneira a produtividade desses recursos é otimizada, o que resulta em mais bens, serviços e empregos. A principal revelação por trás da noção de Smith de uma mão invisível é capturada pelas citações iniciais de sua obra *Wealth of Nations*: "Ao buscar o ganho pessoal o investidor individual produz o máximo de bem público".

A noção de que os gestores de uma empresa devem tomar decisões que levem ao aumento no valor para o acionista está longe de ser controversa. Afinal, os acionistas ordinários são os "donos" da empresa. De fato, não é incomum observar nas declarações de certas empresas que a maximização do valor para o acionista é o seu principal objetivo. Por exemplo, o relatório anual de 1995 da Olin Corporation cita: "O principal objetivo de qualquer empresa é gerenciar suas operações de modo a criar valor a longo prazo tanto para os acionistas quanto para seus empregados". Infelizmente, os objetivos dos gestores de uma empresa nem sempre estão alinhados àqueles dos acionistas da empresa. Como conseqüência, muitas (talvez até a maioria) das grandes corporações não são gerenciadas no dia-a-dia de modo a maximizar a riqueza dos acionistas.[1] De fato, algumas continuam a diminuir o valor para o acionista ano após ano.

A Tabela 1.1 apresenta as cinco melhores e as cinco piores criadoras de valor para o acionista entre as 1.000 maiores empresas norte-americanas a partir do final de 1998. O ranking baseia-se no MVA (Market Value Added) ou valor de mercado adicionado, que foi concebido pela Stern Stewart & Co. para medir quanta riqueza uma empresa criou em um determinado período de tempo.[2] O MVA é igual à diferença entre o valor de mercado de uma empresa (exigível somado ao patrimônio líquido) e o montante de capital que foi investido na empresa. Por exemplo, em 1998, os investidores tinham aproximadamente $11 bilhões investidos nos ativos da Microsoft e o valor de mercado desse investimento, no final de 1998, estava acima dos $328 bilhões. No lado oposto desse espectro, os investidores tinham mais de $85 bilhões investidos na General Motors e esse investimento valia aproximadamente $18 bilhões negativos no final de 1998. A Tabela 1.1 também oferece informações com respeito às taxas de retorno obtidas sobre o capital investido em cada empresa bem como a avaliação do mercado do custo de capital dessa empresa. Estes dois pedaços de informação real constituem um paradigma fundamental da gestão baseada em valor, isto é, as empresas que obtêm taxas de retorno mais altas do que seus custos de capital criam valor para o acionista, porém aquelas que falham neste teste simples o destroem.

---

[1] Em seu livro sobre gestão baseada em valor, McTaggart, Kontes e Mankins (1994) chegam ao ponto de afirmar que "a maior parte das grandes corporações em todo o mundo não são gerenciadas com o objetivo de maximizar a riqueza ou o valor para seus acionistas" (p. 41).

[2] Embora não seja relatado aqui, um ranking similar, chamado Shareholder Scoreboard, é preparado pela L.E.K Consulting LLC e publicado no *Wall Street Journal*. Esse ranking, no entanto, utiliza o retorno total ao acionista para períodos de um, três, cinco e dez anos para avaliar a criação ou destruição de valor. O retorno total inclui o aumento ou a queda no preço e qualquer reinvestimento de dividendos em caixa, ofertas de direitos e garantias e equivalentes de caixa, como ações recebidas em desmembramentos. Os retornos também são ajustados para desdobramentos de ações, dividendos em ações e recapitalizações. Veja *Wall Street Journal*, edição interativa, 24 de fevereiro de 2000.

No Brasil, a associação entre o BCG e a Fundação Getulio Vargas (EAESP/FGV-SP) deu origem ao ranking GVA® 50. Este ranking envolve a classificação das ações de cinqüenta empresas brasileiras mais negociadas em bolsa quanto à capacidade de geração de valor para o acionista, escolhidas entre aquelas de maior negociabilidade e de importância relativa no Índice IBX-100 da Bovespa. O ranking GVA® 50 é a listagem das empresas da amostra, classificadas em ordem decrescente de suas respectivas taxas de retorno total do acionista (TSR), apresentadas para os períodos de 1, 3, 5 e 10 anos. Adicionalmente, qualifica-se para cada empresa os respectivos CFRD's (Cash Flow Return on Investment – Retorno sobre o Investimento Base Caixa). Demonstra-se também a taxa de crescimento da base de ativos e o índice MV/BV (Market to Book ratio) que expressa a relação entre o valor de mercado da ação de seu valor patrimonial.

Tabela 1.1
Cinco Melhores e Cinco Piores Criadoras de Riqueza para o Acionista Entre as Empresas Norte-Americanas, 1998 ($ milhões)

Empresa	*Valor de Mercado Adicionado (MVA)*	*Capital Investido*	*Retorno sobre o Capital Investido (%)*	*Custo de Capital (WACC) (%)*
Cinco Melhores Criadoras de Valor				
Microsoft	$328.257	$10.954	56,16	12,64
General Electric	285.320	65.298	19,29	11,92
Intel	166.902	23.626	35,44	12,92
Lojas Wal-Mart	159.444	36.188	13,24	9,82
Coca-Cola	157.536	13.311	31,22	11,24
Cinco Piores Criadoras de Valor				
Union Pacific	(5.286)	30.191	2,42	7,26
Loews Corporation	(11.425)	22.486	2,13	9,94
Nabisco	(12.171)	35.041	3,42	7,52
CNA Financial Corporation	(12.948)	20.349	– 0,28	10,24
General Motors	(17.943)	85.173	1,99	9,36

Fonte: Stern Stewart & Co., 1999.

Por que algumas empresas podem criar tanto valor para seus acionistas enquanto outras não?[3] A geração de valor, muito simplesmente, resulta do

---

[3] Embora a década de 90 tenha produzido a maior alta no mercado de ações ordinárias já registrada em toda a história, muitas empresas tiveram que batalhar e até mesmo perderam valor para seus acionistas. O setor industrial foi particularmente atingido, com somente uma em cada oito indústrias superando o S&P 500 desde 1988 e um terço experimentando um declínio no valor de suas ações (Wise e Baumgartner, 1999).

casamento da oportunidade com a execução. As oportunidades devem ser reconhecidas e, em alguns casos, criadas e é disso que são feitas as estratégias de negócios. Entretanto, somente a oportunidade não é suficiente. As empresas devem ter empregados que estejam preparados, dispostos e capacitados a tirar vantagem de oportunidades de negócios e é este lado da equação da criação de valor no qual este livro se baseia. Especificamente, como podemos elaborar sistemas de incentivo que irão encorajar empregados a pensar e agir como proprietários do negócio?

Economistas financeiros, começando com Berle e Means (1932), abordaram os problemas fundamentais que surgem quando a propriedade e o controle da empresa moderna são separados. Quando os proprietários de uma empresa (acionistas) são diferentes dos gestores, surge um problema de agência. Fundamentalmente, os gestores controlam a empresa e podem tomar decisões que beneficiem a si mesmos à custa dos acionistas da empresa. Todos aqueles que propõem o sistema da gestão baseada em valor (VBM) acham que têm a resposta a este problema. Eles propõem que as contribuições de indivíduos e grupos em direção à geração de valor para o acionista sejam medidas utilizando-se suas métricas de desempenho e que as recompensas sejam estruturadas de acordo.[4]

A Figura 1.1 captura os principais elementos de um sistema VBM elaborado para construir e suportar um ciclo sustentável de criação de valor. Enfatizamos a noção de sustentabilidade, pois o valor é criado ao longo do tempo como resultado de um ciclo contínuo de decisões estratégicas e operacionais. A premissa fundamental sobre a qual os sistemas VBM são baseados é que para sustentar o processo de criação de valor, o desempenho da gestão deve ser medido e recompensado utilizando-se métricas que podem ser ligadas diretamente à geração de valor para o acionista. Assim, o casamento das métricas de desempenho baseadas em valor e sistemas de remuneração é o ponto principal dos programas VBM revisados neste livro.

Uma importante consideração na gestão baseada em valor é que as medidas de desempenho e o sistema de remuneração sejam *orientados pelo mercado de capitais.* Isto é, a chave para transformar com sucesso um empregado que pensa como um empregado em um que pensa como um proprietário é medi-lo e recompensá-lo utilizando métodos que sejam paralelos às recompensas obtidas pelos proprietários. Isto exige que as medidas internas e os sistemas de remuneração da empresa se espelhem no sistema externo (mercado de capitais) o mais próximo possível. Elaborar e implementar tal sistema é um desafio do VBM.

---

[4] Utilizamos o termo *gestão baseada em valor* para nos referir às métricas de desempenho e aos sistemas de remuneração que são elaborados para ajudar os gestores a melhorar a geração de valor para o acionista.

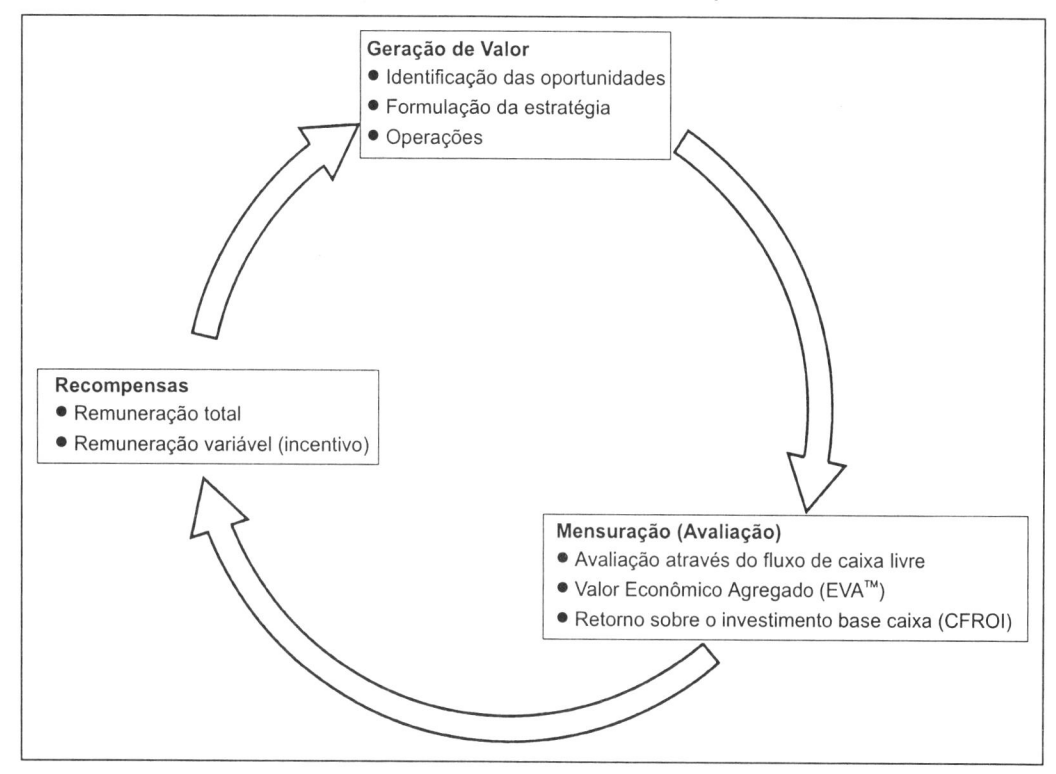

Figura 1.1
Construindo um Ciclo Sustentável de Geração de Valor

Geração de Valor
- Identificação das oportunidades
- Formulação da estratégia
- Operações

Recompensas
- Remuneração total
- Remuneração variável (incentivo)

Mensuração (Avaliação)
- Avaliação através do fluxo de caixa livre
- Valor Econômico Agregado (EVA™)
- Retorno sobre o investimento base caixa (CFROI)

Paradigmas Alternativos de Cálculo de Valor: Modelo Contábil versus Fluxo de Caixa Descontado

Dois paradigmas que competem entre si têm sido utilizados para medir a geração de valor para o acionista: o modelo contábil e o modelo de fluxo de caixa descontado. A Tabela 1.2 captura os elementos essenciais de ambos. Embora ambos possam, em teoria, ser utilizados de maneira consistente, eles geralmente não o são. Se os gestores utilizarem o modelo contábil para pensar sobre o valor do patrimônio líquido, então irão se concentrar nos lucros relatados em conjunto com a avaliação do mercado desses lucros como refletido no índice preço/lucros. Por exemplo, se o índice preço/lucro é 20, então um aumento de $1 nos lucros por ação criará $20 de valor adicional por ação. De modo similar, uma perda de $1 nos lucros por ação levará a uma queda de $20 no valor da ação. Para ver o que está errado com esta forma de avaliar uma ação, considere o seguinte cenário. A empresa sacrifica $1 do lucro por ação do período corrente para investir em pesquisa e desenvolvimento que têm expectativa de criar oportunidades valiosas de investimento para a empresa no futuro. Nesta circunstância, os investidores podem não punir o preço da ação da empresa e podem ainda dirigi-lo a um nível mais alto seguindo-se o anúncio do investimento em P&D – apesar dos menores lucros por ação.[5]

O modelo de fluxo de caixa descontado incorpora a expectativa do investidor quanto aos fluxos de caixa futuros até um futuro indefinido, bem como o custo de oportunidade dos fundos quando determina o valor do patrimônio líquido da empresa. Neste modelo, o investimento em P&D do exemplo anterior levaria a uma redução no fluxo de caixa durante os períodos nos quais o investimento está sendo feito, porém aumentaria correspondentemente os fluxos de caixa futuros quando as recompensas previstas do investimento forem sendo colhidas.

Tabela 1.2 Modelos Concorrentes de Cálculo de Valor do Patrimônio Líquido		
	Modelo Contábil (Lucros)	*Modelo do Fluxo de Caixa Descontado*
Valor do patrimônio líquido	Índice preço/lucros × Lucros por ação	Valor presente de fluxos de caixa futuros
Direcionadores de valor	Determinantes dos lucros contábeis e do índice preço/lucros	Determinantes dos fluxos de caixa futuros da empresa e do custo de oportunidade do capital

Novas análises de investimentos de capital ou de orçamento de capital em praticamente todas as empresas são agora baseados em modelos de fluxo de caixa descontado, o que é consistente com a noção básica de que o valor da ação de uma empresa em qualquer momento no tempo é igual ao valor descontado dos fluxos de caixa futuros esperados destinados aos acionistas. Entretanto, estas mesmas empresas muitas vezes utilizam os lucros como principal direcionador de valor para avaliar o desempenho do capital que já está alocado na empresa. O problema com a utilização dos lucros neste caso, como acabamos de ver, tem relação com o fato de que maximizar os lucros e o crescimento em lucros não necessariamente maximiza o valor da ação, pois o valor da ação reflete o valor presente de todos os fluxos de caixa futuros (não somente os lucros atuais). Os modelos VBM buscam uma nova abordagem para este problema ao utilizar métricas de desempenho que se baseiam nos fluxos de caixa futuros descontados.

---

[5] Se você ainda não está convencido, considere o seguinte exemplo. Em 1999, a Intel Corporation gastou $3.503 milhões em P&D, que é igual a $0,69 por ação após impostos. Além disso, os lucros da empresa, em 1999, eram de $2,20 por ação. A ação da empresa era vendida por $135,00 em 10 de março de 2000 produzindo um múltiplo de preço/lucros de 61,36 vezes. O preço da ação da Intel teria sido $42,13 ($0,69 em P&D por ação 61,36 vezes) mais alto caso a Intel não tivesse gasto nada em P&D? Claro que não teria, pois os gastos com P&D da Intel são a sua fonte de vida, criando novos produtos que direcionam sua lucratividade futura. Sem a P&D, o fluxo de novos produtos da empresa evaporaria, bem como os fluxos de caixa futuros. Chan et al. (1990) oferece evidência da resposta positiva do mercado de ações a anúncios de despesas com P&D.

Unindo Estratégias de Negócios à Geração de Valor para o Acionista

Como podemos saber se a estratégia gera valor para o acionista? Em um mundo incerto a resposta a esta questão só pode ser conhecida depois que a estratégia foi implementada e utilizada por inteiro. Entretanto, o gestor operacional deve avaliar o sucesso ou a falha da estratégia em intervalos finitos ao longo do percurso para que os responsáveis possam ser recompensados por seu sucesso ou punidos por suas falhas. As métricas típicas utilizadas para medir o desempenho periódico de uma empresa são baseadas em informações contábeis que estão prontamente disponíveis. Exemplos incluem lucros, crescimento em lucros ou índices financeiros de uma empresa, tais como a margem de lucro da empresa ou o retorno sobre o capital investido. Estas são quase sempre medidas de desempenho contábeis de período único que sofrem de duas importantes limitações. Primeira, uma vez que estas medidas de desempenho se baseiam somente em um período histórico de operações, não há razão para acreditar que elas sejam um bom indicador do valor a ser criado ao longo de toda a vida do investimento. Segunda, os sistemas contábeis de informação não incorporam um custo de oportunidade do capital dos proprietários. Os sistemas VBM tentam superar ambas limitações.

As Ferramentas do VBM

Embora as ferramentas do VBM sejam conhecidas por vários nomes, três principais subgrupos do método estão atualmente em utilização: (1) o método do fluxo de caixa livre como proposto de uma forma ou de outra pela McKinsey & Co. e LEK/Alcar;[6] (2) o método valor econômico agregado/valor de mercado adicionado (EVA/MVA) concebido pela Stern Stewart & Co.; e (3) o método retorno sobre o investimento base caixa/retorno total do acionista (CFROI/TSR) utilizado pelo Boston Consulting Group.[7] No Brasil, essa metodologia recebe o nome de GVA® – Gerenciamento de Valor ao Acionista, adaptada para a condição brasileira pela FGV-SP e BCG. Em capítulos subseqüentes, desenvolveremos cada método em detalhe e discutiremos suas semelhanças e diferenças.

---

[6] O modelo da LEK/Alcar baseia-se no conceito do valor adicionado ao acionista.

[7] A lista de proponentes da gestão baseada em valor é muito maior do que sugerido aqui. Entretanto, estas ferramentas (e proponentes) estavam entre os primeiros a ganhar proeminência nacional. Por exemplo, a Marakon, embora não tenha sido discutida diretamente neste livro, possui uma prática proeminente de consultoria de gestão baseada em valor cujos princípios básicos são descritos em McTaggart, Kontes e Mankins (1994).

O que Faz um Programa VMB Obter Sucesso?

Acreditamos que três elementos-chave são essenciais ao sucesso de um programa VBM. Primeiro, o programa VBM deve ter total e completo apoio dos executivos de cúpula da empresa. Muito simplesmente, sistemas VBM de sucesso são dirigidos de cima para baixo, o que, em muitos casos, transformam completamente a cultura operacional da empresa. Embora o ímpeto para a adoção do sistema VBM possa vir de um grupo de planejamento, do executivo financeiro ou de outra pessoa da árvore hierárquica da empresa, é essencial que o programa obtenha apoio do CEO se for para ter uma chance razoável de sucesso. Segundo, para que o programa VBM afete o comportamento de gestores individuais deve haver algum elo entre remuneração e comportamento. Esta é uma reafirmação direta do velho provérbio "o que é medido e recompensado, é feito". Finalmente, os empregados devem entender o sistema VBM para que ele seja eficiente na transformação do comportamento. Isso freqüentemente significa que a simplicidade é preferível a medidas precisamente afinadas.[8] Os sistemas VBM funcionam melhor quando os empregados da empresa compreendem e aceitam a premissa básica do sistema VBM para que sejam capazes de implementá-la no seu trabalho do dia-a-dia. Assim, a educação e o treinamento são absolutamente essenciais para o sucesso de qualquer programa VBM. O VBM diz respeito à transformação do comportamento, e, para que qualquer programa VBM obtenha sucesso, é essencial que os empregados compreendam o que se pede deles, por que isto é importante e como seu próprio bem-estar pessoal será afetado.

Origens e Objetivos Deste Livro

Este livro surgiu do ensino e da pesquisa coletivos dos autores que aplicam os princípios fundamentais de geração de valor à gestão das empresas por mais de um quarto de século. Também foi inspirado pelos resultados de um estudo feito pelo International Benchmarking Clearinghouse of the American Productivity and Quality Center (APQC) em 1996 no qual os autores foram co-pesquisadores.[9] Este estudo foi uma pesquisa em larga escala elaborada para documentar as práticas de uma ampla gama de empresas que haviam implementado com sucesso um sistema VBM. Assim, os

---

[8] Para retratar uma analogia, o VBM tem mais em comum com comandar um superpetroleiro do que com mísseis teleguiados. A idéia é apontar a empresa na direção que aumenta a possibilidade de que valor será gerado em vez de tentar especificar os detalhes exatos da criação de valor.

[9] O American Productivity and Quality Center (APQC) foi fundado em 1977 como uma organização 501-C3, sem fins lucrativos. A missão do APQC é melhorar a produtividade e a qualidade nos setores público e privado. O estudo foi intitulado "Shareholder Value Based Management".

objetivos deste livro são dois: primeiro, sintetizar os modelos VBM concorrentes e, segundo, relatar as lições aprendidas por várias empresas que implementaram os programas VBM.

Este livro é organizado em três partes. A Parte I discute a crescente importância dos investidores institucionais em influenciar as empresas no gerenciamento de suas tarefas de modo a maximizar os interesses dos acionistas. A Parte II oferece uma visão geral das três principais ferramentas do VBM. Aqui, sintetizamos as várias metodologias no contexto do cálculo de valor pelo fluxo de caixa descontado, o que constitui um emaranhado teórico comum que percorre todas as métricas do VBM. Também destacamos algumas dificuldades conceituais que são encontradas na implementação das ferramentas do VBM. A principal questão gira em torno da noção de que o preço da ação de uma empresa é igual ao valor presente de seus fluxos de caixa futuros esperados. Isto é, o paradigma do cálculo de valor do fluxo de caixa descontado oferece uma representação razoavelmente precisa do cálculo de valor do patrimônio líquido de uma empresa no mercado? A Parte III descreve as experiências de várias empresas que implementaram sistemas VBM. O foco, nesta parte, é a identificação das "lições aprendidas" para que potenciais utilizadores possam se beneficiar das experiências de outros.

Referências

Berle, Adolph e Gardner Means. *The Modern Corporation and Private Property*. New York: Macmillan, 1932.

Chan, Su Han, John Kesinger e John Martin. "Corporate Research and Development Expenditures and Share Value." *Journal of Financial Economics*, Vol. 26, nº 2 (agosto, 1990): 255-276.

Copeland, Tom, Tim Koller e Jack Murrin. *Valuation: Measuring and Managing the Value of Companies*, 2ª ed. New York: Wiley, 1994.

McTaggart, James M., Peter W. Kontes e Michael C. Mankins. *The Value Imperative: Managing for Superior Shareholder Returns*. New York: The Free Press, 1994.

Rappaport, Alfred. "New Thinking on How to Link Executive Pay with Performance." *Harvard Business Review* (março-abril, 1999): 91-101.

Stewart, G. Bennet III. *The Quest for Value*. New York: HarperBusiness, 1991.

Wise, Richard e Peter Baumgartner. "Go Downstream: The New Profit Imperative in Manufacturing." *Harvard Business Review* (setembro-outubro, 1999): 133-141.

Capítulo 2

A Revolução dos Acionistas e o Apelo por Mudanças

> *O acionista é, portanto, relegado a uma questão legal com pouco mais que uma leve expectativa de que um grupo de pessoas, sob a obrigação nominal de gerenciar a empresa em seu benefício e de outros como ele, de fato respeitarão essa obrigação. Em praticamente nenhuma circunstância ele está em posição de exigir que elas façam ou deixem de fazer qualquer coisa... A doutrina legal de que o julgamento dos diretores deve prevalecer no melhor interesse da empresa equivale a dizer que em qualquer situação os interesses do indivíduo podem ser sacrificados perante as necessidades econômicas da empresa como um todo.*
>
> Adolph Berle e Gardner Means, *The Modern Corporation and Private Property* (1932)

Em 1993, Joseph Grundfest, um antigo membro da Securities and Exchange Commission (SEC), declarou: "A guerra das aquisições agressivas terminou. Os gestores venceram" (1993, p. 858). Com o fim das aquisições agressivas, encerrou-se uma fonte primária de disciplina de mercado para os gestores de empresas. Neste capítulo, reconhecemos outra fonte de disciplina do mercado nas atitudes de investidores institucionais ativistas que se recusam a "votar com os pés" mas em vez disso buscam abrir diálogo com os gestores e diretores de suas empresas com baixo desempenho. Há evidência de que o processo funciona. Os investidores institucionais proporcionam uma voz para os interesses dos acionistas que é ouvida pelos CEOs das maiores corporações. É só perguntar aos dirigentes da Eastman Kodak, Sears e Westinghouse, para citar alguns.

Neste capítulo investigamos a natureza do relacionamento gestor-acionista ao documentar a propriedade e o controle das ações ordinárias de empresas publicamente negociadas. Especificamente, consideramos o papel da participação acionária na influência sobre os gestores para gerar valor aos acionistas da empresa. A questão mais ampla abordada aqui é a governança corporativa e o problema da motivação e controle dos gestores não proprietários para que eles busquem a maximização do valor para o acionista.[1] Concentramo-nos em duas fontes de disciplina gerencial: o mercado pelo controle das empresas durante a década de 80 (como exemplificado pelo crescimento das aquisições alavancadas) e o ativismo dos acionistas institucionais que se tornou uma fonte significativa de influência sobre os gestores corporativos durante os anos 90. Acreditamos que essas forças têm sido os principais direcionadores dos interesses dos acionistas ao longo das duas últimas décadas e que alteraram permanentemente a realidade da governança corporativa. Colocado de modo simples, testemunhamos o ressurgimento da atenção dos gestores para com os interesses dos acionistas. Isto foi resultado direto da pressão exercida sobre os gestores corporativos para melhorar o desempenho da empresa ou encarar as conseqüências.

O Mercado pelo Controle das Corporações na Década de 80

O mercado pelo controle das corporações nos Estados Unidos durante a década de 80 foi apelidado de era das LBOs (aquisições alavancadas). Empresas LBO como a Kolberg Kravis Roberts engajaram-se em aquisições de tamanhos sem precedentes e no conseqüente desmembramento de divisões e demissão de empregados e então traziam de volta a empresa menor e mais enxuta (mais competitiva) ao público através de ofertas públicas iniciais. Os proponentes das LBOs argumentaram que as mudanças já vieram com atraso e que as LBOs levaram a mudanças que uma gestão entrincheirada e recalcitrante era relutante ou incapaz de levar a cabo. Os opositores reclamavam por causa da transferência de riqueza de praticamente todos os grupos que mantinham interesse, direto ou indireto, na empresa para os acionistas ordinários.

Os benefícios líquidos do mercado de aquisições agressivas dos anos 80 provavelmente ainda serão debatidos por décadas. Entretanto, uma coisa é certa: as aquisições agressivas que ocorreram deixaram em alerta mesmo os CEOs das maiores empresas. Eles teriam que melhorar o desempenho de suas empresas na esperança de elevar o preço de suas ações ou encarar

---

[1] Governança corporativa refere-se aos métodos utilizados para controlar as atividades das corporações. Isto geralmente se refere à função geral do conselho de administração, à disciplina dos mercados de produtos e capitais e aos programas de remuneração desenhados para proporcionar incentivos para que os gestores ajam no melhor interesse dos acionistas. Monks e Minow (1995) definem a governança corporativa em termos do relacionamento entre os vários participantes na determinação do direcionamento e desempenho das empresas. Os principais participantes são: (1) os acionistas, (2) a gestão (liderada pelo CEO) e (3) o conselho de administração.

a perspectiva de uma aquisição agressiva. Como resultado, o mercado ativo pelo controle corporativo que caracterizou os anos 80 proporcionou uma fonte de disciplina sem precedentes para os gestores das empresas.

Aliás, o mercado de aquisições agressivas da década de 80 acabou quando o mercado de títulos de dívida podres (junk bonds) entrou em colapso. Os títulos de divida podres foram arquitetados por Michael Milken e adicionaram combustível ao mercado de aquisições proporcionando gigantescas somas de capital para os supostos experts em aquisições agressivas. Quando Milken e sua empresa, Drexel Burnham Lambert, afundaram em problemas legais, o mercado de títulos podres entrou em colapso e levou consigo a força motriz do mercado de aquisições agressivas. O colapso do mercado de aquisições é ilustrado em *Mergerstat Review* (1993) que relatou que as aquisições de empresas publicamente negociadas atingiram um pico de 462 em 1988 e caiu para somente 148 em 1991 (ofertas de compra caíram de 217 para 20 durante o mesmo período).

Com início em 1987, assim que o mercado de aquisições agressivas começou a perder força, vários fundos de pensão de funcionários públicos, liderados pelo California Public Employees Retirement System (CalPERS) e o State of Wisconsin Investment Board, iniciaram campanhas de envolvimento ativo junto às empresas de suas carteiras. Seu envolvimento marcou uma mudança significativa no padrão de comportamento de investimentos para essas instituições. Eles eram tradicionalmente investidores passivos que evidenciavam seu descontentamento com o desempenho de uma empresa vendendo suas ações caso as possuíssem ou não as comprando se não as possuíssem. A nova estratégia de investimento ativo buscou melhorar o desempenho das empresas em carteira através de um programa de forte intervenção por seus proprietários institucionais.

Implementando as Fundações para o Ativismo dos Investidores Institucionais

O crescimento no ativismo institucional pode ser atribuído a dois fatores: o crescimento na posse institucional de ações ordinárias que ocorreu ao longo do período de 1970 a 1990 e a mudanças nas regras do SEC relacionadas às comunicações entre os acionistas.

Propriedade Institucional dos Ativos Financeiros Norte-Americanos

Um importante fator que leva ao crescimento no ativismo institucional está no aglomerado econômico que eles possuem atualmente. As instituições controlam (mantêm em fideicomisso) mais da metade de todas as ações negociadas publicamente e mais de 20% de todos os ativos financeiros nos

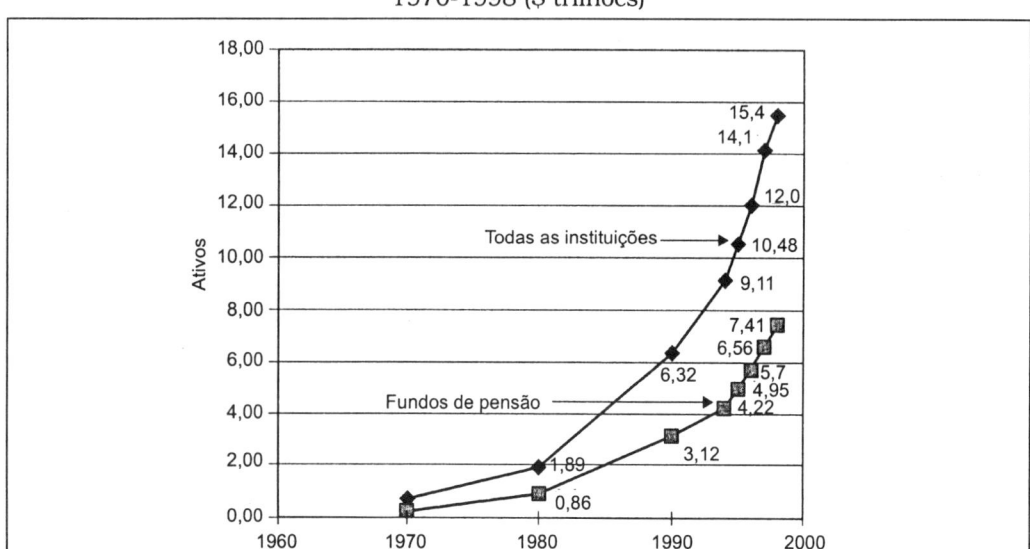

Figura 2.1
Propriedade Institucional dos Ativos Financeiros Norte-Americanos,
1970-1998 ($ trilhões)

Fonte: Institutional Investment Report: Financial Assets & Equity Holdings, The Conference Board, agosto, 1999.

EUA. A Figura 2.1 ilustra o rápido crescimento dos ativos financeiros mantidos por instituições norte-americanas desde 1970, quando o valor total em dólares era de somente $672 bilhões. Até 1980, esses investimentos haviam triplicado para $1,9 trilhão e até 1998 este total havia crescido para mais de $15 trilhões.

O crescimento nos ativos controlados por instituições pode ser atribuído em grande parte à aprovação do Employee Retirement Income Security Act (ERISA) em 1974. Entre outras coisas, esse tratado resultou no financiamento das obrigações de planos de pensões públicos e privados. A administração dos ativos de pensão reservados para satisfazer os benefícios de pensão prometidos ficou sob a jurisdição do U.S. Labor Department e esses fundos devem ser gerenciados no melhor interesse dos beneficiários pensionistas.[2] Essa última exigência efetivamente removeu o controle sobre os ativos de planos de pensão das empresas que ofereciam tais planos.

---

[2] O principal propósito do ERISA era proteger empregados que haviam trabalhado por períodos longos sob um plano de pensão. O ERISA é reforçado por vários códigos trabalhistas e tributários exercidos sob supervisão do Department of Labor, Internal Revenue Service e a Pension Benefit Guaranty Corporation, assim como por ações na Justiça. O ERISA assegurou direitos a trabalhadores em muitas áreas relacionadas a cobertura do plano de pensão, direitos adquiridos, distribuição de benefícios de pensão, padrões fiduciários para pessoas administrando planos de pensão ou planos de investimento em ativos e relatórios de dados financeiros e atuariais dos planos ao imposto de renda, entre outros.

A Tabela 2.1 exibe, por tipo de instituição, o crescimento na posse de ativos institucionais e de fundos de pensão entre 1970 e 1998. O total de ativos mantidos por instituições cresceu a uma taxa anual composta de mais de 20%. Os fundos de pensão, o maior grupo isolado de investidores institucionais, viu sua participação em ativos crescer a uma taxa de 21,79% ao ano, uma taxa que perde somente para a categoria de empresas de investimento. Além disso, dentro do grupo de fundos de pensão, as posses estaduais e locais tiveram o mais rápido crescimento ao longo deste período. Esta última observação é particularmente importante, pois os fundos de pensão do estado e locais têm sido os mais presentes da nova geração do ativismo de investidores institucionais.

Tabela 2.1
Crescimento em Ativos Mantidos por Instituições, 1970-1998 ($ bilhões)

	1970	1998	Taxa de Crescimento Anual Composta (%)
Agentes fiduciários privados	$112,00	$4.060,00	22,08
Seguro privado	40,80	1.004,60	19,48
Estadual e local	60,30	2.344,00	22,55
Todos os fundos de pensão	$213,10	$ 7.408,60	21,79
Empresas de investimento	47,60	3.396,30	26,76
Empresas de seguro	225,10	2.537,40	14,41
Bancos e empresas fiduciárias	186,80	1.799,50	13,41
Fundações	n/a	290,40	n/a
Todas as instituições	$672,60	$15.432,20	19,01

Fonte: *Institutional Investment Report: Financial Assets & Equity Holdings*, Volume 3, nº 1, The Conference Board, agosto, 1999.

A Figura 2.2 ilustra a porcentagem de títulos mantidos por todas as instituições financeiras. Os ativos de fundo de pensão perfizeram até 48% de todas as posses institucionais em 1998, comparado a somente 32% em 1970. Certamente, os fundos de pensão, tanto públicos quanto privados,

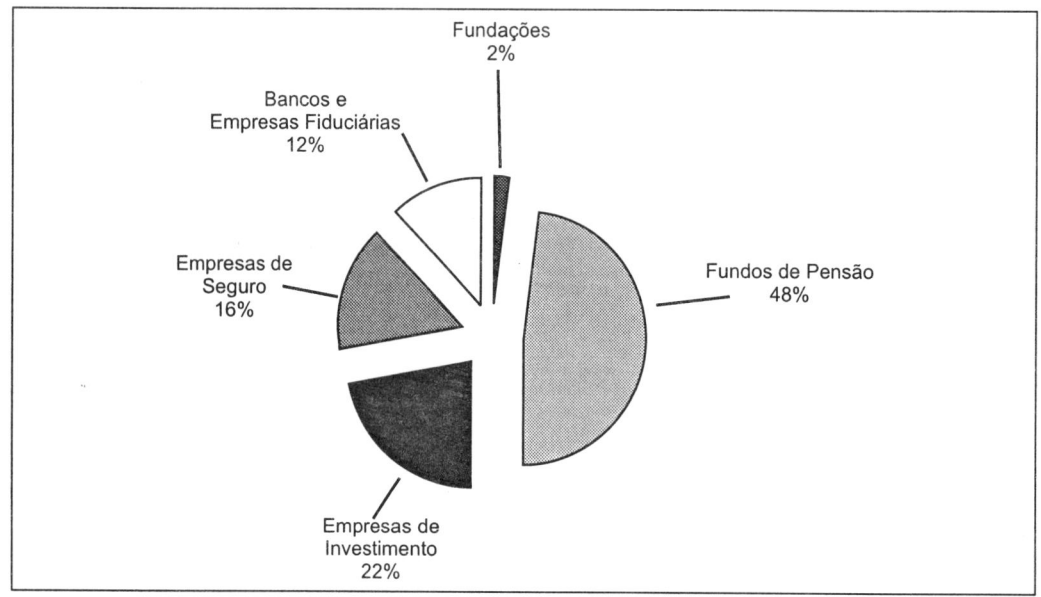

Figura 2.2
Ativos Mantidos por Tipos de Instituições, 1998

- Fundações 2%
- Bancos e Empresas Fiduciárias 12%
- Empresas de Seguro 16%
- Fundos de Pensão 48%
- Empresas de Investimento 22%

Fonte: *Institutional Investment Report: Financial Assets & Equity Holdings*, Volume 3, nº 1, The Conference Board, agosto, 1999.

compõem um segmento crescente de ativos controlados por investidores institucionais.

O crescimento em investimentos feitos por instituições foi sentido inicialmente pelas maiores empresas negociadas publicamente, cujas ações e títulos de dívidas tornaram-se os principais alvos das carteiras dos fundos de pensão. As posses institucionais de títulos das 1.000 maiores empresas norte-americanas subiu de 46,6% em 1987 a uma média de 57,6% para o terceiro trimestre de 1999.[3] Neste mesmo período a posse institucional de ações de segunda linha subiu de 38% para mais de 52%. Em alguns setores, as instituições controlam uma proporção ainda maior de ações das empresas-membro. Por exemplo, no terceiro trimestre de 1999 as instituições possuíam 73% das ações de empresas no setor de papel e, em 55 circunstâncias (de somente quatro em 1987) nas quais as instituições controlavam mais de 90% das ações de uma empresa. Claramente, as instituições e certos fundos de pensão ganharam proeminência na posse de ações das empresas norte-americanas.

---

[3] Esses dados são baseados no *Institutional Investment Report: Turnovers, Investment Strategies, and Ownership Patterns*, The Conference Board 3, 2 (janeiro de 2000).

Ainda um outro fator que contribuiu para o ativismo de investidores em fundos de pensão estaduais e locais é que grande parte de suas carteiras é gerenciada utilizando uma estratégia de seguir um índice, com o objetivo de minimizar os custos de transação e igualar o retorno de um índice em particular. Uma vez que a indexação limita a habilidade do gestor do fundo em se engajar em negociações para melhorar os retornos da carteira, parece natural que estas instituições se voltariam a um envolvimento ativo com as empresas de baixo desempenho em suas carteiras como uma maneira de melhorar os retornos de suas carteiras. O Painel A da Tabela 2.2 documenta o predomínio da indexação entre os vários tipos de investidores institucionais e mostra que os fundos de pensão públicos são de longe os mais freqüentes indexadores. No Painel B desta tabela temos alguma idéia da extensão em que a estratégia de indexação é utilizada por alguns dos maiores fundos de pensão públicos.

Mudanças nas Regras de Voto por Procuração da SEC

O segundo fator-chave por trás do crescente ativismo de investidores institucionais foi a revisão da SEC de suas regras com relação às comunicações entre acionistas. Antes de outubro de 1992, a habilidade dos investidores em se comunicarem uns com os outros durante uma luta por procurações de voto foi severamente limitada. Sob as antigas regras, qualquer comunicação com alguém (outro acionista ou o público em geral) que percebidamente afetaria decisões de voto por procuração era considerada incitação por procurações sob a regra 14a-1(1) da SEC.[4] Choi (1997) ressalta que, como incitação por procurações, tal comunicação se caracteriza sob as provisões antifraude da regra 14a-9 bem como sobre os requerimentos de divulgação obrigatória da regra 14a-3.

De acordo com a regra mais recente, as incitações não são permitidas até que uma declaração formal sobre o voto por procuração contendo informações específicas e aprovadas pela SEC tenha sido entregue ao acionista impelido. O que isso significa é que sob as regras anteriores a 1992 era muito difícil para investidores institucionais independentes comunicarem-se uns com os outros sobre como responder a uma luta por procurações. Potencialmente, eles teriam que registrar uma declaração preliminar junto ao SEC, aguardar a aprovação, enviar por correio a declaração formal sobre o voto por procuração para todos aqueles com acesso às comunicações e então enfrentar as provisões antifraude da regra 14a-9.

---

[4] Por exemplo, sob a regra 14a-1(1)(iii) "o fornecimento de um formulário de voto por procuração ou outro meio de comunicação a acionistas sob circunstâncias razoavelmente calculadas para resultar na procuração, retenção ou revogação de um voto por procuração", é considerado incitação por procurações. Veja Choi (1997) para uma discussão extensa das regras de solicitação de procurações.

Tabela 2.2 Indexação por Investidores Institucionais, 1998	
Painel A. Indexação por Tipo de Investidor Institucional	
Tipo de Investidor Institucional	% Indexada Somente
Pensões de Empresas	15,2
Fundos de Pensão Públicos	63,0
Gerenciadores de Fundos Mútuos	10,1
Gerenciadores Monetários	11,8
Companhias de Seguro	4,8
Bancos	36,6

Painel B. A Extensão de Utilização da Indexação por Entidades Individuais		
Fundo de Pensão	% Carteira de Ações	% Ativos Totais
CalPERS	78,1	48,2
NY State Teachers	81,9	57,8
California State Teachers	79,2	49,2
Texas Teachers	93,7	55,4
New York Common	64,5	35,1
Federal Retirement Thrift Board	100,0	53,5
Florida State Board	58,2	39,2
Total dos 25 Principais Indexadores	60,6	36,5

Fonte: *Institutional Investment Report: Turnover, Investment Strategies, and Ownership Paterns*, Volume 3, nº 1, The Conference Board, janeiro de 2000.

Em 22 de outubro de 1992, as regras de comunicação entre acionistas mudaram de modo significativo. A SEC anunciou uma reforma em suas regras de incitação que teve o efeito de liberar comunicações de um acionista que não está buscando o poder de voto das procurações diretamente. De modo simples, a regra 14a-2(b) permite que os acionistas mais independentes possam se engajar livremente em comunicações uns com os outros sobre lutas por procurações.

Com essa liberdade para comunicar suas idéias com relação às questões de procuração, combinada à sua participação acionária substancial, os investidores institucionais tornaram-se uma força que deve ser reconhecida. As instituições ativistas se movimentaram rapidamente para levar vantagem desse novo poder. Um fórum que tem se tornado muito importante nesta questão é o Conselho de Investidores Institucionais ou Council of Institutional Investors (CII).[5] A CII reúne-se duas vezes por ano em Washington DC e São Francisco para discutir assuntos de interesse comum a empresas-membro. Os participantes são, em sua maioria, in-

---

[5] Jesse Unruh (California State Treasurer) e Harrison Goldin (New York City Controller) formaram a CII em 1985. A CII foi formada inicialmente em resposta a preocupações com relação a atividades antiaquisição como o pagamento de propinas (*greenmail*) que surgiram durante a década de 80.

vestidores institucionais, particularmente fundos de pensão de servidores públicos, como o proeminente California Public Employees Retirement System (CalPERS).

Pressão de Investidores Institucionais Ativistas

O foco de investidores ativistas tem sido sempre sobre como melhorar os retornos dos acionistas, porém suas estratégias mudaram ao longo dos anos. Por exemplo, de 1987 até 1989 o principal foco desses investidores eram as aquisições agressivas e provisões antiaquisição. A partir de 1990, o foco voltou-se ao desempenho das empresas, especificamente buscando empresas que falharam em proporcionar retornos competitivos a longo prazo a seus acionistas.

Um Exame Mais Cuidadoso Sobre o Investimento Institucional Ativista

Kensinger e Martin (1996) entrevistaram executivos de empresas que haviam sido alvo de investidores institucionais ativistas bem como representantes dos mais ativos fundos de pensão.[6] Seus achados proporcionaram uma perspectiva com relação ao papel dessas instituições nos mercados do novo milênio.

Poucos Investidores Institucionais Engajam-se em Investimento Ativista ou de Relacionamento

O investimento de relacionamento, onde os investidores desenvolvem um relacionamento ativo com as empresas nas quais investem, tem uma longa história. Exemplos incluem investimentos feitos por um único indivíduo abonado (ou um pequeno grupo) em empresas em fase inicial de operação ou em fase de recuperação. De certo modo, o investimento de relacionamento é similar em conceito ao empreendimento conjunto, no qual o investidor oferece sua experiência pessoal ao empreendimento, a diferença sendo que o objeto do investimento é uma empresa grande e publicamente negociada.[7]

O número de investidores institucionais que se engajam atualmente no ativismo institucional ou no investimento de relacionamento é muito limi-

---

[6] Essa seção resume os resultados de um estudo feito por Kensinger e Martin (1996) que foi publicado pela Financial Executives Research Foundation, que é o braço de pesquisa do Financial Executives Institute.

[7] Judith Dobrzynski da *Business Week* usou essa analogia.

tado.[8] As principais instituições ativistas incluem a CalPERS (às vezes, alinhada ao California State Teachers Retirement System), o State of Wisconsin Investment Board, o Teachers Insurance and Annuity Association/College Retirement Equities Fund, New York City Employee Retirement System, New York State Employee Retirement System, e, um fundo privado, LENS, Inc. Embora os métodos utilizados por cada um destes investidores possam diferir, o resultado é o mesmo. Basicamente, eles iniciam contato com os CEOs de empresas de baixo desempenho em suas carteiras e buscam mudanças que acreditam melhorar o desempenho futuro.

Os fundos privados que apóiam a participação ativa (tal como o fundo LENS) têm tido algum sucesso em atrair investimentos de fundos de pensão públicos e de empresas. Por exemplo, a CalPERS investiu aproximadamente $500 milhões no Relational Investors entre 1995 e 1999, um fundo que emprega o ativismo sobre a governança corporativa para recuperar empresas norte-americanas publicamente negociadas com baixo desempenho.[9] Em 1999, a CalPERS investiu $200 milhões no UK Focus Fund, um empreendimento conjunto da Hermes e da ativista LENS Investment Management.[10] A UK Active Value reuniu incríveis $800 milhões, principalmente de investidores institucionais norte-americanos, para investir em empresas com baixo desempenho em toda a Europa setentrional. O fundo adquiriu reputação como um gestor de fundos agressivo no Reino Unido ao substituir conselhos de administração e tomando o poder das empresas quando acreditava que um valor maior poderia ser realizado.[11]

A CII é o Ponto Focal do Ativismo Institucional

O Conselho de Investidores Institucionais surgiu a partir da turbulência dos anos 80 como resposta defensiva à prática corporativa de pagar propinas (greenmail) e expandiu-se rapidamente para incluir outros interesses comuns de seus membros, predominantemente de fundos de pensão. Suas preocupações incluíam a governança corporativa e a remuneração de executivos, principalmente em casos de empresas com retornos ao acionista

---

[8] O ativismo institucional é definido pela maneira como a instituição escolhe lidar com seus investimentos de baixo desempenho. A principal distinção aqui é entre estratégias de investimento ativas ou passivas. Um investidor ativo é aquele que tem papel ativo no encorajamento da melhoria do desempenho entre as empresas da carteira, enquanto um investidor passivo simplesmente vende a esmo.

[9] A CalPERS aprova investimento de $275 milhões na Relational Investors, L.L.C., 1998 Business Wire, Inc. (19 de maio, 1998).

[10] Steve Hemmerick, "Reform Effort: CalPERS and Hermes Share Focus on U.K. Governance", *Pensions and Investments* (3 de maio, 1999), p. 6.

[11] Jane Martinson, "Insider's Outsider Sniffing Out the Corporate 'Rats'" *The Financial Times* (4 de fevereiro, 1999), p. 28.

constantemente abaixo da média. Incluímos o Shareholder Bill of Rights da CII no Apêndice 2A pois ele resume as preocupações de muitos investidores institucionais ativistas. A principal preocupação é a governança corporativa, que determina como e para quem a empresa está sendo dirigida. O Bill of Rights da CII deixa muito claro que os interesses dos acionistas são predominantes.

A CII publica uma lista de empresas-alvo com base em seu baixo desempenho histórico desde 1991. A lista é publicada em sua página da Web e distribuída aos seus membros "por propósitos educativos". A coordenação deste processo de seleção serve para distribuir o custo entre todos os membros e reduzir o problema de "free rider" associado a instituições individuais que fazem este processo e publicam a lista para que todos a usem. A Tabela 2.3 mostra a lista de alvos do conselho de 1999 juntamente com a descrição do procedimento de seleção e a localização da lista na Web.

Tabela 2.3
Lista de Empresas-Alvo do Conselho de Investidores Institucionais, 1999

Advanced Micro Devices	Kmart
Archer Daniels Midland	Louisiana-Pacific
Autodesk	Milacron
Bethlehem Steel	Parametric Technology
Cabletron Systems	Reebok International
Foster Wheeler	Seagate Technology
Fruit of the Loom	Sears Roebuck
Great Lakes Chemical	Tenneco
Hilton Hotels	Thermo Electron
Humana	Toys "R" Us

Fonte: http://www.cii.org/focus99.htm
Nota: As empresas da lista de alvos de 1999 foram identificadas pelo serviço Compusat da Standard & Poor's. A metodologia era identificar todas as empresas do índice S&P 500 cujos retornos totais da ação (valorização no preço da ação somado aos dividendos) estavam abaixo do desempenho da média de seus setores pelos períodos de um, três e cinco anos terminando em 30 de julho de 1999. As empresas eram removidas da lista se superassem o índice S&P 500 pelo período de cinco anos. As empresas remanescentes eram classificadas com base na diferença entre o retorno total médio do setor em cinco anos e o retorno total da empresa em cinco anos (o déficit de retornos). As 20 empresas com o mais alto déficit de retornos foram selecionadas para a lista de empresas-alvo de 1999.

A Comunicação entre Investidores é Primordial

Geralmente, os defensores do investimento de relacionamento recomendam comunicações regulares e de longo prazo entre os conselhos ou gestores e os proprietários. Isso envolve mais do que a passagem de informações da gestão para os investidores, que caso contrário seriam passivos; também envolve aceitar a liderança dos proprietários e reformas na remuneração de executivos para que os salários dos executivos de cúpula sejam ligados aos retornos sobre a ação ordinária, com a política de remuneração sendo estabelecida por membros do conselho que não fazem parte da gestão.

Os gestores que se engajam em "bloqueios de informação" estão expondo evidência clara de sua relutância em assumir responsabilidade. Similarmente, executivos que demonstram relutância em se comunicar com investidores estão evitando ser responsabilizados. Entretanto, escutar os investidores pode não ser suficiente, especialmente se o objetivo da comunicação com os investidores é "educá-los" (como se fossem incapazes de perceber a verdadeira situação, mesmo com as informações adequadas). Os investidores que procuram ser proprietários envolvidos podem querer arregaçar as mangas e discutir seriamente o futuro direcionamento da empresa.

Os executivos que já experimentaram o envolvimento ativo dos proprietários através de investidores institucionais sugerem que os CEOs se envolvam pessoalmente e que os CFOs façam reuniões importantes com investidores para responder quaisquer questões financeiras que possam surgir. É importante também que os executivos de cúpula em operações, marketing e outras áreas funcionais estejam disponíveis para responder questões em suas áreas – as relações com os investidores devem se estender além do staff de relacionamentos com investidores. Além disso, é fundamentalmente importante manter o diálogo em movimento – Gene Lemon, da Dial Corporation, diz: "Após a primeira resposta, eu jamais permitiria que novamente dois meses se passassem sem mais contatos. Eu seria mais proativo. Após, digamos, três semanas, eu ligaria para Richard Koppes [antigo cônsul-geral da CalPERS] para me atualizar."

Investidores Institucionais Utilizam Procedimentos Similares para Selecionar suas Empresas-Alvo

O conhecimento do processo de seleção das instituições ativistas obviamente é útil para um time de gestores que procura abordar os problemas aparentes antes que os investidores se sintam compelidos a agir. Os procedimentos de seleção utilizados por investidores institucionais individuais são muito similares (veja Apêndice 2B para um exemplo). Inicialmente, os pesquisadores buscam empresas na carteira do investidor cujos retornos estiveram abaixo da média do setor (e abaixo do índice de mercado) por um longo período (geralmente de três a cinco anos). Em geral, há também algumas preocupações com a remuneração de executivos ou com a governança corporativa (tais como a composição do conselho). Pode ser feita uma busca em artigos de jornais e revistas para obter informações sobre a reputação da empresa. Finalmente, a instituição deve acreditar que há esperança de uma reviravolta e que seu envolvimento irá acelerar o processo. Se o investidor mantém interesse substancial na empresa e se houver outros investidores institucionais para dar suporte, então a instituição aborda a gestão e propõe mudanças.

As Empresas que se Concentram na Geração de Valor ao Acionista Provavelmente não se Tornarão Alvos

A partir dessa descrição do processo de seleção pelo desempenho, pode ser observado que a gestão se une àqueles que estão concentrados na geração de valor para o acionista, que estão buscando todas as opções sugeridas por analistas respeitados e que estão obtendo resultados acima da média comparados aos seus setores ou ao índice de mercado. Estas empresas têm pouca probabilidade de tornarem-se alvos.

A história do investimento ativista tem visto uma evolução de encontros conflitantes com a gestão de uma empresa para uma abordagem cooperativa "nos bastidores". Recentemente, os principais praticantes do ativismo institucional utilizaram abordagens particulares, tendo mais atenção ao dar declarações potencialmente embaraçosas na imprensa ou em entrevistas com gestores do fundo.

Nem os fundos de pensão públicos nem os privados têm suficiente pessoal, experiência ou desejo de microgerenciar as empresas com baixo desempenho em suas carteiras, portanto eles restringem sua influência a assuntos estratégicos amplos ao invés dos detalhes operacionais do dia-a-dia. Mesmo os ativistas mais extrovertidos confinam seu envolvimento a poucas empresas de uma só vez (a CalPERS, por exemplo, concentra-se em doze empresas para um envolvimento intensivo).

Por exemplo, o tamanho da lista de alvos da CalPERS basicamente reflete os limites de sua habilidade em dedicar atenção a empresas com baixo desempenho. Para obter um foco mais apurado, ela tenta evitar situações nas quais possui controle limitado. Ela tende a *não* almejar empresas com participações acionárias significativas por parte da gestão da empresa ou de outros internos a ela, pois sua influência seria limitada; e ela está mais apta a agir em empresas com grandes participações de outros investidores institucionais que têm papel ativo.

Investidores ativistas freqüentemente se concentram em questões nas quais os interesses dos executivos de cúpula e dos acionistas possam estar em conflito. Estas incluem a remuneração de executivos, expansão do negócio (particularmente quando envolve novas áreas), desinvestimento de atividades com desempenho abaixo da média e, em alguns casos, o pagamento de dividendos. Outras áreas de envolvimento incluem a governança corporativa, política, estratégia e estrutura financeira, responsabilização e divulgação. Os investidores pressionam a gestão a se concentrar em competências fundamentais e abandonar unidades de negócios que supostamente pecam por vantagem competitiva sustentável ou distribuem caixa para os investidores (como em muitos casos de recapitalização alavancada). Eles buscam tornar os gestores mais responsáveis perante o conselho de administração e também tornar este conselho mais responsivo aos acionistas. Fatores que podem ser entendidos como evidência de pobre responsabilização incluem um ou mais dos seguintes:

- Práticas discutíveis de divulgação.
- Excessiva remuneração executiva.
- "Bloqueios de informação": relutância em responder a dúvidas dos investidores ou a levar em consideração suas preocupações.
- Conselho de administração dominado internamente (gestão).
- Conselho assimétrico (isto é, falta de diversificação).

Muitas vezes o baixo desempenho, a divulgação questionável, o excesso de remuneração ou outros distúrbios sérios foram encontrados combinados a um conselho interno ou a um conselho assimétrico que, por sua composição, tende a ser amigável à atual gestão. Nestes casos, a agenda de reforma incluía propostas de mudanças na composição do conselho. A principal questão é se o conselho controla a gestão, ou vice-versa. Um primeiro critério razoável é que membros independentes, em vez de diretores-gestores, tenham a maioria das vagas. Obviamente, no caso de conselhos internos, o presidente e o CEO não seriam efetivamente desafiados em questões tais como a remuneração do CEO. Além disso, é importante que membros independentes do conselho tenham históricos e habilidades adequados.

Um dos itens mais importantes da agenda de reforma para investidores institucionais ativistas é que os principais comitês se tornem completamente independentes, sendo inteiramente compostos por diretores independentes. Esses comitês-chave incluem os comitês de auditoria, seleção e de remuneração.

Investidores Institucionais Muitas Vezes Seguem os Ativistas do Setor Privado

Os investidores institucionais freqüentemente executam o papel de seguidores e apoiadores dos ativistas do setor privado. Embora os fundos de pensão ativistas façam sua própria seleção e análise para determinar empresas-alvo, eles freqüentemente se encontram lado a lado com os investidores do setor privado que buscam alterar a direção de empresas com baixo desempenho. Assim, se os gestores da empresa têm algo a temer dos acionistas descontentes, sua maior preocupação deveria ser a propensão dos investidores institucionais em seguir líderes que surgem espontaneamente, atraídos pelo potencial de aumento de valores substanciais através do envolvimento ativo dos proprietários. A melhor defesa da gestão é fazer tudo aquilo que aumente a riqueza dos acionistas e mantenha as relações atuais sólidas com os principais investidores. Então, haverá pouca motivação para que qualquer um se oponha ao "gigante adormecido". Visto dessa maneira, o investimento de relacionamento é uma medicina preventiva para todas as preocupações.

Os Investidores Institucionais Podem Proporcionar Uma Fonte Direta de Capital

Os investidores institucionais podem proporcionar uma fonte direta de capital. Além das ofertas privadas de rotina, a CalPERS iniciou os então chamados acordos privados de participação acionária envolvendo um empreendimento conjunto com uma empresa gerenciadora de carteiras. A primeira dessas foi uma parceria com a Enron Corporation para desenvolver instalações de transmissão e estocagem de gás natural. O capital para o empreendimento conjunto de $2 bilhões veio das ações ordinárias da Enron, somadas ao caixa da CalPERS e a um consórcio de credores. Quando a dívida for paga e a CalPERS tiver recebido um retorno preestabelecido, os ativos do empreendimento conjunto serão transferidos à Enron. A CalPERS também tem acordos privados de participação acionária em comunicações via cabo e suprimentos médicos.

O Ativismo Institucional Melhora o Desempenho das Empresas-Alvo?

Vários estudos documentaram que algum ativismo recente de fato melhorou o desempenho das empresas-alvo. Nesbitt (1994) documenta os retornos em excesso (retorno da ação menos o retorno de mercado ajustado para refletir o risco da ação) para as 42 diferentes empresas-alvo da CalPERS ao longo do período de 24 de novembro de 1987 até 15 de setembro de 1992. Os retornos são calculados para os cinco anos anteriores à seleção e os cinco anos após a seleção inicial. Ele demonstra que durante o período pré-seleção o déficit de retorno acumulado (após ajustar para as diferenças em risco) é de 78,1%. De fato, somente quatro das 42 empresas superaram o desempenho do S&P 500 ao longo do período de cinco anos anteriores à seleção. O retorno em excesso acumulado ao longo do período de cinco anos após a seleção é em média de 29,1% para cada uma das empresas. As diferenças no retorno foram ainda mais dramáticas quando o conjunto das 42 empresas selecionadas foi dividido nos que ocorreram durante 1987-1989 e aqueles que ocorreram durante 1990-1992. Como notamos anteriormente, as primeiras seleções basearam-se nas questões de governança corporativa (provisões antiaquisição, propinas ou "greenmail") enquanto que o conjunto seguinte concentrou-se nas empresas com baixo desempenho. As 18 primeiras empresas-alvo (1987-1989) exibiam os mesmos retornos negativos em excesso durante o período pré-seleção porém continuaram com desempenho baixo durante o período pós-seleção. Por outro lado, as empresas de baixo desempenho (1990-1992) reagiram dramaticamente bem após a seleção. Essas 24 empresas registraram um retorno em excesso acumulado de 99%.

Opler e Sokobin (1995) proporcionam evidências adicionais de que o ativismo institucional melhora o desempenho das empresas-alvo. Eles estudaram o desempenho pós-seleção das listas do Conselho de Investidores Institucionais para 1991, 1992 e 1993 relativas a vários grupos de controle. Um total de 96 empresas foram selecionadas pela CII durante esse período. Um ano após estarem presentes em uma lista de seleção as empresas-alvo experimentaram um aumento médio no preço da ação de 11,6% acima do S&P 500.

Huson (1997) teve uma abordagem diferente ao avaliar o impacto do ativismo da CalPERS sobre o desempenho das empresas. Ele estudou mudanças nas atividades reais das empresas-alvo e documentou mudanças significativas na freqüência de desinvestimentos, aquisições e empreendimentos conjuntos seguindo-se à seleção. Ele também examinou como o mercado de ações reage a tais anúncios de atividades reais e descobre que em média os preços respondem de uma maneira significativamente mais positiva após a seleção. Isso sugere que os investidores vêem as decisões feitas pela gestão, uma vez que a empresa tenha sido selecionada, como sendo mais benéficas aos acionistas do que as decisões tomadas anteriormente à seleção. Del Guercio e Hawkins (1999) fazem observações semelhantes, notando que as propostas dos acionistas têm impacto significativo sobre as políticas da empresa. De modo similar, Gillan, Kensinger e Martin (2000) oferecem evidências indiretas de que a pressão institucional estava envolvida nas decisões da Sears' em reestruturar-se durante o final da década de 80. Especificamente, dos dezenove anúncios de reestruturação feitos anteriormente ao desmembramento da empresa em 1991, treze vieram após 11 de setembro de 1989, data em que a CalPERS expressou preocupações à gestão da Sears' sobre o desempenho da empresa.

O Lado Negro do Ativismo Institucional

Os fundos de pensão públicos têm sido a principal fonte de disciplina corporativa através do ativismo institucional. Entretanto, Romano (1993) argumentou que não é tão evidente que esses fundos sejam livres o suficiente para proporcionar a necessária força disciplinar. O problema é que os gestores de fundos públicos enfrentam pressões políticas consideráveis para condicionar as políticas de investimento a considerações locais, tais como o favorecimento de trabalhadores locais, que não estão direcionadas à maximização de valor de suas carteiras. Isso resulta do fato de que os fundos de pensão públicos são regulamentados pelos estados e são isentos do ERISA.[12]

Romano (1993) ofereceu evidência de que os fundos de pensão com agentes fiduciários mais politizados (isto é, conselhos com uma menor proporção de membros indicados e *ex officio*) têm desempenho pior do que aqueles com membros de conselho menos politizados. Para testar esta proposta, Roberta Romano estudou o desempenho dos fundos de cinqüenta planos de pensão estaduais durante o período de cinco anos, 1985-1989. Ela descobriu que os lucros são de fato positivamente relacionados à independência do conselho e estimou a perda de riqueza dos beneficiários de pensão, resultantes de interferência política sobre as políticas de investimento do fundo em $28 bilhões (ausência de um conselho independente, $15 bilhões; investimento social e restrições ao investimento sul-africano $5,6 bilhões e $7,6 bilhões, respectivamente).

Baseada em seus achados, Romano oferece cinco recomendações direcionadas à redução do problema de politização da gestão dos fundos de pensão de funcionários públicos.

Reformar os Conselhos de Fundos de Pensão Públicos para Incluir Membros Menos Politizados

Membros do conselho eleitos por beneficiários (comparados a membros do conselho indicados) têm menor probabilidade de ser influenciados por pressões políticas para agir de maneira que não seja no melhor interesse dos beneficiários.

Aplicar os Padrões Fiduciários do ERISA aos Fundos Públicos

Isto deveria eliminar pressões para o investimento social e os estados poderiam impor individualmente os padrões do ERISA a seus fundos de

---

[12] Agentes fiduciários controlam as políticas de investimento de fundos de pensão públicos. Eles se tornam agentes fiduciários por indicação política (pelo governador), eleição pelos beneficiários do plano ou pela virtude de seus cargos.

pensão. Esses padrões eliminariam pressões para investir em projetos socialmente desejáveis mas não eliminaria a pressão política sobre as decisões de voto.

Estratégias Passivas de Investimento

O aumento na utilização de estratégias passivas de investimento (indexadas) reduziria as oportunidades para que os oficiais do estado pressionassem os gestores de fundos de pensão públicos a se engajar no investimento social ou voto acionário que não maximiza o valor. A gestão passiva elimina a habilidade dos fundos públicos de engajar-se em investimentos direcionados economicamente ou socialmente.

Constitucionalizar a Independência do Conselho dos Fundos

Para se prevenir contra ataques a fundos de ativos por governos estaduais com dificuldades de arrecadação, alguns estados tornaram obrigatória a independência dos conselhos de fundos. Por exemplo, após o ataque legislativo de 1992 sobre a CalPERS, uma iniciativa chamada California Pension Protection Act foi posta em votação para emendar a constituição estadual e garantir o direito adquirido do poder fiduciário e do empenho de verba orçamentária, incluindo a gestão de investimentos e o sistema administrativo, exclusivamente ao conselho dos fundos de aposentadoria. Outra provisão foi declarar que o dever fiduciário do conselho para com seus participantes e beneficiários precede qualquer outro dever, tal como o dever aos empregados e pagadores de impostos de minimizar os custos administrativos.

Mudar para Planos de Contribuição Definida

Isto efetivamente transferiria o controle sobre os investimentos dos conselhos dos fundos de pensão para os empregados individuais. Com o poder de decisão difuso entre numerosos beneficiários do plano, a probabilidade de que a pressão política empurrasse ativos substanciais do fundo de pensão para projetos de alto risco e baixo retorno seria minimizada.

Claramente, o ativismo institucional não é um mecanismo perfeito para encorajar os gestores de empresas a focalizar suas energias nas preocupações dos acionistas. Há instâncias nas quais as pressões políticas da legislação estadual sobre os fundos públicos podem ser utilizadas para proteger interesses locais à custa dos beneficiários da pensão. Entretanto, mesmo com essas limitações, o fato permanece de que os interesses dos beneficiários de pensão e dos acionistas estão muito bem alinhados e isso deve servir para amenizar as pressões políticas sobre investimentos criadores de valor. Somente o futuro revelará se o ativismo institucional continuará a ser uma força para melhorar os retornos dos acionistas.

Implicações para os Gestores Corporativos

Muito claramente, o relacionamento entre acionistas e gestores mudou ao longo dos últimos 20 anos. Acionistas ordinários não são mais um grupo desarticulado de indivíduos que "votam com os pés" quando o desempenho da empresa começa a decair. O que isso significa para o executivo? Achamos que há três pontos fundamentais que devem ser colhidos das mudanças descritas neste capítulo. Primeiro, o mundo da participação em ações ordinárias mudou de forma importante desde a passagem do ERISA em 1974. O aumento na concentração do controle de ações ordinárias por instituições e o subseqüente ativismo acionário aumentaram as preocupações dos gestores com relação ao desempenho de suas empresas em carteira, e essa pressão adicional provavelmente não desaparecerá. Segundo, os investidores institucionais e seus clientes estão especialmente interessados no desempenho a partir da perspectiva do acionista ordinário. Isso significa que a melhor maneira da gestão evitar tornar-se objeto de preocupação por investidores institucionais é concentrar-se nos retornos ao acionista e no desempenho de sua ação. Finalmente, se uma empresa se tornar objeto do ativismo dos acionistas, a gestão deveria seguir o conselho de "dar um passo atrás e lembrar quem é o dono da loja".[13]

Resumo

Gestores profissionais controlam empresas grandes e publicamente negociadas, e, como tal, são os agentes dos proprietários da empresa (os acionistas ordinários). Quando os interesses pessoais de um gestor entram em conflito com aqueles dos acionistas, existe um problema de agência. Isto é, os gestores podem (caso não sejam restringidos ou desencorajados) tomar decisões que sejam consistentes com suas próprias preferências pessoais em vez de servir aos interesses dos acionistas. Os gestores tomam decisões cruciais com relação aos mercados nos quais a empresa compete, os produtos e serviços que oferece, como a produção da empresa é precificada e vendida e como a empresa responderá a forças competitivas. Portanto, da perspectiva do proprietário, o sucesso da empresa é, em grande parte, resultado da habilidade dos gestores e de sua disposição em tomar decisões que são consistentes com os interesses dos acionistas.

---

[13] Para um estudo aprofundado das práticas ativistas de instituições financeiras durante a década de 90, veja Kensinger e Martin (1996).

Neste capítulo, investigamos a natureza do relacionamento acionista-gestor ao documentar a propriedade e o controle das ações ordinárias de empresas publicamente negociadas. Nossa perspectiva tem sido considerar o papel da participação acionária em influenciar os gestores para gerar valor aos acionistas da empresa. Limitamos nossa discussão às décadas de 80 e 90, pois foi durante esse curto período que testemunhamos um renascimento dos interesses dos acionistas com pressão sendo exercida sobre os gestores corporativos para melhorar o desempenho de suas empresas ou enfrentar as conseqüências. O principal fator que caracterizou os interesses dos acionistas durante a década de 90 tem sido o crescimento do investimento institucional ativista, que começou com o fim da onda de fusões LBO nos anos 80 e continua até os dias de hoje. Descrevemos as práticas de algumas das principais instituições ativistas e revisamos a evidência relacionada à sua eficiência na motivação de melhores desempenhos das empresas.

Porém, o futuro é incerto e não se sabe se o ativismo institucional continuará a manter os interesses dos acionistas em primeiro plano. Uma importante classe de instituições financeiras – fundos de pensão de funcionários públicos – está sujeita a pressões políticas de legisladores estaduais e outros oficiais eleitos para buscar objetivos não relacionados ao valor para o acionista. À medida que esses objetivos levam esses fundos de pensão a colocar pressão sobre empresas para alcançar fins sociais, aumenta a probabilidade de que o desempenho sofra. Até o presente, a evidência sugere que, como um todo, as instituições ativistas alcançaram seus objetivos de desempenho. Somente o futuro dirá se esta situação continuará.

Uma coisa é certa. O aumento na propriedade institucional deu nova voz aos interesses dos acionistas. A década de 90 testemunhou que as preocupações e interesses dos acionistas foram elevadas a novas alturas e este fenômeno provavelmente continuará, pois cada trabalhador que está coberto por um plano de pensão e que investe em ações ordinárias tem interesse nos resultados. O capitalismo institucional aumentou o interesse sobre o valor da ação e a gestão baseada em valor tornou-se a ferramenta de escolha para tentar satisfazer estes interesses.

Apêndice 2A

Projeto de Lei sobre os Direitos dos Acionistas do Conselho de Investidores Institucionais

Em 1986, o Conselho de Investidores Institucionais distribuiu seu projeto de lei sobre os direitos dos acionistas, que diz o seguinte:

Preâmbulo

As corporações norte-americanas são a base do sistema de livre empreendimento e, como tal, devem ser governadas pelos princípios de responsabilidade e justiça inerentes ao nosso sistema democrático. Os acionistas das empresas norte-americanas são os proprietários de tais empresas e os diretores eleitos pelos acionistas são responsáveis para com os acionistas. Ademais, os acionistas das empresas norte-americanas têm direito de participar nas decisões financeiras fundamentais que podem afetar o desempenho e o crescimento da empresa e a viabilidade e competitividade de longo prazo das empresas. Esse projeto de lei dos direitos dos acionistas assegura tal participação e oferece proteção contra qualquer privação de direitos dos acionistas norte-americanos.

I. Uma Ação – Um Voto

Cada participação em ação ordinária, independente de sua classe, deve ter direito a voto em proporção à sua participação relativa no total do capital social da empresa. O direito a voto é inviolável e não pode ser reduzido em qualquer circunstância ou por qualquer atitude de qualquer pessoa.

II. Tratamento Justo e Igual para Todos os Acionistas

Cada participação em ação ordinária, independente de sua classe, deve ser tratada igualmente em proporção à sua participação relativa no total do capital expresso pelas ações ordinárias da empresa com respeito a qualquer dividendo, distribuição, resgate, venda ou troca. Em questões reservadas à interferência dos acionistas, a procedência justa e a divulgação total são exigidas.

III. Aprovação dos Acionistas de Determinadas Decisões da Empresa

Um voto dos que mantêm uma maioria das ações ordinárias em circulação, independente de sua classe, é necessário para aprovar qualquer decisão com relação às finanças de uma empresa que terá efeito substancial sobre a posição financeira da mesma e a posição dos seus acionistas; especificamente, decisões que iriam:

A. Resultar na aquisição pela empresa de 5% ou mais das ações ordinárias a um preço em excesso do preço de mercado prevalecente de tal ação, a menos que uma oferta de compra em comum acordo seja feita a todos os acionistas.

B. Resultar em, ou depender de, uma aquisição pela empresa das participações acionárias contendo, em uma base *pro forma*, 20% ou mais do poder de voto combinado das ações ordinárias em circulação ou uma mudança de 20% ou mais na propriedade dos ativos da empresa.

C. Diminuir ou limitar os direitos dos proprietários de ações ordinárias para:
   1. Considerar e votar a eleição ou remoção de diretores, ou o momento oportuno, ou a duração de seus períodos de função; ou
   2. Fazer indicações de diretores, ou propor outras resoluções a serem votadas pelos acionistas; ou
   3. Convocar reuniões especiais de acionistas para tomar atitudes através do consenso escrito.

D. Permitir qualquer executivo ou empregado da empresa receber, ao término do vínculo empregatício, qualquer montante em excesso de duas vezes a remuneração média anual daquela pessoa pelos prévios três anos, se tal pagamento depender de uma aquisição de participações acionárias da empresa ou uma mudança na propriedade dos ativos da empresa.

E. Permitir a venda ou o penhor de ativos da empresa que teriam efeito considerável sobre o valor para o acionista.

F. Resultar na emissão de dívida a tal nível que alavancaria a empresa e poria em risco a viabilidade de longo prazo da empresa.

IV. Aprovação Independente de Auditores e Remuneração de Executivos

A aprovação de pelo menos uma maioria de diretores independentes (ou se houver menos de três diretores, a aprovação unânime de todos diretores externos) deve ser necessária para aprovar, em uma base anual:

A. A remuneração a ser oferecida a cada executivo da empresa, incluindo o direito em receber qualquer bônus, pagamento por desligamento ou qualquer outro pagamento extraordinário a ser recebido por tal executivo; e
B. A seleção de auditores independentes.

Apêndice 2B

O Sistema da CalPERS para Identificar Empresas-Alvo

O sistema de ativismo institucional da CalPERS tem sido amplamente discutido na imprensa financeira e oferece um exemplo interessante de como uma instituição financeira pode exercer pressão sobre uma empresa de sua carteira para melhorar seu desempenho (e o conseqüente aumento no preço de sua ação).[14] O sistema de avaliação de desempenho da CalPERS começa com uma seleção mecânica do retorno da ação para todas as empresas em sua carteira de mais de 1.000 títulos. As empresas em carteira são classificadas de alto a baixo com base em seus retornos a mais (preço final da ação somado ao dividendo dividido pelo preço inicial da ação) para os últimos cinco anos. As ações no quartil inferior fornecem a base para análises subseqüentes. A seleção seguinte elimina empresas que podem provar ser particularmente difíceis de influenciar através do ativismo institucional (por exemplo, empresas com grande participação interna e uma baixa participação institucional) ou que fizeram mudanças recentes na gestão, na estrutura da empresa, ou na estratégia, o que poderia levar a uma melhora no seu desempenho. Essa análise reduz o conjunto de empresas para menos de 100, que são, então, sujeitas a uma análise econômica profunda utilizando relatórios anuais, opiniões de analistas e outras fontes de informação pública. O conjunto de empresas é, então, reduzido a 50, que constituem a lista das "piores 50".

A CalPERS classifica ainda mais as "piores 50" em duas séries para propósitos de ativismo corporativo. Primeiramente, ela identifica as dez entre as "piores 50" que oferecem a maior probabilidade de uma reviravolta. Estas empresas constituem sua lista das "dez em foco" para o ano. O CEO de cada uma dessas empresas é contatado através de uma carta que delineia as preocupações quanto ao pobre desempenho da empresa e convoca uma reunião com os diretores externos da empresa. Caso a empresa não responda em vinte ou trinta dias, é enviada uma proposta aos acionistas elaborada para abordar os fatores que a CalPERS acredita contribuíram

---

[14] Essa descrição foi retirada de Kensinger e Martin (1996).

para o baixo desempenho. A proposta é retirada se a empresa tomar atitudes para abordar seu problema de desempenho. O segundo grupo de empresas, série II, consiste de 21 empresas que também fazem parte das "piores 50", porém diferem das empresas "dez em foco" no sentido de que seus problemas são mais difíceis de serem diagnosticados e o potencial para uma reviravolta é provavelmente menor. Estas empresas, como as "dez em foco", recebem uma carta detalhando os problemas específicos do ponto de vista da CalPERS. Entretanto, nenhuma proposta aos acionistas é submetida durante a atual estação de votação.

O arsenal de ferramentas de persuasão da CalPERS consiste na utilização de propostas de votação do tipo "apenas vote não" para os diretores da empresa como protesto e pressão pública via imprensa. Com seu poder substancial em votações e sua habilidade em se comunicar livremente com outros investidores institucionais, a CalPERS pode exercer pressão significativa sobre a gestão encarregada de buscar ativamente maneiras de melhorar o desempenho da empresa. A estratégia do "apenas vote não" envolve simplesmente votar contra os diretores indicados pela gestão. Esta estratégia foi fortemente defendida por Joseph Grundfest (1993), um antigo membro da SEC e professor de Direito na universidade de Stanford. A CalPERS também tem usado com freqüência a imprensa popular para exercer pressão sobre os gestores das empresas em foco, para que redobrem seus esforços em melhorar o desempenho. Por exemplo, a CalPERS teve como alvo a Sears, Roebuck and Co. em 1989, quando verificou seu histórico de baixo desempenho. Três anos mais tarde a gestão da Sears' passou por uma grande reestruturação que foi ao menos parcialmente resultado das pressões exercidas pela CalPERS e por outros investidores institucionais.

O ponto-chave aqui é que a CalPERS, bem como vários outros investidores institucionais ativistas, utilizou os desempenhos de ações com retornos baixos no passado como condutor para exercer pressão sobre as empresas para melhorarem seus desempenhos. Assim, o ativismo institucional serviu para aumentar a prioridade nos interesses dos acionistas tanto para os gestores corporativos quanto para os conselhos de administração.

Embora não tenhamos discutido suas práticas aqui, há um sem-número de outras instituições ativistas (veja Kensinger e Martin, 1996). Alguns dos ativistas mais proeminentes têm sido o State of Wisconsin Investment Board, o New York State and Local Retirement Systems, o New York City Retirement Systems (incluindo os empregados, professores, bombeiros e policiais municipais) e o College Retirement Equity Fund.

Referências

Berle, Adolph e Gardner Means. *The Modern Corporation and Private Property*. New York: Macmillan, 1932.

Choi, Stephen. "Proxy Issue Contests: Impact of the 1992 Proxy Reforms." Working paper, University of Chicago, 1997.

Del Guercio, Diane e Jennifer Hawkins. The Motivation and Impact of Pension Fund Activism. *Journal of Financial Economics* (1999): 293-340.

Gillan, Stuart L., John W. Kensinger e John D. Martin. "Value Creation and Corporate Diversification: The Case of Sears, Roebuck & Co." *Journal of Financial Economics* 55, 1 (2000): 103-138.

Gillan, Stuart L., e Laura Starks. "Corporate Governance Proposals and Shareholder Activism: The Role of Institutional Investors." Working paper, Graduate School of Business, University of Texas, Austin, 1998a.

_____. "A Survey of Shareholder Activism: Motivation and Empirical Evidence." *Contemporary Finance Digest* 2, 3 (1998b): 10-34.

Grundfest, Joseph A. "Just Vote No: A Minimalist Strategy for Dealing with Barbarians at the Gate." *Stanford Law Review* 45 (abril de 1993): 857-937.

Huson, Mark. "Does Governance Matter? Evidence from CalPERS Interventions." Working paper, University of Texas and the University of Alberta, 1997.

Jensen, Michael C. e William H. Meckling. "Theory of the Firm: Managerial Behavior, Agency Costs and Ownership Structure." *Journal of Financial Economics* 3 (1976): 305-360.

Kensinger, John e John D. Martin. *Relationship Investing: What Active Institutional Investors Want from Management*. Morristown, N.J.: Financial Executives Research Foundation, 1996.

Monks, Robert e Nell Minow. *Corporate Governance*. Cambridge, Mass.: Blackwell, 1995.

Nesbitt, Stephen L. "Long-Term Rewards from Corporate Governance." Working paper, Wilshire Associates, Santa Monica, Calif., 1994.

Opler, Tim C. e Jonathan Sokobin. "Does Coordinated Institutional Activism Work? An Analysis of the Activities of the Council of Institutional Investors." Working paper, Fisher College of Business, Ohio State University, Columbus de 1995.

Pound, John. "The Promise of the Governed Corporation." *Harvard Business Review* (março-abril 1995): 89-98.

Romano, Roberta. "Public Pension Fund Activism in Corporate Governance Reconsidered." *Columbia Law Review* 93 (1993): 795-853.

Capítulo 3

Por que as Antigas Métricas não Funcionam

> *Medir o desempenho é parte essencial do controle da gestão no sentido em que confirma se os resultados antecipados nas ações planejadas foram realizados. Devido a atenção que é dada ao que é medido, o tipo de desempenho que uma organização escolhe medir motivará atitudes que melhorem essa medida. Tradicionalmente, medidas básicas como lucro, receita e custo foram utilizadas para avaliar o desempenho dos gestores. Porém, diante da realidade competitiva, novas estratégias com novos planos de ação e novos sistemas de desempenho são necessárias.*
>
> Kiran Verma, "Total Factor Productivity Management" (1992)

Simplesmente lendo o noticiário financeiro, é fácil ter a impressão de que os lucros por ação de uma empresa são o principal direcionador do preço de sua ação. Por exemplo, em 16 de julho de 1996 às 15h 59min, a Intel Corporation relatou lucros do segundo trimestre de $1,17 por ação, oito cents mais alto do que as estimativas de Wall Street e dezoito cents acima dos lucros do ano anterior. No dia do anúncio dos lucros, as ações da Intel eram as mais ativamente negociadas no mercado da Nasdaq, com um total de 25 milhões de ações mudando de mãos antes do fechamento do mercado. As ações da Intel fecharam a $70 no final do dia e subiram $2 durante as horas após as negociações. Poderia parecer que o valor da ação estava diretamente atado aos lucros e ao crescimento em lucros.

Uma empresa que é gerenciada pelos lucros e crescimento em lucros maximiza o valor do investimento do acionista ordinário na empresa? Os proponentes da gestão baseada em valor (VBM) argumentam que os lucros de uma empresa fornecem um indicador insuficiente de criação de valor. Especificamente, recompensar a gestão de uma empresa pelos lucros e crescimento em lucros pode até levar a decisões que reduzam o valor ao acionista.

Este capítulo aborda a questão levantada no Capítulo 1 que questiona se é o modelo contábil ou o econômico (fluxo de caixa descontado) da empresa que melhor descreve o processo de criação de valor. Demonstramos as deficiências das medidas de desempenho baseadas em informações contábeis tradicionais quando utilizadas como ferramentas para a gestão do valor ao acionista. Especificamente, as métricas de desempenho contábeis podem levar a decisões administrativas que são inconsistentes com os interesses dos acionistas.

Gerenciar os Lucros *versus* Gerenciar o Valor ao Acionista

Os proponentes do VBM afirmam que os números contábeis preparados utilizando-se princípios contábeis geralmente aceitos (generally accepted accounting principles — GAAP) não foram elaborados para refletir a criação de valor. Além disso, os lucros proporcionam sinais confusos e algumas vezes enganosos aos gestores financeiros que buscam maximizar o valor para o acionista. Para demonstrar as limitações das métricas baseadas em lucros contábeis, revisamos primeiramente as doutrinas fundamentais do modelo básico de avaliação do fluxo de caixa descontado (DCF). O valor de qualquer ativo utilizando o modelo DCF é uma função do montante, do tempo e do risco dos fluxos de caixa futuros esperados. Conseqüentemente, se o gestor deve conduzir a empresa de modo a maximizar o valor ao acionista, o sistema de medidas de desempenho deve capturar todos esses três determinantes fundamentais do valor. Na discussão a seguir demonstramos que a medida GAAP de lucros é deficiente em cinco importantes aspectos quando utilizada como base para o gerenciamento do valor ao acionista.

Problema nº 1: Os Lucros Contábeis Não São Iguais ao Fluxo de Caixa

Essa crítica é, na verdade, um pouco enganosa, pois certamente podemos chegar ao fluxo de caixa fazendo ajustes apropriados aos números contábeis relatados. A questão é, no entanto, que os lucros relatados não são iguais ao caixa, e o caixa é o que nos interessa quando estamos tentando gerenciar com o objetivo de gerar valor ao acionista.

Problema nº 2: Os Números Contábeis Não Refletem Risco

Os lucros contábeis relatados não refletem o risco desses lucros. Isto é, o sistema contábil de uma empresa relata "o que aconteceu" e não "o que poderia ter acontecido". Como conseqüência, não há nada nos lucros relatados que indique qualquer coisa sobre o risco das operações da empresa.

Uma vez que o risco é um determinante essencial do valor do patrimônio líquido de uma empresa, esta omissão é crítica.

O nível dos lucros relatados de uma empresa e sua variabilidade de período a período são determinados por uma combinação de influências que estão fora do controle da empresa (por exemplo, as condições de negócio na economia em geral e no setor da empresa) bem como pelas escolhas de políticas feitas pela gestão da empresa (por exemplo, as políticas operacional e financeira da empresa). Para observar o efeito das escolhas das políticas da empresa sobre a variabilidade nos lucros, considere o efeito da política financeira sobre a volatilidade dos lucros relatados para as duas empresas mostradas na Tabela 3.1. A empresa não alavancada não utiliza nenhuma alavancagem financeira, enquanto a empresa alavancada obtém metade de seus fundos como empréstimos e paga 12% de juros sobre sua dívida. A Figura 3.1 demonstra graficamente a maior sensibilidade dos lucros por ação (EPS) da empresa alavancada a mudanças no nível do lucro operacional ou lucros antes de juros e impostos (EBIT). Verifique que se o EBIT crescesse de $100 para $200 (um aumento de 100%), o EPS para a empresa não alavancada cresceria em 100%, de $0,65 a $1,35, enquanto que o EPS da empresa alavancada aumentaria em 350%, de $0,52 a $1,82. A alavancagem financeira tem o efeito de aumentar a sensibilidade do EPS de uma empresa a mudanças no EBIT, levando assim a uma série mais volátil de lucros. Esta volatilidade adicional no EPS não é aparente nos lucros relatados de um único ano.

Problema n° 3: Os Números Contábeis Não Incluem um Custo de Oportunidade pelo Capital Próprio

A relação entre mudanças no valor econômico e nos lucros é ainda mais obscurecida pelo fato de que os cálculos tradicionais de lucros não incorporam o custo de oportunidade associado ao investimento dos proprietários na empresa. Despesas com juros e dividendos sobre ações preferenciais são considerados quando se calculam os lucros contábeis. Entretanto, nenhum retorno requerido sobre o capital próprio é considerado no cálculo dos lucros contábeis. A ausência de um custo pelo capital suprido pelos proprietários significa que os lucros contábeis exageram a criação de valor das operações da empresa para o período. Por exemplo, em 1997, a Motorola relatou lucros operacionais de mais de $1,2 bilhão. Alguns investidores poderiam ter visto este desempenho positivo dos lucros como uma indicação de que a empresa estava em boa saúde financeira. Entretanto, o total do capital investido naquele ano era de aproximadamente $32 bilhões. Se os investidores da Motorola requerem um retorno de 10% sobre seu capital, então a empresa necessita de aproximadamente $3,2 bilhões apenas para proporcionar seus retornos requeridos. A Motorola ficou abaixo desta marca por um montante substancial.[1]

Tabela 3.1
Alavancagem Financeira e Volatilidade dos Lucros

	Empresa Não Alavancada	Empresa Alavancada
Exigível	–	$500
Capital próprio	$1.000	$500
Taxa de juros	12%	12%
Alíquota de imposto de renda	35%	35%
Número de ações	100	50

Empresa Não Alavancada				Empresa Alavancada			
EBIT	Juros	Lucro Líquido	EPS	EBIT	Juros	Lucro Líquido	EPS
–	–	–	–	–	$60,00	($39,00)	($0,78)
$50,00	–	$32,50	$0,33	$50,00	60,00	(6,50)	(0,13)
100,00	–	65,00	0,65	100,00	60,00	26,00	0,52
150,00	–	97,50	0,98	150,00	60,00	58,50	1,17
200,00	–	130,00	1,30	200,00	60,00	91,00	1,82
250,00	–	162,50	1,63	250,00	60,00	123,50	2,47
300,00	–	195,00	1,95	300,00	60,00	156,00	3,12
350,00	–	227,50	2,28	350,00	60,00	188,50	3,77
400,00	–	260,00	2,60	400,00	60,00	221,00	4,42
450,00	–	292,50	2,93	450,00	60,00	253,50	5,07

Problema nº 4: As Práticas Contábeis Variam de Empresa a Empresa

Qualquer estudante de demonstrações financeiras está ciente do efeito (algumas vezes substancial) que uma mudança na política contábil pode ter sobre os lucros relatados de uma empresa. Exemplos típicos incluem os vários métodos que uma empresa pode utilizar para contabilizar seus esto-

---

[1] A idéia de deduzir um "retorno pelo uso do capital investido" dos lucros relatados não é nova, como discutiremos mais adiante. O conceito básico chama-se "lucro econômico".

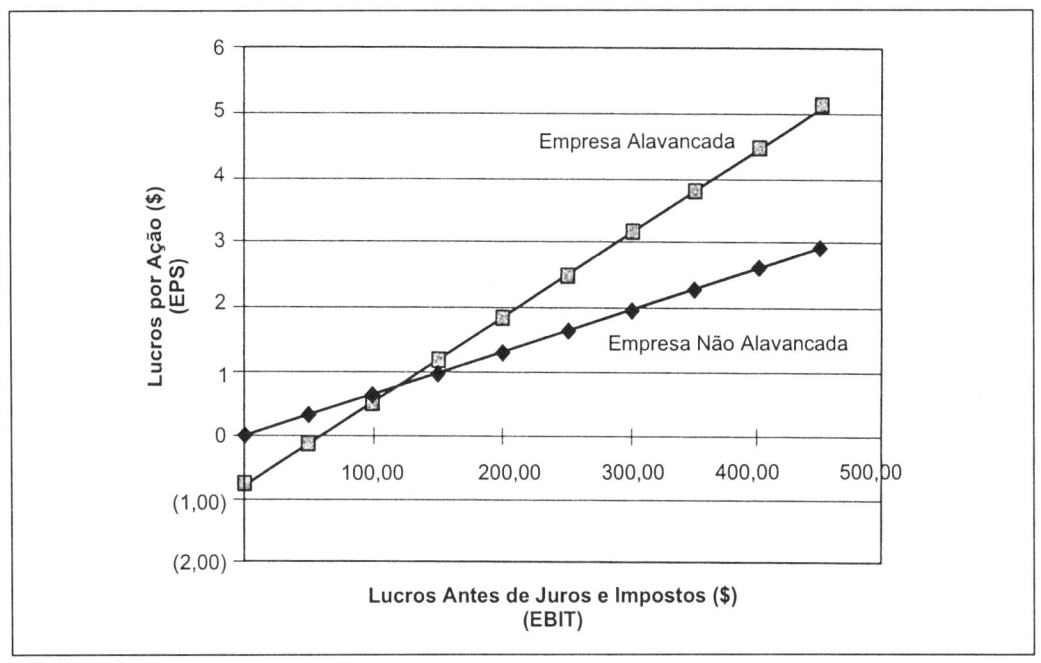

Figura 3.1
Lucros por Ação e Alavancagem Financeira

[Gráfico: Lucros por Ação ($) (EPS) no eixo Y vs. Lucros Antes de Juros e Impostos ($) (EBIT) no eixo X, mostrando duas linhas: Empresa Alavancada e Empresa Não Alavancada]

ques [por exemplo, último que entra/primeiro que sai (LIFO) *versus* primeiro que entra/primeiro que sai (FIFO)] ou regras contábeis das entidades governamentais (por exemplo, o Financial Accounting Standards Board) com relação ao modo pelo qual uma empresa pode contabilizar suas despesas com P&D ou ganhos ou perdas em moeda estrangeira. Com exceção do efeito sobre o fluxo de caixa (por exemplo, via as obrigações tributárias atuais e futuras da empresa) estas práticas contábeis não têm importância no que diz respeito ao desempenho da empresa. No entanto, as práticas contábeis podem e têm influência substancial sobre os lucros relatados de uma empresa.

Problema nº 5: Os Números Contábeis Não Levam em Conta o Valor do Dinheiro no Tempo

Os lucros relatados não são ajustados para os efeitos do valor do dinheiro no tempo. O valor econômico, subjacente ao modelo econômico da empresa, considera a temporalidade, o montante e o risco dos fluxos de caixa futuros. Especificamente, o valor econômico ou intrínseco de uma empresa é igual ao valor presente de seus fluxos de caixa futuros esperados descontados a uma taxa que reflita apropriadamente o seu risco. A taxa de retorno requerida dos investidores refletirá tanto o risco dos fluxos de caixa futuros quanto a taxa de inflação antecipada. Uma vez que o cálculo dos lucros contábeis não leva em consideração o valor do dinheiro no tempo, ele não fornece sinais confiáveis ao gestor que busca maximizar a riqueza do acionista.

A Abordagem Contábil Tradicional à Avaliação de Desempenho

O analista financeiro experiente rapidamente reconhecerá que muitas deficiências das medidas de lucros contábeis que discutimos até este ponto podem ser superadas através da combinação de informações do balanço e da demonstração de resultados em índices financeiros. Especificamente, o retorno sobre ativos líquidos (RONA) tem sido amplamente utilizado como medida do desempenho financeiro. Embora o RONA represente uma melhora sobre a medida de lucros isoladamente, demonstramos aqui que este também é um indicador falho da geração de valor ao acionista.

Utilizando o RONA para Avaliar Propostas de Investimento de Capital

Começamos nossa discussão definindo o RONA. Existem ao menos duas definições geralmente utilizadas para o RONA. A primeira utiliza o lucro líquido no numerador e a segunda utiliza o lucro líquido operacional após impostos (NOPAT) no numerador:

$$RONA_1 = \frac{\text{Lucro líquido}}{\text{Total de ativos}} \qquad (3.1)$$

$$RONA_2 = \frac{\text{Lucro líquido} + \text{Juros} \times (1 - \text{Alíquota de imposto de renda})}{\text{Total de ativos}}$$

$$= \frac{\text{Lucro líquido operacional} \times (1 - \text{Alíquota de imposto de renda})}{\text{Total de ativos}} \qquad (3.2)$$

$$= \frac{\text{NOPAT}}{\text{Total de ativos}}$$

A primeira medida, ou $RONA_1$, é muitas vezes criticada por comparar de forma inconsistente o lucro após impostos à base total de ativos, e a segunda medida, $RONA_2$, procura retificar essa deficiência ao incluir no lucro o pagamento de juros após impostos aos credores da empresa. A medida $RONA_2$ na equação (3.2) é internamente consistente ao comparar o total de ativos aos lucros totais, e, por esse motivo, utilizamos essa versão do RONA na discussão a seguir. Entretanto, mesmo esta variante do RONA sofre de problemas que tornam seu uso como ferramenta de avaliação de estratégias e desempenho, no nível corporativo ou de unidade de negócios, questionável.

A primeira dificuldade que surge com a utilização do RONA como uma medida de desempenho é que este reflete o lucro contábil e não o fluxo de caixa. Uma vez que o valor de uma estratégia ou unidade de negócios depende do montante, temporalidade e risco dos fluxos de caixa futuros, o uso do RONA pode apresentar sinais enganosos para a tomada de decisões.[2]

Para ilustrar as deficiências da métrica contábil RONA, definimos uma versão de fluxo de caixa descontado (DCF) da métrica do RONA, $RONA_{DCF}$, que captura de modo apropriado o retorno econômico de um projeto ao longo de um intervalo de tempo especificado (onde PV representa valor presente):

$$RONA_{DCF} = \frac{\text{Fluxo de caixa} + (\text{PV final do ano} - \text{PV início do ano})}{\text{PV início do ano}}$$

$$= \frac{\text{Fluxo de caixa} + \text{Mudança no valor presente}}{\text{PV início do ano}} \quad (3.3)$$

O retorno DCF (às vezes referido como o retorno total do acionista, ou TSR) é o equivalente à taxa de retorno econômico do RONA. Considere o seguinte exemplo de investimento: A Alpha Resale Company está considerando um investimento de $4.000 em um projeto que tem expectativa de produzir fluxos de caixa de $400, $800, $800, $1.600 e $2.500 ao longo dos próximos cinco anos. A Alpha estima que seu custo de capital é de 12% para que o valor presente líquido (NPV) seja zero:

$$NPV = \frac{\$400}{(1,12)^1} + \frac{\$800}{(1,12)^2} + \frac{\$800}{(1,12)^3} + \frac{\$1.600}{(1,12)^4} + \frac{\$2.500}{(1,12)^5} + (\$4.000) = 0$$

A Tabela 3.2 mostra os cálculos do RONA tradicional de base contábil e a variante de fluxo de caixa descontado, $RONA_{DCF}$, para cada ano dos cinco anos de vida do projeto. O Painel A mostra os cálculos do $RONA_{DCF}$ para cada um dos cinco anos de vida do projeto. Uma vez que o projeto obtém um NPV de zero, ele também obtém um $RONA_{DCF}$ anual igual ao custo de capital da empresa. O Painel B mostra os cálculos para o RONA de base contábil, que se apoia inteiramente nos números do lucro contábil e do valor de livro. Uma rápida comparação dos cálculos do RONA e do $RONA_{DCF}$ revela que o RONA não é um indicador muito útil do $RONA_{DCF}$. O RONA varia de −10% a 212%; ele não indica qualquer relacionamento aparente ao retorno DCF obtido pelo projeto e nem indica que este é um projeto de NPV zero.

---

[2] O Boston Consulting Group (BCG) refere-se ao problema que abordamos aqui como "armadilha da fábrica nova – fábrica velha". Retornaremos a este assunto novamente no Capítulo 6, onde discutimos a utilização da metodologia VBM da BCG.

Tabela 3.2
Cálculo do RONA$_{DCF}$ e RONA Contábil

	Ano 1	Ano 2	Ano 3	Ano 4	Ano 5
Painel A. Cálculo do RONA$_{DCF}$					
1. Fluxo de caixa	$400	$800	$800	$1.600	$2.500
2. PV início do ano	4.000	4.080	3.770	3.422	2.233
3. PV fim do ano	4.080	3.770	3.422	2.233	0
4. Mudança no PV [(3) − (2)]	$80	$(310)	$(348)	$(1.189)	$(2.233)
5. Lucro econômico [(1) + (4)]	$480	$490	$452	$411	$267
6. RONA$_{DCF}$ [(5) ÷ (2)]	12%	12%	12%	12%	12%
Painel B. Cálculo do RONA em Base Contábil					
1. Fluxo de caixa	$400	$800	$800	$1.600	$2.500
2. Menos: Depreciação	800	800	800	800	800
3. Lucro líquido	$(400)	$0	$0	$800	$1.700
4. Valor de livro início do ano	$4.000	$3.200	$2.400	$1.600	$800
5. Menos: Depreciação	800	800	800	800	800
6. Valor de livro fim do ano	$3.200	$2.400	$1.600	$800	$0
7. (RONA) Contábil [(3) ÷ (4)]	−10%	0%	0%	50%	212,5%

Infelizmente, a medida RONA tradicional geralmente não pode ser utilizada como uma substituição para o RONA$_{DCF}$. Bierman (1988) verifica dois problemas básicos com a utilização do RONA tradicional para medir o desempenho.[3] Primeiro, ele é freqüentemente calculado de modo incorreto. Segundo, mesmo se for corretamente calculado, há uma tendência de que o RONA distorça a tomada de decisões. Mesmo à luz dessas deficiências, algumas pessoas têm argumentado que o RONA pode ser utilizado para avaliar a empresa em andamento ou o desempenho de unidades de negócios mesmo que falhe como medida de desempenho de um projeto.

Na próxima seção, demonstramos que esse não é o caso.

---

[3] As deficiências do método contábil tradicional para o cálculo do RONA são discutidas em Dearden (1969) e Seed (1983).

Utilizando ROS e RONA para Avaliar o Desempenho de Unidades de Negócios

A avaliação de desempenho de divisões e unidades de negócios é um problema de crucial importância para o qual muitas medidas já foram utilizadas. Demonstramos aqui que duas métricas comumente utilizadas, retorno sobre as vendas ou return on sales (ROS) e RONA, têm sérias deficiências. Especificamente, identificamos os efeitos adversos de incentivo sobre os gestores divisionais de uma empresa onde o ROS e RONA são utilizados como base para a medida de desempenho e remuneração de incentivo.

Considere a empresa hipotética Roxy Manufacturing Company, cujas três divisões são descritas na Tabela 3.3. Se avaliarmos o desempenho das três divisões utilizando o ROS – medido como o lucro operacional líquido após impostos dividido pelas receitas –, então a divisão C, com seu ROS de 17,3%, tem o melhor desempenho, seguida pelas divisões B e A. Entretanto, o índice ROS é seriamente falho no sentido de que captura somente informações das demonstrações de resultado da empresa e não reflete o investimento requerido para produzir as vendas e os lucros relatados. O índice RONA aborda esta deficiência do ROS ao incorporar os ativos da empresa à medida de desempenho.

Tabela 3.3
Analisando o Desempenho Divisional

	[Divisão A]	[Divisão B]	[Divisão C]
Receitas	$20.000	$22.000	$36.000
Menos: Custos variáveis	10.000	8.250	10.080
Menos: Custos fixos	5.600	8.820	17.000
Lucro líquido operacional	$4.400	$4.930	$8.920
Menos: Impostos (30%)	1.320	1.479	2.676
Lucro líquido operacional após impostos (NOPAT)	$3.080	$3.451	$6.244
Total de ativos	$14.000	$21.000	$34.000
Medidas de Desempenho			
Retorno sobre vendas (ROS) após impostos	15,4%	15,7%	17,3%
Giro de ativos (Vendas ÷ Total de ativos)	1,43	1,05	1,06
Retorno sobre ativos líquidos (RONA)	22,00%	16,43%	18,36%
Lucro residual (retorno requerido de 10%)	$1.680	$1.351	$2.844

Para ver como o RONA incorpora tanto as margens de lucro da empresa quanto o investimento em ativos necessários para produzir vendas, divida o índice RONA em dois componentes básicos. Primeiro, lembre que o RONA foi definido na equação (3.2) como:

$$RONA = \frac{\text{Lucro líquido operacional} \times (1 - \text{Alíquota de imposto de renda})}{\text{Total de ativos}}$$

Verifique, no entanto, que o RONA pode ser descrito como o produto do ROS e giro de ativos após impostos:

$$\text{ROS após impostos} = \frac{\text{Lucro líquido operacional} \times (1 - \text{Alíquota de Imposto de Renda})}{\text{Vendas}}$$

$$\text{Giro de ativos} = \frac{\text{Vendas}}{\text{Total de ativos}}$$

$$RONA = \frac{\text{Lucro líquido operacional} \times (1 - \text{Alíquota de imposto de renda})}{\text{Vendas}} \times \frac{\text{Vendas}}{\text{Total de ativos}}$$

Esta decomposição nos permite identificar as fontes de quaisquer diferenças no desempenho que podem ser observadas entre as divisões.[4] Por exemplo, quando classificamos as três divisões da Roxy com base em seus respectivos RONAs, observamos que a divisão A tem o melhor desempenho, seguida pelas divisões C e B – em contraste com a ordem C, B, A obtida com o ROS. Observando os índices de giro de ativos, podemos ver a razão para esta nova classificação. O índice de giro de ativos da divisão A é dramaticamente maior do que aqueles para as divisões B e C, e este é o motivo para sua ascensão na classificação. Em outras palavras, a divisão A utiliza seus ativos de modo mais eficiente do que a divisão B ou a divisão C.

Embora o RONA seja geralmente considerado uma melhora sobre o ROS como métrica de desempenho, sua utilidade como base para a avaliação de desempenho e a remuneração de incentivo pode levar a decisões que são inconsistentes com os interesses dos acionistas. Especificamente, se os gestores divisionais tentam maximizar os RONAs de suas divisões, isto pode fazer com que divisões altamente lucrativas rejeitem bons projetos a partir da perspectiva da empresa como um todo. Por exemplo, considere o que aconteceria ao RONA da divisão A se esta fosse se engajar em uma expansão para aumentar seu lucro operacional após impostos em $210, desde $3.080 para $3.290, e seu total de ativos em $2.000 representando um re-

---

[4] Essa e decomposições mais detalhadas da métrica RONA são freqüentemente referidas como Modelo de DuPont de análise financeira. F. Donaldson Brown, um engenheiro elétrico da tesouraria da E. I. DuPont apareceu com a metodologia em 1919.

torno de 10,5% sobre o investimento incremental. Embora a expansão possa parecer boa para a empresa como um todo, onde um retorno de 10% é visto como aceitável, a adoção do projeto levará a um decréscimo do novo RONA da divisão de 22% para 20,56%, como segue:[5]

$$\text{RONA pré-expansão} = \frac{\$3.080}{\$14.000} = 22,00\%$$

$$\text{RONA pós-expansão} = \frac{\$3.290}{\$16.000} = 20,56\%$$

Ao aceitar o projeto, o gestor da divisão A reduz o desempenho relativo de sua divisão e correspondentemente sua remuneração de incentivo para o ano.

Lucro Residual como Medida do Desempenho Divisional

O lucro residual (RI) foi sugerido na literatura da administração contábil como uma melhoria do RONA como medida do desempenho divisional:[6]

$$\text{RI} = [\text{Lucro líquido operacional} \times (1 - \text{Alíquota de imposto de renda})]$$
$$- (\text{Taxa de retorno requerida} \times \text{Total de ativos}) \quad (3.4)$$
$$= \text{NOPAT} - (\text{Taxa de retorno requerida} \times \text{Total de ativos})$$

onde o NOPAT é o lucro líquido operacional após impostos. Verifique que o RI é uma medida de desempenho baseada em dólares que incorpora informações tanto da demonstração de resultados quanto do balanço da empresa. Na linha inferior da Tabela 3.3, com uma taxa de retorno requerida de 10%, observamos que a divisão C na verdade fez a maior contribuição em dólares para a empresa, embora a divisão A tenha oferecido a taxa de retorno mais alta sobre os ativos. Consideremos o efeito da expansão proposta sobre o RI da divisão A:

$$\text{RI pré-expansão} = \$4.400(1 - 0,30) - 0,10(\$14.000) = \$1.680$$

$$\text{RI pós-expansão} = \$4.700(1 - 0,30) - 0,10(\$16.000) = \$1.690$$

Conseqüentemente, onde o gestor divisional é recompensado com base no RI produzido pela divisão, a expansão proposta será executada.

---

[5] O aumento de $300 no lucro operacional antes de impostos resultou em um aumento de $210 no lucro operacional após impostos devido a uma alíquota de 30%.

[6] No Capítulo 5, discutimos o uso do valor econômico agregado, que tem um relacionamento muito próximo ao conceito do lucro residual.

Embora o RI resolva um dos problemas de incentivo associados ao RONA, ele não é uma medida perfeita. O RI é uma medida histórica de curto prazo que pode punir investimentos de longo prazo. Por exemplo, considere os efeitos das despesas em P&D sobre o RI. Um desembolso é feito hoje com expectativa de que levará a oportunidades lucrativas de investimento no futuro. Uma vez que as despesas com P&D reduzem o NOPAT em um montante igual ao P&D após impostos, o RI diminuirá como resultado do desembolso. O gestor da divisão que é remunerado com base no RI tem um incentivo para postergar a despesa com P&D, o que pode ter um efeito adverso sobre o valor geral da empresa. Retornaremos a esta discussão em vários dos capítulos posteriores. Mais será dito sobre o lucro residual no Capítulo 6.

Resumo

As informações contábeis são preparadas de acordo com princípios contábeis geralmente aceitos [GAAP]. Estes princípios provêm de várias fontes, a mais importante sendo a Financial Accounting Standards Board e a Securities and Exchange Commission. Uma vez que as informações contábeis são preparadas principalmente para o propósito de avaliar o desempenho histórico, não deve surpreender que as medidas de desempenho exclusivamente baseadas em informações contábeis históricas tenham limitações quando utilizadas para avaliar o desempenho futuro. Assim, os problemas que notamos com a utilização de medidas contábeis não são problemas com o sistema contábil em si, ou com a maneira como a informação contábil é preparada mas, em vez disso, com a utilização dessa informação para propósitos os quais nunca foram sua intenção.

Na Parte II revisamos as novas métricas de desempenho referidas sob as iniciais da gestão baseada em valor. Argumentamos que a gestão baseada em valor é mais do que simplesmente uma ferramenta de desempenho, elaborada para superar as deficiências das medidas contábeis. Entretanto, o leitor deve estar avisado de que muitas das limitações das medidas contábeis destacadas neste capítulo também são aplicáveis às medidas do VBM.

Referências

Bierman, Harold. "Beyond Cash Flow ROI." *Midland Corporate Finance Journal* (inverno de 1988), 36-39.

Blumenthal, Robin Goldwin. "Tis the Gift to Be Simple." *CFO Magazine* (janeiro de 1998), 61-63.

Dearden, J. "The Case Against ROI Control." *Harvard Business Review* (maio-junho de 1969), 124-134.

Horngren, Charles T., George Foster e Srikant M. Datar. "Systems Choice: Performance Measurement, Compensation, and Multinational Considerations." Capítulo 26 em *Cost Accounting: A Managerial Emphasis*, 9ª ed. (Upper Saddle River, N.J.: Prentice-Hall, 1997).

Seed, A. H. "Using Cash Flows to Measure Business Unit Performance." *Corporate Accounting* (verão de 1983).

Verma, Kiran. "Total-Factor Productivity Measurement, Pertinent or Passé?" Capítulo 10 em *Performance Measurement, Evaluation, and Incentives*, ed. William J. Bruns, Jr. (Boston: Harvard Business School Press, 1992).

Parte II

Gestão Baseada em Valor: Novas Ferramentas para Medir e Recompensar o Desempenho das Empresas

O princípio fundamental da gestão baseada em valor é o modelo do fluxo de caixa descontado de uma empresa. Entretanto, o VBM é mais do que um sistema de medida de desempenho. Seus proponentes argumentam que para obter sucesso ele deve ser utilizado para unir o desempenho à remuneração. Portanto, o princípio por trás da utilização do VBM é medir e recompensar atividades que geram valor para o acionista e que levarão em última instância a um maior valor ao acionista.

Nesta parte, pesquisamos as ferramentas mais amplamente utilizadas do VBM, incluindo fluxo de caixa livre, valor econômico agregado, valor adicionado base caixa e o retorno sobre o investimento base caixa. Entretanto, nosso objetivo é não somente definir e sintetizar, mas também criticar. Destacamos uma fonte fundamental de dificuldades para praticamente todos os sistemas VBM que surgem de sua natureza inerente de período único face à natureza de períodos múltiplos do processo de criação de valor. Esta deficiência torna-se clara quando tentamos estender a utilização das métricas VBM a decisões de orçamento de capital e quando discutimos assuntos de incentivo gerencial.

Capítulo 4

Cálculo de Valor pelo Fluxo de Caixa Livre: O Alicerce da Gestão Baseada em Valor

> *O valor de qualquer ação, título de dívida ou negócio hoje é determinado pelas entradas e saídas de caixa – descontadas a uma taxa de desconto apropriada – que podem ser esperadas durante o período de vida remanescente de um ativo.*
>
> Warren Buffett, *Berkshire Hathaway Annual Report* (1992)

Todos os métodos de gestão baseada em valor discutidos neste livro compartilham uma herança teórica em comum – eles são, sem exceção, enraizados no conceito do cálculo de valor do fluxo de caixa livre. Especificamente, todos foram elaborados sobre a premissa de que o valor de qualquer empresa, ou de suas estratégias e investimentos individuais, é igual ao valor presente dos fluxos de caixa livres futuros que a entidade espera gerar.

A análise do fluxo de caixa livre tornou-se a medida-padrão na década de 80 e continua a ser o principal método para calcular o valor de uma empresa ou de uma unidade estratégica de negócios. Particularmente, vemos os modelos de fluxo de caixa livre sendo utilizados cada vez mais na avaliação de decisões estratégicas, em áreas tais como aquisições, empreendimentos conjuntos, desinvestimentos e no desenvolvimento de novos produtos. Em décadas anteriores, ouvíamos falar somente dos lucros como o principal direcionador de valor. Atualmente, há um interesse cada vez maior – de Warren Buffett ao Serviço Postal norte-americano – sobre a relevância dos fluxos de caixa livres para a gestão de uma empresa, com relação à geração de valor para o acionista. Enquanto tem havido um debate constante quanto ao uso de técnicas específicas da gestão baseada em valor, a análise do fluxo de caixa livre, como principal conceito para o de cálculo de valor, não foi questionada.

A atenção crescente que tem sido dada aos fluxos de caixa livres sem dúvida está ligada a uma mudança de filosofia. Como enfatizado no Capítulo 3, as medidas contábeis tradicionais dos lucros por ação ou retorno sobre ativos líquidos, entre outras, não são mais vistas por muitos como sendo referências adequadas da criação de valor. Mais investidores do que nunca acham que a "contabilidade do investimento" (um outro nome para fluxos de caixa livre) é o paradigma correto, que em suas mentes tem pouca relação com as demonstrações contábeis históricas. Em suma, muitos vieram a acreditar que o que importa são os fluxos de caixa livres.

Como resultado desta mudança de perspectiva, as corporações norte-americanas alteraram significativamente sua gestão dos fluxos de caixa livres. Em 1960, os fluxos de caixa livres estavam em dez cents negativos por ação, porém até 1996 estavam na maior alta, até então, de $15 por ação, ou $76 bilhões no agregado. As empresas simplesmente não estão permitindo que o caixa fique parado, como era feito anteriormente. O caixa como uma porcentagem dos ativos totais para a S&P industrial caiu de 10% em 1986 para 6% em 1999. Além disso, menos caixa está sendo investido em fábricas e equipamentos. Em vez disso, grande parte do caixa está sendo devolvida aos investidores através da redução dos níveis de dívida e da recompra de ações. Em 1996, $176 bilhões foram utilizados para a recompra de ações, comparado a $99 bilhões em 1995, que foi o recorde do ano anterior (Davies 1997). Nós até acreditamos que a crise financeira que ocorreu na Ásia no final da década de 90 disse algo aos investidores com relação à importância dos fluxos de caixa. Muitas empresas aprenderam do modo mais difícil que é mais fácil o caixa entrar na Ásia do que sair dela. Todo o concreto e todo o aço que foram utilizados para criar avenidas e aeroportos tornaram-se investimentos irreversíveis quando a economia experimentou uma forte queda. Os gestores simplesmente perderam de vista o fato de que, em última análise, somente se o caixa for devolvido à empresa, e, em última instância aos investidores, é que o valor será criado.

Neste capítulo, definimos e mostramos como medir os fluxos de caixa livres; explicamos, então, como os fluxos de caixa livres são convertidos ao seu valor presente através do uso de um modelo de fluxo de caixa descontado. Descrevemos e ilustramos a utilização do conceito de cálculo de valor do fluxo de caixa livre e discutimos o papel dos direcionadores de valor nos esforços da gestão em aumentar o valor para o acionista. Finalmente, refletimos sobre o que o investidor necessita e deseja com relação às informações sobre a empresa, o que inclui os fluxos de caixa livres.

O Começo para o VBM: Fluxos de Caixa Livres

Começamos com a noção básica de que

> O valor de uma empresa é o valor presente dos fluxos de caixa livres futuros da empresa.

Então, modificamos essa declaração para

> O valor de uma empresa é o valor presente dos fluxos de caixa livres dos ativos atualmente existentes somado ao valor presente das oportunidades de crescimento.

Esta revisão nos permite definir (identificar) o valor para o acionista de novas estratégias, o que a LEK/Alcar (uma empresa de consultoria conhecida por advogar entusiasticamente a geração de valor ao acionista) chama de análise estratégica de valor (veja Rappaport 1998). No Capítulo 5, consideramos as visões apaixonadas da Stern Stewart & Co. sobre este assunto, onde eles reafirmam o paradigma do fluxo de caixa livre como

> O valor de uma empresa é igual ao valor presente de todo o "valor econômico agregado" futuro [ou o que foi popularizado por eles como EVA] somado ao capital investido.[1]

No Capítulo 6 examinamos esta idéia, como argumentada pelo Boston Consulting Group e o HOLT Value Associates – com o mesmo fervor da Stern Stewart – de que

> O valor de uma empresa é igual ao valor presente de todo o "valor adicionado base caixa" futuro somado ao capital investido.[2]

Após essa pesquisa, vemos que todos concordam que esses métodos para encontrar o valor de uma empresa geram resultados idênticos, ao menos em teoria. Então vem o resto da história: há grande discordância com relação a qual abordagem é a "melhor" em proporcionar respostas à gestão que levem a aumentos no valor para o acionista. A intensidade da discórdia fez surgir o que a imprensa popular chama de "guerra das métricas".

O que é um Fluxo de Caixa Livre?

Começando com o básico, o que é um fluxo de caixa livre? A maioria dos gestores pensa muito sobre o fluxo de caixa. Eles o prevêem, preocupam-se com ele, discutem-no com seus banqueiros e constantemente buscam maneiras de melhorá-lo. Porém, o conceito não é amplamente compreendido. Peça a alguém para definir fluxo de caixa e você obterá uma grande varieda-

---

[1] Veja o livro para explicações do EVA e muito mais como defendido por Stewart (1991).
[2] Veja Boston Consulting Group (1994).

de de respostas, desde o saldo na conta bancária de uma empresa a algum montante mal definido de caixa proporcionado pelas operações da empresa.

A definição e medida corretas do fluxo de caixa de uma empresa são direcionadas pelo motivo de se calcular o fluxo de caixa. Isto é, o que importa é como intencionamos utilizar os cálculos. Como uma escolha, poderíamos utilizar o formato contábil convencional, chamado de demonstração de fluxo de caixa. Nesta demonstração, o contador explica o que causou a mudança no saldo de caixa de uma empresa de um balanço a outro. Tal conhecimento, ainda que importante para alguns propósitos, tem pouca relevância no gerenciamento de uma empresa que está voltada à geração de valor ao acionista. Em vez disso, estamos interessados na perspectiva do investidor com relação à importância dos fluxos de caixa. Enquanto há similaridades nos cálculos, a diferença na perspectiva do contador e do investidor não é meramente semântica. O investidor deseja saber qual o fluxo de caixa relevante para determinar o valor da empresa, que é exatamente o que desejamos saber também.

Qual é o fluxo de caixa que importa para os investidores da empresa? É o caixa que está livre e disponível para proporcionar um retorno sobre o capital dos investidores. Colocado de forma simples – afinal, não é um assunto complexo – o fluxo de caixa livre é o montante que está disponível para os investidores da empresa.

Adicionalmente, os fluxos de caixa livres são únicos e iguais independentemente da perspectiva da empresa ou do investidor. Há uma igualdade importante que deve ser compreendida se desejamos capturar o significado dos fluxos de caixa livres num contexto de cálculo de valor:

Os fluxos de caixa que são gerados através das operações de uma empresa e investimentos em ativos igualam-se aos fluxos de caixas pagos para – recebidos pelos – investidores da empresa.

Isto é,

Fluxos de caixa livres de uma empresa = Fluxos de caixa dos financiamentos ou dos investidores.

Vamos observar mais de perto a mensuração dos fluxos de caixa livres, primeiro da perspectiva da empresa e depois da perspectiva do investidor.

Calculando os Fluxos de Caixa Livres de uma Empresa

Os fluxos de caixa livres de uma empresa são iguais aos fluxos de caixa das operações após impostos menos quaisquer investimentos incrementais feitos nos ativos operacionais de uma empresa. Especificamente, os fluxos de caixa livres são calculados como segue:

lucro operacional

+ depreciação e amortização

= lucros antes de juros, impostos, depreciação e a amortização (EBITDA)

− pagamentos tributários (base caixa)

= fluxos de caixa operações após impostos

− investimento (aumento) no capital de giro líquido operacional, que é igual a ativos circulantes menos passivos circulantes que não incorrem em juros

− investimento em ativos fixos (despesa de capital) e outros ativos de longo prazo

= fluxo de caixa livre

No cálculo anterior, adicionamos de volta a depreciação pois ela não envolve um desembolso em caixa. Além disso, os pagamentos tributários, base caixa, são os impostos efetivamente pagos, não o montante auferido na demonstração de resultados. Verifique, também, que somente dívidas que não incorrem em juros, tais como contas e salários a pagar são incluídas no cálculo do aumento no capital de giro líquido.[3]

Para ilustrar como calculamos os fluxos de caixa livres, considere as operações de 1999 da Johnson & Johnson, um ano no qual a empresa produziu $1,78 bilhão em fluxo de caixa livre. A constituição do fluxo de caixa livre da J & J foi a seguinte (bilhões de dólares):[4]

Lucro operacional		$5,391
Depreciação		1,444
Lucros antes de juros, impostos, depreciação e a amortização (EBITDA)		$6,835
Impostos base caixa		1,877
Fluxos de caixa das operações após impostos		$4,958
Lucro não operacional		0,024
Investimento em ativos circulantes	$1,714	
Aumento em passivos circulantes que não incorrem em juros	0,108	
Investimento em capital de giro líquido		$1,606
Investimento em ativos fixos e outros ativos de longo prazo		1,601
Fluxo de caixa livre		$1,775

---

[3] Passivos circulantes que não incidem em juros (non-interest-bearing current liabilities – NIBCLs) são parte do ciclo operacional da empresa à medida que ela compra estoques a crédito, vende a crédito, paga suas contas a pagar e diferidos e eventualmente recebe de seus clientes. A dívida que incorre em juros, por outro lado, é uma fonte de financiamento proporcionada por investidores que buscam retorno, e, como tal, não é parte do ciclo operacional recorrente da empresa.

[4] Para validar esses números, veja as demonstrações financeiras da Johnson & Johnson no Apêndice 4A.

Assim, em 1999, a Johnson & Johnson gerou $4,96 bilhões das operações somados a $24 milhões de atividades não operacionais. Este montante, no entanto, foi reduzido pelo investimento incremental em capital de giro líquido de $1,6 bilhão e por outros $1,6 bilhão investidos em ativos fixos e outros ativos de longo prazo.

O que aconteceu aos $1,78 bilhão em fluxo de caixa que a Johnson & Johnson produziu? Muito simplesmente, este montante estava "livre" para ser pago aos investidores da empresa. Determinar o montante de caixa recebido pelos investidores da Johnson & Johnson pode validar este fato.

Calculando os Fluxos de Caixa dos Investidores

Podemos calcular os fluxos de caixa recebidos pelos investidores de uma empresa, isto é, os fluxos de caixa de financiamento, como segue:

pagamentos de juros aos credores
+ repagamento do principal da dívida
− emissão de dívida adicional
+ dividendos pagos aos acionistas
+ recompras de ações
− emissão adicional de ações
= fluxo de caixa de financiamento

Assim, os fluxos de caixa de financiamento são simplesmente os fluxos de caixa líquidos pagos aos investidores da empresa, e, se forem negativos, os fluxos de caixa estão sendo investidos na empresa pelos investidores. Já sabemos que a Johnson & Johnson tinha $1,78 bilhão em fluxo de caixa livre em 1999. Devemos esperar que este montante seja igual ao fluxo de caixa recebido pelos investidores, o que é confirmado a seguir (bilhões de dólares):

Juros pagos aos credores	$0,197
Redução (repagamento) do principal da dívida	0,082
Pagamentos de dividendos	1,479
Recompra de ações	0,017
Fluxos de caixa livres	$1,775

Como já foi sugerido, os fluxos de caixa livres da empresa são *sempre* iguais aos fluxos de caixa remitidos aos investidores da empresa.

> **Fluxos de Caixa Livres: É Isso que Importa**
>
> Até mesmo o infame Motley Fool, um serviço de consultoria de investimentos baseado na Internet, reconhece que para alguns investidores os fluxos de caixa livres direcionam o valor de uma empresa. De acordo com o *The Motley Fool*:
>
>> A Dell Computers continua a subir, ganhando $8⁵/₈ a $118³/₁₆ esta manhã após divulgar os resultados do segundo trimestre que novamente varreu o resto do setor para fora deste planeta. A empresa das vendas diretas de sistemas de computadores relatou seu 18º trimestre consecutivo de receitas recordes e 14º trimestre consecutivo de crescimento em receitas de 40% ou mais ano após ano. A empresa encerrou o trimestre como líder do setor em lucratividade, receita e crescimento em unidades vendidas e no gerenciamento de ativos. De fato, o foco da empresa nos retornos econômicos sobre o capital, em vez de no crescimento em EPS, é parte do motivo pelo qual o modelo da Dell, conceitualmente e na prática, continua a liderar o setor e a gerar valor para seus acionistas.
>>
>> "As pessoas podem apontar a Dell como exemplo de uma mania do mercado, ou elas podem apontar para as coisas ditas sobre a Dell como outro sinal de sua liderança no mercado. Simplesmente acho que a Dell demonstra as limitações de observar os retornos de base contábil em vez de observar os retornos econômicos", disse Randy Befumo da Legg Mason Fund Adviser em Baltimore. "A contabilidade GAAP para lucros não captura os $1,5 bilhão em caixa que a Dell gerou a partir de seu float negativo de capital de giro ao longo dos onze últimos trimestres." Uma vez mais, o fluxo de caixa livre (lucros antes da depreciação menos investimento em ativos fixos e investimento em capital de giro) ficou em excesso dos lucros relatados na Dell – o 11º trimestre em seguida em que isso aconteceu. Em seu ponto mais alto, o fluxo de caixa livre estava a 323% dos lucros relatados. [Como resultado,] a empresa gerou um retorno sobre o capital de 217% e $641milhões em caixa das operações.
>
> – Dale Wettlaufer
The Motley Fool
http://www.fool.com
19 de agosto de 1998

Resumindo, o fluxo de caixa livre de uma empresa é igual ao seu fluxo de caixa das operações menos qualquer investimento adicional em capital de giro e ativos de longo prazo. Além disso, o fluxo de caixa livre de uma empresa é igual ao montante distribuído aos seus investidores – daí, o nome fluxo de caixa *livre*.

Achamos interessante que quando apresentamos essa igualdade aos executivos, alguns não a consideraram tão intrigante e significativa quanto nós. Uns poucos dirão: "O que há demais nisso? Tudo o que temos de fazer é mudar o montante ou formato do que é pago aos investidores, mudando portanto o fluxo de caixa livre". Embora isso seja verdade, eles deixam de compreender que o montante e formato dos fluxos de caixa livres de uma empresa não são o resultado de "brincar com os números". Em vez disso, os fluxos de caixa livres são a conseqüência das políticas e práticas da gestão que tem implicações para os investidores com relação ao valor da empresa. Devemos reconhecer que os fluxos de caixa livres de uma empresa são o resultado de decisões operacionais, de investimento e de financiamento, e não algum número específico que pode ser manipulado da maneira que desejamos.

Fluxo de Caixa Livre e Cálculo de Valor da Empresa

A elaboração dos fluxos de caixa de uma empresa e como eles são distribuídos aos investidores é informação essencial para a gestão dos recursos em caixa de uma empresa, particularmente para uma empresa em crescimento. Porém, como já foi verificado, há uma outra razão para calcular os fluxos de caixa de uma empresa – para definir o valor da empresa. Uma pessoa "que acredita nisso cegamente" declarou o seguinte sobre a importância dos fluxos de caixa:

> *O valor de uma empresa é determinado pela percepção dos investidores quanto à habilidade da empresa em gerar caixa a longo prazo. O fluxo de caixa é sempre a abordagem preferida. Concentrar-se no fluxo de caixa ajuda cada gestor a ver como suas atitudes podem resultar em um aumento no preço da ação da empresa.*

Vamos voltar ao exemplo da Johnson & Johnson, onde os investidores da empresa receberam $1,78 bilhão em fluxo de caixa durante 1999. Suponha que os investidores da Johnson & Johnson esperassem que a empresa gerasse esse mesmo fluxo de caixa de $1,78 bilhão a cada ano no futuro. O que isto nos sugere a respeito do valor da empresa?

Dentro do contexto de um modelo de fluxo de caixa descontado do valor de uma empresa, podemos pensar no valor da Johnson & Johnson como sendo igual ao valor presente da sua série de fluxos de caixa futuros esperados. Em outras palavras, o valor da empresa é o valor presente da série de fluxos de caixa futuros de $1,78 bilhão, descontado à taxa de retorno requerida pelo investidor.

Calculando o Valor da Empresa: Análise e Formulação

Utilizar os fluxos de caixa livres para calcular o valor de uma empresa é relativamente simples. O valor de uma empresa é o valor presente dos fluxos de caixa futuros para a entidade como um todo. Especificamente, o valor econômico ou estratégico de uma empresa é igual ao valor presente de seus fluxos de caixa livres descontados ao custo de capital da empresa, somado ao valor dos ativos não operacionais da empresa:

Valor da empresa = Valor presente dos fluxos de caixa livres + valor dos ativos não operacionais

Os ativos não operacionais aqui incluem itens como títulos negociáveis, propriedades imobiliárias não-operacionais ou planos de pensão superfinanciados. Calculamos, então, o valor ao acionista como

Valor ao acionista = Valor da empresa – Exigibilidades futuras

onde as exigibilidades futuras incluem dívidas que incorrem em juros (tanto de curto como de longo prazo), obrigações de leasing de ativos, planos de pensão subfinanciados e até mesmo passivos de contingência. O valor de cada uma dessas exigibilidades deve ser determinado respondendo-se à pergunta: Se essa exigibilidade precisasse ser paga hoje, quanto você teria que pagar?

Até este ponto, declaramos essencialmente o óbvio: para calcular o valor de uma empresa, projetamos os fluxos de caixa livres futuros e, então, determinamos seu valor presente. Porém, a questão é como formular esta análise.

Fluxos de Caixa Livres – Mas por Quanto Tempo?

Projetar os fluxos de caixa para a vida da empresa não é uma tarefa fácil. Poderíamos, de modo concebível, fazer como fez uma empresa japonesa e desenvolver um plano estratégico para 250 anos, estimando os fluxos de caixa esperados e, então, calcular seu valor presente. Entretanto, dadas as dificuldades da previsão de fluxos de caixa distante, uma abordagem mais sensível é dividir os fluxos de caixa de uma empresa em duas partes: (1) os fluxos de caixa a serem recebidos durante um período finito que corresponde ao período de planejamento estratégico da empresa, e (2) os fluxos de caixa a serem recebidos após o período de planejamento estratégico. Por exemplo, a Texas Instruments utilizou seu plano de longo prazo para projetar fluxos de caixa para dez anos no futuro. Então, ela calculou o valor presente dos fluxos de caixa operacionais projetados para o período de planejamento e o valor presente do "valor residual" (o valor além das projeções de dez anos) para estimar o valor da empresa. Se o valor for consistente com o preço atual de mercado, então de acordo com a gestão "os planos futuros estão alinhados com a expectativa dos investidores quanto ao nosso desempenho financeiro".

A extensão do período de planejamento deve ser correspondente à duração da vantagem competitiva que a empresa mantém. Somente quando uma empresa tem uma vantagem competitiva, a gestão pode esperar obter retornos em excesso de seu custo de capital. Quando a vantagem competitiva se dissipar, não haverá incentivo, ao menos não nos termos da criação de valor econômico, para continuar a estimular o crescimento da empresa. Assim, a duração do crescimento é um critério importante para determinar a extensão do período de planejamento.

Para identificar a duração do crescimento de uma empresa, temos que examinar a empresa com relação a seus concorrentes de acordo com um número de fatores. Deve ser dada consideração à presença de canais de distribuição estabelecidos, quaisquer marcas que a empresa possa possuir e os esforços de P&D da empresa. A indústria farmacêutica, por exemplo, tem um período relativamente longo de duração de crescimento devido a produtos patenteados, processos comprovados e investimentos em P&D, todos levantando as barreiras de entrada. Em contraste, empresas pequenas e setores fragmentados podem ter pouca ou nenhuma vantagem competitiva sustentável e, como tal, teriam períodos curtos de duração do crescimento e muito pouco, se nenhum, valor econômico.

Quanto ao método para estimar a duração do crescimento de uma empresa, poderíamos fazer suposições com relação aos fatores que afetam os fluxos de caixa livres de uma empresa. Manteríamos estas variáveis constantes e, então, mudaríamos o período da previsão até que o valor presente dos fluxos de caixa menos o exigível seja igual ao preço de mercado das ações da empresa. Interessantemente, a maioria das empresas em um determinado setor se situa em uma faixa relativamente curta, sinalizando as perspectivas do mercado quanto à duração do crescimento no valor da empresa.[5]

Prevendo Fluxos de Caixa Livres

Uma vez que decidimos quanto ao período de planejamento apropriado, a tarefa torna-se então estimar os fluxos de caixa futuros da empresa. Fazê-lo requer uma previsão das vendas ano a ano para o período de planejamento e de uma taxa de crescimento anual em vendas supostamente constante na perpetuidade após o período de planejamento. Nós, então, projetamos tanto os fluxos de caixa futuros das operações da empresa quanto os investimentos em ativos a serem feitos ao longo do tempo.

Ao perguntar o que é importante na gestão de valor para o acionista, acreditamos que a resposta seja clara: os fluxos de caixa livres, não os lucros, são o principal determinante do valor como determinado nos mercados de capitais. Entretanto, ao prever os fluxos de caixa livres de uma empresa, não devemos descartar totalmente o conteúdo informativo dos lucros. Pode ser que os lucros passados forneçam uma base melhor para prever fluxos de caixa futuros do que o próprio histórico dos fluxos de caixa. Os lucros medem os resultados dos ciclos operacionais, porém

---

[5] Veja Rappaport (1998) para uma discussão aprofundada sobre a determinação da duração do crescimento de uma empresa com base nos "sinais do mercado".

envolvem julgamento, o que reduz sua credibilidade. Os fluxos de caixa, por outro lado, envolvem menos julgamento, mas não medem os resultados dos ciclos operacionais. Assim, os lucros relatados podem ser úteis como um ponto de partida para a previsão dos fluxos de caixa.

O processo de cálculo dos fluxos de caixa livres pode ser mais bem explicado com um exemplo. Recentemente, calculamos o valor de uma empresa regional de caminhões de carga, que chamamos aqui de Ashley Corporation (que não é o seu nome verdadeiro). Para começar, examinamos o desempenho histórico da empresa; nós, então, estudamos o setor em que a Ashley Corporation atua e a sua posição competitiva no setor. Os principais pontos levantados foram os seguintes:

- Vendas para o período mais recente.
- Estimativa da taxa de crescimento em vendas para o período de planejamento e da taxa de crescimento que poderia ser mantida na perpetuidade após o período de planejamento – esta última tipicamente aproximando-se da taxa de inflação.
- Margens de lucro operacional esperadas: lucros operacionais ÷ vendas.
- Projeção do índice de ativos operacionais com relação a vendas: capital de giro líquido, ativos fixos e outros ativos de longo prazo com relação a vendas.
- Alíquota de imposto de renda base caixa.

Estas variáveis ficaram conhecidas como *direcionadores de valor*, pois são os fatores ou direcionadores que determinam os fluxos de caixa livres, que, por sua vez, afetam o valor da empresa.

Tabela 4.1
Pressupostos para Estimar Fluxos de Caixa Livres, Ashley Corporation

Direcionador de Valor	Porcentagem Pressuposta		
	1-5 Anos	6-10 Anos	11 Anos
Crescimento em vendas	8,0	5,0	2,6
Margem de lucro operacional	7,0	7,0	7,0
Alíquota de imposto de renda base caixa	27,0	27,0	27,0
Capital de giro líquido/vendas	5,5	5,5	5,5
Ativos fixos/vendas	40,0	35,0	35,0
Outros ativos de longo prazo/vendas	2,0	2,0	2,0

Com base no que aprendemos da Ashley Corporation e seu setor, fizemos algumas suposições como ponto de partida para estimar os fluxos de caixa livres da empresa (veja Tabela 4.1). Estes pressupostos basearam-se no desempenho histórico da empresa, ajustado para algumas mudanças antecipadas. Por exemplo, a gestão havia desenvolvido uma estratégia que deveria permitir à empresa aumentar suas vendas (de $240 milhões no ano anterior) em cerca de 8% por cinco anos, declinando para 5% nos cinco anos seguintes e, então, seguindo a taxa de inflação do setor de 2,6% daí em diante. As projeções de venda foram estimadas considerando-se o crescimento em vendas unitárias, aumentos em preços e tendências de desenvolvimento do setor de caminhões de carga. A gestão da empresa também acreditava no seguinte:

- As margens de lucro operacional antes de impostos permaneceriam relativamente estáveis em 7%.
- O capital de giro líquido e outros ativos de longo prazo se manteriam proporcionais às vendas em 5,5% e 2%, respectivamente.
- Os ativos fixos haviam crescido de modo desproporcional às vendas no passado, e esforços teriam que ser feitos para reduzir ativos fixos com relação às vendas. Na época, os ativos fixos eram 45% das vendas, mas a gestão queria reduzir investimentos adicionais em ativos fixos para 40% das vendas incrementais ao longo dos próximos cinco anos e 35% deste ponto em diante.

A gestão também estimava que a empresa estava mantendo propriedades imobiliárias em excesso no valor de $7,5 milhões que não eram essenciais às operações da empresa.

A Tabela 4.2 apresenta os resultados dos cálculos do fluxo de caixa livre para a Ashley Corporation ao longo de um período de planejamento de dez anos e também para o décimo primeiro ano. O décimo primeiro ano é o primeiro ano do período residual, quando se supõe começar uma taxa de crescimento constante nas vendas até a perpetuidade. Para entender os cálculos, várias explicações podem ser úteis:

- As vendas anuais para o primeiro ano baseiam-se nas vendas iniciais do ano anterior de $240 milhões somadas à projeção de 8% de crescimento previsto na estratégia que está sendo planejada. Por exemplo,

Vendas no ano 1 = (1 + Taxa de crescimento em vendas) × Vendas do ano anterior =
= (1 + 0,08) × $240.000 = $259.200

Esta lógica foi utilizada para determinar as vendas em todos os anos restantes.

- Foi previsto que os lucros operacionais antes de impostos fossem 7% das vendas ao longo de todos os anos.
- Os impostos base caixa foram projetados para serem iguais a 27% dos lucros operacionais antes de impostos.

- Os investimentos incrementais para as diferentes categorias de ativos são baseados nos seguintes cálculos:

    Investimento incremental no ativo, no ano T = (Vendas no ano T – Vendas no ano T – 1) × Porcentagem do ativo com relação a vendas.

    Assim, para o ano 1 (milhares de dólares),

    Capital de giro líquido = ($259.200 – $240.000) × 5,5% = $1.056

    Ativos fixos = ($259.200 – $240.000) × 40% = $7.680

    Outros ativos de longo prazo = ($259.200 – $240.000) × 2% = $384

Verifique também que, ao calcular os fluxos de caixa, nós não adicionamos de volta a despesa com depreciação como fizemos ao calcular os fluxos de caixa livres da Johnson & Johnson. No exemplo da Johnson & Johnson, estávamos calculando os fluxos de caixa *históricos*. Para a Ashley Corporation, estávamos estimando os fluxos de caixa *futuros*. Ao olhar adiante no tempo, é prática comum assumir que a despesa de depreciação será igual ao custo de repor os ativos fixos existentes. A depreciação é vista como algo semelhante ao reinvestimento. Portanto, não adicionamos de volta qualquer despesa de depreciação, mas também não mostramos um desembolso de caixa para substituir ativos depreciados já existentes. A única adição aos ativos fixos ocorre quando as vendas aumentam e a empresa necessita de ativos fixos adicionais para suportar o aumento em vendas.

Calculando o Valor Econômico (Estratégico) de uma Empresa

Tendo projetado a série de fluxos de caixa livres esperados de uma empresa, tanto para o período de planejamento quanto para o primeiro ano do período pós-planejamento ou residual, descontamos estes montantes de volta a seu valor presente para determinar o valor econômico ou estratégico da empresa. Se supusermos que o período de planejamento estratégico de uma empresa for de T anos, o valor presente dos fluxos de caixa livres do período de planejamento para os anos 1 a T seria calculado como segue:

$$\text{Valor presente para o período de planejamento} = \frac{\text{Fluxo de caixa livre no ano 1}}{(1 + \text{Custo de capital})^1} + \frac{\text{Fluxo de caixa livre no ano 2}}{(1 + \text{Custo de capital})^2} + \ldots + \frac{\text{Fluxo de caixa livre no ano } T}{(1 + \text{Custo de capital})^T}$$

Tabela 4.2
Cálculos de Fluxo de Caixa Livre, Ashley Corporation ($ milhares)

Direcionadores de Valor	Anos										
	1	2	3	4	5	6	7	8	9	10	11
	Porcentagens Pressupostas										
Crescimento em vendas	8,0	8,0	8,0	8,0	8,0	5,0	5,0	5,0	5,0	5,0	2,6
Margem de lucro operacional	7,0	7,0	7,0	7,0	7,0	7,0	7,0	7,0	7,0	7,0	7,0
Alíquota de imposto de renda base caixa	27,0	27,0	27,0	27,0	27,0	27,0	27,0	27,0	27,0	27,0	27,0
Capital de giro líquido/vendas	5,5	5,5	5,5	5,5	5,5	5,5	5,5	5,5	5,5	5,5	5,5
Ativos fixos/vendas	40,0	40,0	40,0	40,0	40,0	35,0	35,0	35,0	35,0	35,0	35,0
Outros ativos/vendas	2,0	2,0	2,0	2,0	2,0	2,0	2,0	2,0	2,0	2,0	2,0
	Cálculos do Fluxo de Caixa Livre										
Vendas	$259.200	$279.936	$302.331	$326.517	$352.639	$370.271	$388.784	$408.223	$428.635	$450.066	$461.768
Lucro operacional	$18.144	$19.596	$21.163	$22.856	$24.685	$25.919	$27.215	$28.576	$30.004	$31.505	$32.324
Impostos	4.899	5.291	5.714	6.171	6.665	6.998	7.348	7.715	8.101	8.506	8.727
Lucros operacionais após impostos	$13.245	$14.305	$15.449	$16.685	$18.020	$18.921	$19.867	$20.860	$21.903	$22.998	$23.596

(Continua)

Tabela 4.2 (Continuação)
Cálculos de Fluxo de Caixa Livre, Ashley Corporation ($ milhares)

Direcionadores de Valor	Anos										
	1	2	3	4	5	6	7	8	9	10	11
					Porcentagens Pressupostas						
Investimentos Incrementais											
Capital de giro líquido	$1.056	$1.140	$1.232	$1.330	$1.437	$970	$1.018	$1.069	$1.123	$1.179	$644
Ativos fixos	7.680	8.294	8.958	9.675	10.449	6.171	6.480	6.804	7.144	7.501	4.096
Outros ativos	384	415	448	484	522	353	370	389	408	429	234
Investimento total	$9.120	$9.850	$10.638	$11.489	$12.408	$7.494	$7.868	$8.262	$8.675	$9.108	$4.973
Fluxo de caixa livre	$4.125	$4.455	$4.812	$5.196	$5.612	$11.427	$11.999	$12.599	$13.228	$13.890	$18.623
Valor presente	$3.619	$3.428	$3.248	$3.077	$2.915	$5.206	$4.795	$4.417	$4.068	$3.747	

Nota: As somatórias podem ter erros insignificantes de arredondamento.

O valor dos fluxos de caixa residuais no ano T (final do período de planejamento), com os fluxos de caixa começando no ano $T + 1$ e crescendo a uma taxa de crescimento constante na perpetuidade, seria calculado como segue:[6]

$$\text{Valor residual no ano } T = \frac{\text{Fluxo de caixa livre no ano } T + 1}{\text{Custo de capital} - \text{Taxa de crescimento}}$$

Finalmente, o valor econômico ou valor estratégico de uma empresa é igual ao valor presente dos fluxos de caixa combinados ou totais:

Valor econômico = Valor presente de todos os fluxos de caixa livres

= Valor presente dos fluxos de caixa livres do período de planejamento + Valor presente dos fluxos de caixa livres do período residual

Podemos ilustrar esses cálculos de valor presente retornando ao exemplo da Ashley Corporation. Baseando-se nos fluxos de caixa livres previstos na Tabela 4.2, calculamos o valor econômico da empresa como segue (milhões de dólares):

Valor presente dos fluxos de caixa para os anos 1-10	$38,52
Valor presente dos fluxos de caixa para o valor residual	44,06
Valor econômico da empresa	$82,58

O valor presente dos fluxos de caixa livres para os primeiros dez anos, $38,52 milhões, é simplesmente a soma dos valores presentes individuais para cada um dos dez anos. Ao calcular o valor presente, utilizamos uma taxa de desconto de 14% – nossa estimativa do custo de capital da empresa. Os valores presentes dos fluxos de caixa para os primeiros dez anos são mostrados na coluna inferior da Tabela 4.2.[7]

Obter o valor presente dos fluxos de caixa residuais requer dois cálculos:

1. Calcular o valor residual no ano 10 com base nos fluxos de caixa começando no ano 11 e continuando até a perpetuidade. Este valor é apresentado a seguir (milhões de dólares):

Valor residual no ano 10 =

$$= \frac{\text{Fluxo de caixa livre no ano 11}}{\text{Custo de capital} - \text{Taxa de crescimento}} = \frac{\$18.623}{0,14 - 0,026} = \$163,36$$

---

[6] Não está claro por que essa equação é o valor presente da série de fluxos de caixa futuros continuando até a perpetuidade. Porém, é verdadeiro e demonstrado na maioria dos textos básicos de finanças, portanto deixamos a derivação para outros e simplesmente confiamos nas provas.

[7] Por exemplo, o fluxo de caixa livre projetado no ano 1 é de $4,125 milhões; seu valor presente é $3,619 milhões, calculado como

Valor presente do fluxo de caixa livre no ano 1 $\frac{\text{Fluxo de caixa livre no ano 1}}{(1 + \text{Custo de capital})} = \frac{\$4,125}{(1 + 0,14)^1} =$ = $3,619 milhões.

2. Calcular o valor presente da série de fluxos de caixa residuais como segue (milhões de dólares):

$$\text{Valor presente dos fluxos de caixa residuais} =$$

$$= \frac{\text{Valor residual no ano 10}}{(1 + \text{Custo de capital})^{10}} = \frac{\$163,36}{(1 + 0,14)^{10}} = \$44,06$$

Para continuar, adicionamos os imóveis não-operacionais, no valor de $7,5 milhões ao valor econômico da empresa para chegar a um valor total de $90,08 milhões; nós, então, subtraímos a dívida em circulação de $42 milhões para obter um valor ao acionista de $48,08 milhões:

Valor econômico da empresa	$82,58
Propriedades imobiliárias não-operacionais	7,50
Valor da empresa	$90,08
Dívida	42,00
Valor ao acionista	$48,08

Determinando a Taxa de Desconto

Até este ponto, pressupomos saber a taxa de desconto correta, isto é, o custo de capital da empresa a ser utilizado nos cálculos de valor presente, que, para ser sincero, não sabemos. Medir o custo de capital de uma empresa não é tarefa fácil. Pelo fato das estimativas terem grande probabilidade de serem imprecisas, podemos até escolher calcular uma faixa de taxas de desconto em vez de uma única estimativa do custo. Uma empresa da *Fortune 100*, por exemplo, utiliza uma faixa de 8 a 11% para seu custo de capital. Todavia, não temos escolha se não estimar o custo de capital da empresa do melhor modo possível. Ao fazê-lo, dependemos de algumas idéias básicas para guiar nossos cálculos:

- O custo de capital de uma empresa é um custo de oportunidade, não um custo que deve ser desembolsado. O custo de capital é um conceito econômico, baseado no custo de oportunidade do capital investido. Como tal, é diferente do conceito contábil de custo, que existe somente se for explicitamente incorrido. Sob o ponto de vista contábil, não há um custo pelo uso do capital próprio quando os lucros de uma empresa são calculados. Porém, sob o ângulo econômico-financeiro, o custo do capital do acionista é tão real quanto o custo da dívida e representa um dos custos mais significativos na arena de negócios. Ao medir o retorno que poderia ser obtido em outro lugar pelo acionista, o gestor deve olhar para os mercados de capitais para definir o custo de oportunidade tal como implícito pelo preço atual de mercado do título.

- Uma vez que medimos os fluxos de caixa livres de uma empresa em uma base após impostos, o custo de capital também deve ser expresso após impostos.

- O custo de capital de uma empresa, ou, mais precisamente, o custo médio *ponderado* de capital, deve incluir os custos de todas as fontes de capital, tanto do capital próprio como do capital de terceiros. Existe a tentação de achar que a taxa de juros sobre as dívidas de uma empresa é seu custo de capital, especialmente quando uma empresa está financiando um investimento inteiramente com dívida. Esta idéia não é correta. Precisamos lembrar que aumentar os níveis de dívida de uma empresa representa um custo implícito para os acionistas devido ao aumento no risco da empresa. Portanto, devemos ponderar os custos de toda e qualquer fonte de capital pela sua contribuição relativa ao financiamento geral da empresa. Especificamente, o custo é calculado como segue:

Custo de capital ponderado =

$$= \left[\text{Custo da dívida} \times (1 - \text{Alíquota de imposto de renda}) \times \frac{\text{Valor da dívida}}{\text{Valor da empresa}} \right] +$$

$$+ \left[\text{Custo do capital próprio} \times \frac{\text{Valor do capital próprio}}{\text{Valor da empresa}} \right]$$

Onde os valores do capital próprio e da dívida relativos ao valor da empresa são porcentagens do financiamento total da empresa que provém da dívida e do capital próprio, respectivamente.

Como já foi indicado, há praticamente um número ilimitado de questões a serem resolvidas e procedimentos que poderiam ser usados no cálculo do custo de capital de uma empresa que estão muito além do escopo de nosso estudo.[8] Para nossos propósitos, limitamos nossa discussão a uma apresentação relativamente simples.

Para entender mais sobre o cálculo do custo de capital vamos continuar com nosso exemplo da Ashley Corporation. Na época da avaliação, a gestão da Ashley Corporation assumiu que o financiamento futuro da empresa consistiria de 25% de dívida e 75% de capital próprio, com o capital próprio vindo de fundos gerados internamente. O custo da dívida antes de impostos da empresa era de 7,68%; assim, devido à alíquota de 27% de imposto de renda da empresa, o custo da dívida após impostos era de 5,61%: 7,68% × (1 − 0,27) = 5,61%.

---

[8] Para compreender toda a complexidade do cálculo do custo de capital de uma empresa, veja Ehrhardt (1995).

O custo do capital próprio da empresa foi estimado utilizando o Modelo de Precificação de Ativos (CAPM), que sustenta que

Custo do capital próprio = Taxa livre de risco + (Beta da empresa × × Prêmio de risco do mercado)

Uma taxa livre de risco de 6% foi utilizada com base na taxa de juros atual para as Treasury bills, juntamente com um prêmio de risco do mercado de 8%.[9] Presumiu-se que o beta da empresa era de 1,35. Dadas estas informações, estimamos o custo do capital próprio da empresa como sendo de 16,8%:

Custo do capital próprio = 6% + (1,35 × 8%) = 16,8%

Utilizando esta informação, o custo de capital médio ponderado da Ashley Corporation foi estimado em 14%:

	Porcentagem do Capital	Custo Após Impostos	Custo Ponderado
Dívida	25%	5,61%	1,40%
Capital próprio	75%	16,80%	12,60%
Custo de capital médio ponderado			14,00%

Para concluir, calcular o custo de capital médio ponderado de uma empresa pode envolver uma grande variedade de técnicas, algumas simples e algumas muito complexas. Poderíamos até ter dificuldade com a base conceitual ao defender a idéia de um único custo de capital para a empresa como um todo em vez de um custo de capital para cada investimento. O que apresentamos aqui é uma das abordagens mais simples ao cálculo do custo de capital de uma empresa. Mesmo assim, é a abordagem adotada pela maioria das empresas (veja um exemplo no Apêndice 4B).

Os Direcionadores de Valor: Aprofundamento

A discussão até agora demonstrou o processo de estimativa do valor de uma empresa com base no montante e temporalidade de seus fluxos de caixa livres. A abordagem, embora tendo limitações, oferece uma excelente maneira para que os gestores pensem sobre o gerenciamento de valor para o acionista.

---

[9] O prêmio de risco do mercado é a taxa de retorno acima da taxa livre de risco que um investidor poderia esperar obter em uma carteira de ações bem diversificada. Uma fonte sobre esta informação é Ibbotson Associates (2000).

Se acreditamos que o mercado de capitais designa um valor a uma empresa com base nos fluxos de caixa livres gerados – e há uma boa razão para tal crença – então o método de cálculo de valor do fluxo de caixa livre nos ajuda a entender o que direciona o valor da empresa. Igualmente importante, podemos determinar quais direcionadores de valor têm o maior efeito sobre o valor da empresa. Por exemplo, quando testamos a sensibilidade do valor da Ashley Corporation às taxas de crescimento em vendas, o valor na verdade diminuiu à medida que as vendas aumentaram. Baseado nas taxas pressupostas de crescimento em vendas (veja Tabela 4.2), o valor presente dos fluxos de caixa livres da empresa era de $82,6 milhões. Por outro lado, se as vendas não crescessem em nada (crescimento zero ao longo de todos os anos), o valor presente dos fluxos de caixa livres seria de $87,6 milhões. Em outras palavras, o aumento em vendas diminuiria o valor potencial em $5 milhões. Dito ainda de uma outra maneira, o valor presente das oportunidades de crescimento é negativo em $5 milhões.

Como pode ser? Simplesmente a empresa não estava obtendo seu custo de capital. À medida que as vendas cresceram, os lucros cresceram, mas não o suficiente para cobrir o custo de capital sobre os investimentos em ativos adicionais. Assim, dada as projeções dos gestores, para cada dólar de aumento em vendas, o valor da empresa seria diminuído – não é o que a gestão deveria estar fazendo. Somente se as margens de lucro aumentassem para 7,2% o valor da empresa permaneceria inalterado à medida que crescessem as vendas. Podemos pensar sobre os 7,2% como a *margem limiar de lucro* – a margem de lucro operacional onde o valor não aumenta nem diminui quando há mudança nas vendas. Se a empresa obtivesse uma margem de lucro operacional acima dos 7,2%, então com o aumento nas vendas o valor da empresa aumentaria. Caso contrário, apesar das intenções contrárias, a gestão está destruindo valor ao aumentar o tamanho da empresa.

O que acabamos de observar proporciona uma outra maneira de ver o problema. Em vez de achar que o valor é igual ao valor presente de todos os fluxos de caixa futuros, podemos encontrar o valor da empresa ao calcular dois componentes distintos da série de fluxos de caixa:

$$\text{Valor da empresa} = \begin{array}{c}\text{Valor presente dos}\\ \text{fluxos de caixa livres}\\ \text{de ativos existentes}\end{array} + \begin{array}{c}\text{Valor presente dos fluxos}\\ \text{de caixa livres de oportu-}\\ \text{nidades de crescimento}\end{array}$$

Para empresas novas e com grande potencial, grande parte do valor da empresa pode estar no segundo componente desta equação. Em contraste, empresas mais maduras obtêm a maior parte do seu valor do primeiro componente – o valor presente dos fluxos de caixa livres de ativos existentes. Devemos notar que a única maneira da segunda parte da equação ser positiva é a empresa obter um retorno sobre o capital incremental investido que excede o seu custo de capital. A Ashley Corporation é um ótimo exemplo deste ponto. Estimamos que nos três anos anteriores à avaliação, o valor da empresa havia sido reduzido em $30 milhões apesar de ela ser lucrativa. A mesma coisa aconteceu em várias empresas nas décadas de 70 e 80.

Também descobrimos que o valor da Ashley Corporation era altamente sensível a mudanças nas margens de lucro operacional da empresa, como seria esperado a partir do que já foi dito. Os valores de patrimônio líquido dos acionistas relativos a diferentes margens de lucro operacional foram os seguintes (milhares de dólares):

	Margens de Lucro Operacional	Valor do Patrimônio Líquido	Mudança no Valor do Patrimônio Líquido com relação ao Caso Base
	6,00%	$27.369	– $20.715
	6,50	37.731	–10.353
Caso Base	7,00	48.084	0
	7,50	58.436	10.352
	8,00	68.789	20.705
	8,50	79.141	31.057
	9,00	89.494	41.410

Vemos que uma mudança de meio ponto percentual na margem de lucro operacional pode aumentar ou diminuir o valor em cerca de $10 milhões, ou cerca de 20% do valor do patrimônio líquido dados os atuais planos estratégicos da empresa.

Finalmente, o valor da empresa para a Ashley Corporation era sensível a investimentos em ativos fixos; a empresa era intensiva em ativos fixos. Por exemplo, um decréscimo de 10% em ativos fixos (e.g., uma redução dos ativos fixos de 40% das vendas para 36% das vendas) resultou em um aumento de $5 milhões no valor da empresa. Assim, a gestão não somente deve administrar melhor sua demonstração de resultados, como também pode beneficiar os acionistas ao administrar melhor os ativos fixos da empresa.

A sensibilidade do valor da Ashley Corporation também foi examinada com relação a mudanças em outros direcionadores de valor, mas não é necessário continuar. O ponto está claro: o valor da empresa é afetado por determinados fatores críticos, chamados direcionadores de valor. Compreender a importância destes direcionadores de valor é uma das coisas mais importantes que uma gestão pode fazer em sua busca para maximizar o valor ao acionista.

Como foi claramente demonstrado no exemplo da Ashley Corporation, os direcionadores de valor proporcionam uma conexão direta entre decisões financeiras e o valor da empresa, e, como tal, oferecem o melhor enfoque para a gestão voltada à geração de valor ao acionista. Entretanto, ao passo em que o crescimento em vendas é um direcionador de valor, o que também precisamos saber é: o que direciona o direcionador de valor? Em outras palavras, existe a tentação para que a gestão se sinta bem com o exercício da análise de fluxo de caixa descontado, mas isso não chega aos "finalmente". Portanto, os gestores devem – se a gestão baseada em valor deve fazer alguma diferença – saber o que está por trás dos direcionadores de valor.

A Figura 4.1 mostra os esforços de uma empresa em ligar as diferentes camadas de direcionadores de valor ao valor da unidade de negócios. A esse respeito, eles comentaram:

> "Simulamos a necessidade de melhora ou piora no desempenho para igualar o preço de mercado. Também simulamos o impacto de mudanças no desempenho sobre o valor. Cada negócio identifica os direcionadores de valor que melhoram o fluxo de caixa, tal como a redução de custos, redução de estoques, procedimentos de cobrança, aumento na eficiência da produção e melhoria no tempo do ciclo."

É este tipo de abordagem que permite aos gestores administrar uma empresa em direção ao valor. Somente conhecendo os importantes elos entre as decisões sendo tomadas e seus efeitos sobre o valor econômico da empresa é que a gestão baseada em valor pode fazer alguma diferença.

O Acionista, Fluxos de Caixa Livres e Outras Coisas

Se o objetivo é aumentar o preço da ação da empresa, o que a gestão deve tentar comunicar aos seus investidores?[10] Se alguém pergunta se o preço da ação de uma empresa está muito alto, muito baixo ou mais ou menos correto, como os gestores da empresa devem responder? A opinião de que "depende das circunstâncias" está, muito provavelmente, incorreta. (Embora aceitássemos algumas exceções à nossa declaração, achamos que de fato são raras.)

A maioria dos CEOs acredita que um de seus principais propósitos é ser o porta-voz da empresa para o público, o que inclui os investidores da em-

---

[10] As idéias nessa seção tiveram origem em "Of Pigs and Pokes" (1998).

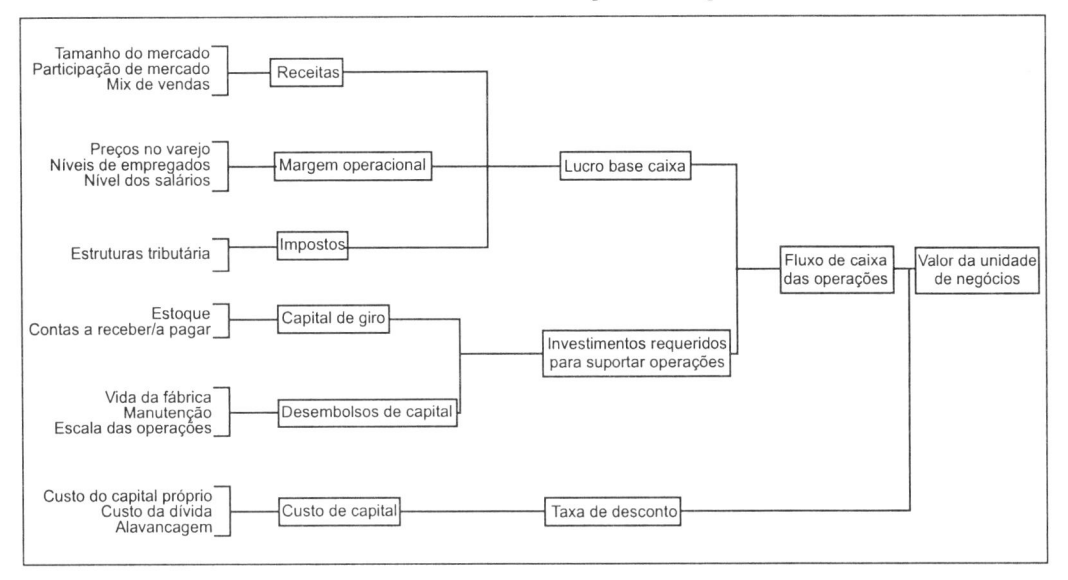

Figura 4.1
Direcionadores de Valor: A Chave para o Mapa Econômico

```
Tamanho do mercado ┐
Participação de mercado ─┤ Receitas ├─────────────┐
Mix de vendas ┘                                    │
                                                    │
Preços no varejo ┐                                  │
Níveis de empregados ─┤ Margem operacional ├──┤ Lucro base caixa ├──┐
Nível dos salários ┘                                                 │
                                                                      │
Estruturas tributária ──┤ Impostos ├────────────────┘                │
                                                                      ├──┤ Fluxo de caixa ├──┤ Valor da unidade │
                                                                      │   │ das operações │   │ de negócios      │
Estoque ┐                                                             │
Contas a receber/a pagar ─┤ Capital de giro ├────┐                    │
                                                   ├─┤ Investimentos requeridos ├─┘
Vida da fábrica ┐                                 │  │ para suportar operações  │
Manutenção ─┤ Desembolsos de capital ├──┘
Escala das operações ┘

Custo do capital próprio ┐
Custo da dívida ─┤ Custo de capital ├──────┤ Taxa de desconto │
Alavancagem ┘
```

presa. No entanto, enquanto a maioria dos empregados é ensinada que o cliente está sempre certo, muitos CEOs agem como se os investidores estivessem quase sempre errados. Alguns reclamam sobre o foco de curto prazo do mercado e a pressão que sentem para colocar os interesses de curto prazo da empresa acima do futuro a longo prazo. Raramente, de acordo com eles, encontraram um analista que compreendesse inteiramente o potencial de suas empresas. Entretanto, acreditamos que muitos gestores subestimam os investidores e sua habilidade em avaliar o preço de um negócio de modo justo quando estão bem informados.

Não queremos criticar os gestores por levar a sério seu papel como principal defensor de suas empresas. Possíveis acionistas podem querer mais honestidade, mas os acionistas existentes não apreciariam um executivo que está continuamente menosprezando suas ações. Afinal, um preço de ação mais alto torna mais fácil para as empresas financiarem seus investimentos.

Além das medidas financeiras históricas usuais, os investidores também querem informações sobre as perspectivas futuras da empresa e mais informações não financeiras. Como explicamos no Capítulo 2, os investidores institucionais querem que as empresas forneçam mais detalhes sobre suas práticas de governança corporativa, tais como os procedimentos do conselho de administração e diretrizes éticas. Como os gestores devem responder a todas essas demandas por informações da comunidade financeira?

A resposta depende muito dos tipos de informação que acreditamos serem necessários e desejados pelos mercados financeiros. Em um estudo feito pela Shelley Taylor & Associates (uma empresa de consultoria localizada em Palo Alto), os maiores investidores institucionais nos Estados Unidos e na Europa consideraram um tipo de informação mais importante do que todos os outros: o fluxo de caixa livre. A maioria dos executivos, no entanto, recusa-se a acreditar neste resultado. Em vez disso, continua a depender de medidas contábeis que não representam caixa para direcionar decisões enquanto destroem valor no processo.

Esta perspectiva dos gestores tem desencorajado as empresas de serem sinceras com seus acionistas. Embora seja fácil conhecer o fluxo de caixa em si, a pesquisa da Shelley Taylor sugere que as informações que ajudariam os investidores a medir fluxos de caixa futuros são muito bem guardadas. Os investidores querem mais informações sobre segmentos específicos de negócios e sobre como os resultados de uma empresa comparam-se a medidas de desempenho destes segmentos.

O estudo da Shelley Taylor também acaba com alguns mitos, especialmente aqueles relacionados à governança corporativa. De dezenove tipos de informação de governança corporativa considerados importantes, somente um – remuneração de executivos – estava entre os vinte principais assuntos de preocupação dos investidores. Além disso, eles preocupam-se principalmente em *como* a remuneração de executivos se relaciona ao desempenho, e, secundariamente, com o montante pago.

Saber o que importa para os investidores é uma coisa; saber como informá-los é outra. Para começar, os gestores muitas vezes enfrentam objetivos conflitantes. Informações detalhadas sobre estratégia e segmentos de negócios, por exemplo, podem ajudar concorrentes caso sejam divulgados detalhes demais, ferindo os acionistas no processo. Isto tem sido citado há muito como uma vantagem do estilo capitalista alemão ou japonês, onde os bancos que possuem muitas ações são os únicos acionistas que recebem informações detalhadas.

Uma forma de as empresas superarem este problema é manter reuniões particulares com grupos de investidores institucionais. Contanto que não haja abuso com as informações, a regulamentação permite este tipo de troca. A legislação recente até tornou mais difícil processar uma empresa meramente quando ocorre algo inesperado. Esta mudança deve diminuir a ameaça para os gestores divulgarem seus planos.

O conflito mais significativo, no entanto, surge da relutância da gestão em dividir mais informações com seus acionistas. Tornar públicos seus objetivos os expõe a um maior escrutínio e, apesar de toda a publicidade sobre o valor ao acionista e responsabilização, os CEOs compreensivelmente não gostam de estar num "aquário", assim como os proprietários de empresas fechadas não gostam do aumento em exposição que sofrem quando abrem o capital da empresa. Mesmo assim, muitas empresas grandes de contabilidade começaram a buscar outras medidas para complementar as medidas financeiras que já são amplamente utilizadas.

Resumo

O conceito de fluxo de caixa livre serve como fundação – e uma boa – para a gestão baseada em valor. Não importa o que escolhemos fazer, os fluxos de caixa livres devem estar no centro de qualquer esforço que busca compreender como a gestão pode contribuir ao valor de uma empresa.

O fluxo de caixa livre é igual ao fluxo de caixa das operações menos investimentos incrementais em capital de giro e ativos fixos. Mas o que torna o fluxo de caixa livre importante é que ele representa o montante distribuído aos investidores da empresa, e, como tal, representa o principal determinante do valor de uma empresa.

Ao definir o valor de uma empresa, elaboramos a análise como segue:

Valor da empresa = Valor presente dos fluxos de caixa livres +
+ Valor de ativos não operacionais

e

Valor ao acionista = Valor da empresa – Exigibilidades futuras

Os determinantes do valor, ou direcionadores de valor, incluem

- Montante de vendas.
- Taxa de crescimento em vendas.
- Margem de lucro operacional.
- Relação ativos/vendas.
- Impostos base caixa.

Geramos valor econômico obtendo uma taxa de retorno sobre o capital investido que excede o custo de capital ponderado da empresa. Alternativamente, podemos criar valor ao não aumentar a empresa (ou, ainda melhor, enxugando a empresa) quando o retorno sobre o capital for menor do que o custo de capital. A gestão deve estar comprometida com estratégias que geram valor, isto é, com estratégias cujo valor presente das oportunidades de crescimento seja positivo.

A partir de estudos recentes, sabemos que o fluxo de caixa livre é considerado um pedaço de informação importante para os investidores e acreditamos que isto se tornará cada vez mais verdadeiro com o tempo. Assim, a gestão tem obrigação de tornar público o montante de fluxos de caixa livres da empresa, incluindo uma decomposição dos principais segmentos do negócio. Somente assim os proprietários da empresa saberão como a gestão está se saindo na tarefa de gerar valor econômico para os investidores.

Apêndice 4A

Demonstrações Financeiras da Johnson & Johnson ($ milhões)

Balanços		
Ativos	31 de Dez., 1998	31 de Dez., 1999
Ativos circulantes		
Caixa e equivalentes	$1.994	$2.363
Títulos negociáveis	789	1.516
Contas a receber líquidas	3.752	4.233
Estoques	2.898	3.095
Outros ativos circulantes	2.053	1.993
Total de ativos circulantes	$11.486	$13.200
Propriedades, fábricas e equipamentos, líquidos	6.395	6.719
Outros investimentos	437	441
Intangíveis	7.364	7.571
Outros ativos	1.610	1.232
Total de Ativos	$27.292	$29.163
Passivo e Patrimônio Líquido dos Acionistas		
Passivo circulante		
Empréstimos e notas a pagar	$2.753	$1.806
Fornecedores	1.877	2.003
Outras contas a pagar	3.012	2.972
Salários a pagar	445	467
Impostos a pagar	206	206
Total do passivo circulante	$8.293	$7.454
Exigível de longo prazo	1.729	2.450
Impostos diferidos	578	287
Outras exigibilidades	2.615	2.759
Patrimônio líquido		
Ações ordinárias	$1.535	$1.535
Lucros retidos	13.602	15.755
Menos: Ações em Tesouraria	(1.060)	(1.077)
Patrimônio líquido	$14.077	$16.213
Total do Passivo e Patrimônio Líquido	$27.292	$29.163

Demonstração de Resultados ($ milhões)	
	1999
Vendas	$27.471
Custo dos produtos vendidos	8.442
Lucro bruto	$19.029
Despesa com vendas, gerais e administrativas	12.194
Lucro operacional antes da depreciação	$6.835
Depreciação e amortização	1.444
Lucros operacionais	$5.391
Despesa de juros	197
Receitas não-operacionais	24
Imposto de renda	1.586
Lucros disponíveis para os acionistas ordinários	$3.632

Apêndice 4B

Cálculos do Custo de Capital para a Texas Instruments

Em 1996, a gestão da Texas Instruments estimou o custo de capital médio ponderado da empresa como sendo de 11%, calculado como segue:

Custo da Dívida

Custo da dívida após impostos = Custo da dívida antes dos impostos × (1 − Alíquota de imposto de renda) = 6,5% × (1 − 0,35) = 4,23%

Custo do Capital Próprio

Custo do capital próprio =
Taxa livre de risco + Beta da empresa × Prêmio pelo risco de mercado
= 6% + (1,2 × 6,05%) = 13,25%

Estrutura de Capital Proposta

25% dívida e 75% capital próprio

Custo de Capital Médio Ponderado

	Porcentagem do Capital	Custo Após Impostos	Custo Ponderado
Dívida	25%	4,23%	1,06%
Capital próprio	75%	13,25%	9,94%
Custo de capital médio ponderado			11,00%

Referências

Boston Consulting Group. *Shareholder Value Management: Improved Measurement Drives Improved Value Creation.* Book 2. Boston: BCG, 1994.

Davies, Erin. "What's Right About Corporate Cash Flow; Afloat in a Sea of Green." *Fortune* (31 de março de 1997): 28.

Ehrhardt, Michael C. *The Search for Value: Measuring the Company's Cost of Capital*. Boston: Harvard Business School Press, 1995.

Ibbotson, Roger G. e Rex A. Singuefield. *Stocks, Bonds, Bills, and Inflation: Historical Returns*. Chicago: Ibbotson Associates, 1999.

"Of Pigs and Pokes." *The Economist* (14 de março de 1998): 69.

Rappaport, Alfred. *Creating Shareholder Value*, 2d ed. New York: Free Press, 1998.

Stewart, G. Bennett, III. *The Quest for Value*. New York: HarperBusiness, 1991.

Capítulo 5

— ··•●•·· —

Escolha um Nome, Qualquer Nome: Lucro Econômico, Lucro Residual ou Valor Econômico Agregado

> *O EVA baseia-se em algo que já conhecemos há muito tempo: o que chamamos de lucro, o dinheiro restante para remunerar o capital próprio, não é lucro em absoluto. Até que uma empresa obtenha lucro maior do que seu custo de capital, estará operando no negativo. Não importa se ela paga impostos como se tivesse lucros genuínos. O empreendimento ainda proporciona menos retornos para a economia do que devora em recursos... Até então ela não criará valor, ela o destruirá.*
>
> Peter Drucker, *The Information Executives Truly Need* (1995)

Nosso objetivo neste capítulo é dar ao leitor uma boa descrição do conceito de valor econômico agregado (EVA) e dos cálculos associados a ele. Dos diferentes métodos para medir a geração de valor ao acionista, é seguro dizer que nenhum recebeu mais atenção do que o EVA.[1]

Enquanto o EVA pode ser usado para vários propósitos, sua principal utilização é como medida de desempenho de período a período. Porém, como veremos mais adiante, a Stern Stewart & Co. acredita que o uso do EVA deveria ser mais do que meramente um exercício financeiro conduzido nos gabinetes internos do escritório de finanças da empresa.

---

[1] EVA™ é marca registrada pela Stern Stewart & Co.

Os objetivos específicos deste capítulo são:
- Entender o conceito fundamental sobre o qual se baseia o EVA, isto é, o lucro residual ou lucro econômico, dois termos que podem ser usados alternativamente.
- Estabelecer a relação entre lucro residual (lucro econômico) e fluxos de caixa livres.
- Explicar a lógica e o raciocínio do EVA, juntamente com os procedimentos para calcular o EVA.
- Definir valor de mercado adicionado (MVA) e demonstrar sua importância para a gestão.

O Conceito Fundamental: Lucro Residual ou Lucro Econômico

No Capítulo 3, introduzimos brevemente um conceito chamado *lucro residual*, que foi sugerido por nós como uma medida de desempenho alternativa ao tradicional retorno sobre ativos líquidos (RONA). Retornamos agora a esta noção; entretanto, utilizaremos dois termos intercambiáveis, sendo eles *lucro residual* e *lucro econômico*. Estes termos foram criados por economistas e gestores contábeis. A contabilidade *financeira*, em contraste, fala somente de *lucros contábeis*. Portanto, há uma diferença real na percepção quanto ao que exatamente se quer dizer por *lucros*. Para o encarregado da contabilidade financeira, os lucros são medidos como receitas menos despesas operacionais menos o custo de financiamento da dívida na forma de despesas de juros, onde a despesa de juros (e dividendos sobre ação preferencial caso incorridos) é o único custo financeiro a ser reconhecido. Não há um custo, como tal, para o capital próprio; afinal, os acionistas são os proprietários para os quais os lucros fluem. Para os economistas, no entanto, não há lucros até que as taxas de retorno requeridas de *todos* os investidores tenham sido alcançadas, incluindo os acionistas ordinários – lucros reais surgem somente após todos os custos financeiros terem sido subtraídos, tanto para o capital de terceiros quanto para o capital próprio, onde o custo é definido como o custo de oportunidade dos fundos se esses fossem investidos em outra empresa de risco similar. Em outras palavras, aqueles que falam de lucro residual sustentam que uma atividade de negócios não somente deve se pagar, mas também obter o suficiente para justificar o custo de todo o capital usado na execução da atividade. Somente então a empresa alcançará o ponto de equilíbrio. Assim,

$$\text{Lucros contábeis} = \text{Vendas} - \text{Custo dos produtos vendidos} - \text{Despesas operacionais} - \text{Despesas de juros} - \text{Impostos}$$

porém

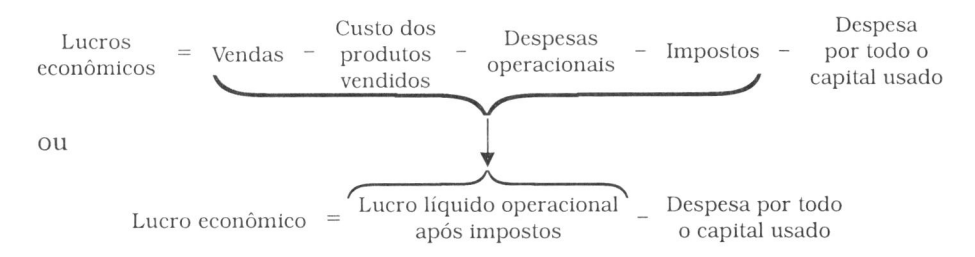

$$\text{Lucros econômicos} = \underbrace{\text{Vendas} - \text{Custo dos produtos vendidos} - \text{Despesas operacionais} - \text{Impostos}}_{} - \text{Despesa por todo o capital usado}$$

ou

$$\text{Lucro econômico} = \text{Lucro líquido operacional após impostos} - \text{Despesa por todo o capital usado}$$

onde a despesa por todo o capital usado é o custo com juros após impostos sobre a dívida da empresa e também um custo pelo capital próprio.

Resumindo, a métrica do lucro econômico tem intenção de medir o desempenho da empresa em termos de geração de lucros em um determinado período, dado o montante total de capital que foi usado para gerar estes lucros. Caso contrário, aqueles que proporcionam o capital da empresa poderiam ter liquidado seus investimentos na empresa e alocado o capital liberado para algum outro uso. Somente se houver lucros que excedam estes custos de oportunidade, os economistas e a maior parte dos gestores contábeis diriam que a empresa "ganhou dinheiro" ou, em outras palavras, obteve lucro econômico ou lucro residual. Colocado de maneira simples, para o economista a métrica do lucro contábil tradicional não mede por completo os lucros de uma empresa.

Lucro Residual e Fluxos de Caixa Livres

Quando o assunto é valor para o acionista muitos de nós fomos criados com a noção de que o valor de uma ação é igual ao valor presente dos dividendos futuros (modelo de dividendos descontados). No Apêndice 5A, mostramos que, sob determinados pressupostos, o valor presente do lucro residual e o valor presente de dividendos futuros são um e o mesmo.

Também nos foi ensinado que o valor de um investimento é igual ao valor presente de seus fluxos de caixa (a regra do valor presente líquido). Ainda mais relevante ao nosso estudo, foi definido no Capítulo 4 que o valor de uma empresa é o valor presente dos fluxos de caixa livres esperados. A idéia de que o valor da empresa é igual ao valor presente dos fluxos de caixa é, sem dúvida, uma das pedras fundamentais de finanças. Portanto, é importante saber como o lucro residual se relaciona aos fluxos de caixa livres descontados na determinação do valor de uma empresa. Somente reconciliando essas duas abordagens (soa como um bom contador) poderemos saber que o valor independe da perspectiva adotada e que os dois métodos são essencialmente ligados à mesma teoria financeira. De fato, eles são conceitualmente equivalentes. Podemos demonstrar que

$$\text{Valor da empresa} = \begin{matrix}\text{Valor presente dos}\\\text{fluxos de caixa}\\\text{livres futuros}\end{matrix} = \text{Capital investido} + \begin{matrix}\text{Valor presente}\\\text{dos lucros}\\\text{residuais}\\\text{futuros}\end{matrix}$$

Assim, o valor da empresa pode ser visto de qualquer um dos dois modos: (1) o valor é igual ao valor presente de todos os fluxos de caixa futuros esperados; ou (2) o valor é igual ao capital que foi investido em uma empresa somado ao valor presente de todo lucro residual futuro. Neste último caso, o lucro residual é o valor que está sendo criado pela gestão além do capital total investido na empresa por seus investidores. Por exemplo, para uma empresa com valor de mercado de $50 milhões, comparado aos $40 milhões de capital investido na empresa, a diferença de $10 milhões representa o lucro residual futuro esperado pelo mercado demonstrado numa base de valor presente. Isto é, os $10 milhões incrementais em valor resultam da antecipação dos investidores de que a empresa obterá retornos acima do custo de capital.

Uma Ilustração de Cálculo de Valor

Para comparar o cálculo de valor de uma empresa em termos de fluxos de caixa livres e em termos de lucro residual, considere a hipotética Griggs Corporation. A empresa antecipa que as vendas no ano de 2001 serão de $20 milhões sobre um capital inicial total (passivo e patrimônio líquido) de $10 milhões. A gestão espera uma margem de lucro operacional após impostos (lucros operacionais após impostos ÷ vendas) de 6,25%, o que sugere que os lucros operacionais após impostos seriam de $1,25 milhão sobre os $20 milhões em vendas ($20 milhões × 0,0625) no ano 2001. Considerando os $10 milhões de capital inicial investidos, o retorno da empresa sobre o capital do início do ano é de 12,5% ($1,5 milhão em lucros operacionais ÷ $10 milhões de capital investido).

Pressuponha ainda que a gestão está planejando reinvestir 60% de seu lucro para expandir a empresa. Dado seu retorno sobre o capital de 12,5%, a empresa crescerá a 7,5% (60% do retorno sobre o capital de 12,5%). Além disso, para cada dólar de aumento em vendas, cinqüenta cents de investimento adicional serão necessários em capital de giro e investimentos em ativos fixos a cada ano. Assumimos que a taxa de crescimento de 7,5% continuará por cinco anos, o tempo sobre o qual a gestão acredita que a empresa possa manter sua atual vantagem competitiva e também o período que ela pode continuar a obter uma taxa de retorno acima de seu custo de capital de 10%. Então, após cinco anos sob a atual estratégia, nenhum valor será gerado pelo crescimento contínuo. Portanto, não há motivo para expandir a empresa após o quinto ano – ao menos no que diz respeito à geração de valor ao acionista.

Com base nas informações anteriores, podemos estimar o valor da Griggs Corporation encontrando o valor presente dos fluxos de caixa livres da empresa ou calculando o valor presente de seus lucros residuais futuros somado ao capital investido. Estes cálculos são mostrados na Tabela 5.1. Na parte esquerda da tabela, vemos os fluxos de caixa livres (lucros operacionais após impostos menos investimentos adicionais em capital de giro e ativos fixos) para o período de planejamento de cinco anos de 2001-2005 bem como seus valores presentes. Em 2006, o lucro líquido operacional após impostos da empresa está previsto em $1.795.000. Por não haver planos de expandir a empresa em 2006, não são necessários investimentos adicionais.[2] Como resultado, o fluxo de caixa livre é igual ao lucro operacional de $1.795.000, que se espera continuar na perpetuidade. O valor de uma série anual perpétua de fluxos de caixa de $1.795.000 no final do ano 2005 é de $17,95 milhões, determinado como segue:

$$\text{Valor presente}_{2005} = \frac{\text{Fluxo de caixa livre no ano 2006}}{\text{Custo de capital}} = \frac{\$1.795.000}{10\%} = \$17.950.000$$

Podemos descontar o valor no final do ano de 2005 ao valor presente corrente (início do ano de 2001):

$$\text{Valor presente}_{2001} = \frac{\text{Valor no ano 2005}}{(1 + \text{custo de capital})^5} = \frac{\$17,95 \text{ milhões}}{(1 + 0,10)^5} = \$11,142 \text{ milhões}$$

Como mostrado na Tabela 5.1, o valor presente de todos os fluxos de caixa livres – e o valor da empresa – é de $13,314 milhões.

Um processo similar é mostrado na parte direita da Tabela 5.1, onde encontramos o valor da empresa para a Griggs Corporation ao tomar o valor presente dos lucros residuais anuais e adicioná-los ao capital investido inicial. O lucro residual em cada ano é igual ao lucro operacional líquido após impostos menos uma despesa pelo capital inicial. Esta despesa é igual ao custo de capital vezes o montante de capital inicial. Para o ano 2001, o lucro residual é de $250.000, isto é, o lucro operacional de $1,25 milhão menos uma despesa de 10% (custo de capital) sobre os $10

---

[2] Pressupomos que a empresa continuará a fazer investimentos de *substituição* no montante da depreciação. Porém, não haverá necessidade de aumentar o capital total investido após 2005.

Tabela 5.1
Cálculo de Valor da Griggs Corporation ($ milhares)

	Cálculo de Valor pelo Fluxo de Caixa Livre				Cálculo de Valor pelo Lucro Residual			
Ano	Vendas	Lucros Operacionais Após Impostos	Investimentos	Fluxos de Caixa Livres	Valor Presente dos Fluxos de Caixa Livres	Capital Inicial	Lucro Residual	Valor Presente do Lucro Residual	Retorno sobre o Capital Inicial (%)
2001	$20.000	$1.250	$750	$500	$455	$10.000	$250	$227	12,5
2002	21.500	1.344	806	538	444	10.750	269	222	12,5
2003	23.113	1.445	867	578	434	11.556	289	217	12,5
2004	24.846	1.553	932	621	424	12.423	311	212	12,5
2005	26.709	1.669	1.002	668	415	13.355	334	207	12,5
Valor presente dos fluxos de caixa livres (2001-2005)					$2.172				
2006	28.713	1.795	0	1.795	$11.142	14.356	359	2.229	
						Valor presente total do lucro residual		$ 3.314	
						Capital investido originalmente		10.000	
		Valor pelo fluxo de caixa livre			$13.314	Valor pelo lucro residual		$13.314	

milhões de capital inicial ($1,25 milhão − (0,10 × $10 milhões) = $250.000). O método para encontrar os valores presentes dos lucros residuais é idêntico àquele utilizado para os fluxos de caixa livres, que resulta em um valor presente de $3,314 milhões para todo o lucro residual futuro esperado. Adicionamos, então, o capital investido de $10 milhões ao valor presente do lucro residual, para um valor total da empresa de $13,314 milhões – exatamente o mesmo resultado encontrado com o método do fluxo de caixa livre.

Também mostramos a taxa de retorno sobre o capital investido (lucros líquidos operacionais após impostos ÷ capital inicial) na última coluna da Tabela 5.1, o que confirma que a empresa está obtendo 12,5% sobre seu capital, comparado a um custo de capital de 10%. Assim, os $3,314 milhões de valor gerado provêm da obtenção de um retorno que excede o custo de capital dos investidores de 10% e de montantes cada vez maiores de capital que são utilizados a cada ano para expandir a empresa. Se, por outro lado, tivéssemos projetado obter uma taxa de retorno de somente 10% sobre o capital, o valor da empresa seria de $10 milhões, o que significa que o valor presente dos lucros residuais seria zero. O valor da empresa seria igual ao capital investido, nada mais nada menos.

Resumindo, o valor presente dos fluxos de caixa livres de uma empresa é o mesmo que o valor presente de seu lucro residual somado ao capital investido no negócio por seus investidores. Em teoria, não há diferença entre as duas abordagens, ao menos no que diz respeito a medir o valor de uma empresa. Mas se não há diferença entre o cálculo de valor pelo fluxo de caixa livre e o valor baseado no lucro residual, por que se importar? O que o lucro residual nos fornece que os fluxos de caixa livres não o fazem?

O ponto fraco da análise do fluxo de caixa livre é que ela não proporciona uma medida prontamente evidente do desempenho operacional *anual*. O fluxo de caixa livre pode ser negativo por uma das duas razões: (1) o investimento é alto em um negócio lucrativo, ou (2) a lucratividade operacional é baixa em um negócio não lucrativo. Em 1992, quando a Wal-Mart era uma das líderes em criação de valor, a empresa tinha um fluxo de caixa livre de −13% do capital enquanto obtinha uma taxa de retorno de 8% acima de seu custo de capital. No mesmo período, a Kmart tinha um fluxo de caixa livre igual a 7% do capital, porém obtinha um retorno sobre o capital de 3% *abaixo* do custo de capital da empresa. Portanto, o fluxo de caixa livre pode ser pouco informativo ou até mesmo enganoso na superfície. O dito de que "a felicidade é um fluxo de caixa positivo" pode não ser tão verdadeiro como fomos levados a acreditar. Conseqüentemente, o lucro residual consegue proporcionar uma melhor medida do desempenho por período enquanto mantém consistência com o cálculo de valor pelo fluxo de caixa livre. Porém, como veremos mais adiante, talvez essa esperança também não se realize.

EVA: Detalhamento do Lucro Residual

O acrônimo EVA foi usado pela primeira vez para valor econômico agregado em 1989 (Finegan 1989), mas somente quatro anos depois começou a receber maior atenção, principalmente como resultado de um artigo de destaque na revista *Fortune* (Tully 1993). O artigo da *Fortune* ofereceu uma apresentação básica do conceito EVA e de seus cálculos; entrevistou Joel Stern e Bennett Stewart da Stern Stewart & Co., os principais proponentes do uso do EVA; e proporcionou exemplos de grandes empresas norte-americanas que estavam utilizando com sucesso o EVA como medida de desempenho da empresa. A partir daquele começo promissor, o EVA capturou o interesse de muitos na comunidade de negócios, incluindo empresas como a Coca-Cola Co., Eli Lilly, Bausch & Lomb, Sony, Matsushita, Briggs & Stratton e Herman Miller. Até mesmo os chineses – especificamente, o China Eagle Securities Research Institute – estão tentando adaptar o EVA à avaliação de investimentos em títulos (ChinaOnline 2000). O renomado economista Michael Jensen, na Harvard Business School, comentou: "O lance da *Fortune* realmente colocou o EVA no mapa como a principal ferramenta de gestão." Desde aquela época a imprensa financeira tem discutido regularmente o conceito do EVA, geralmente contando a experiência recente de algum adotante. Baseado em uma busca através da Lexis-Nexis por artigos sobre o EVA, o número tem crescido constantemente, de 152 em 1994 para 672 nos doze meses findos em junho de 1999.[3] Muitas destas referências têm aparecido em jornais e revistas extensamente lidos como a *Fortune*, o *Wall Street Journal* e o *London Times* e em grande número das revistas especializadas. A *Fortune* chamou o EVA de "a idéia financeira mais quente do momento". Peter Drucker declarou que o EVA é uma medida do "fator de produtividade total", cuja popularidade crescente reflete a nova demanda da era da informática. Nas palavras de Robert Boldt, o chefe de investimentos da CalPERS, um fundo de pensão de $135 bilhões: "Padrões contábeis simplesmente não fazem o serviço. Somente o EVA fornece um retrato real da criação de valor." Como resultado, a CalPERS determina sua

---

[3] Se você tiver acesso ao programa de computador Lexis-Nexis, nós o encorajamos a executar uma busca por artigos recentes sobre Economic Value Added (valor econômico agregado). Você encontrará uma discussão ativa sobre o assunto a partir de uma ampla variedade de jornais e revistas escritas por pessoas do meio de negócios e também por acadêmicos. Além disso, o *Journal of Applied Corporate Finance* do Bank of America dedicou sua edição de verão de 1999 ao EVA e à remuneração de incentivo. Para qualquer um que esteja buscando uma melhor compreensão do EVA e suas aplicações, vale a pena ler esta edição.

lista de empresas-alvo de baixo desempenho com base no desempenho de longo prazo da ação de uma empresa, suas práticas de governança corporativa e em um cálculo de valor econômico agregado.

Mesmo a profissão de contador está começando a notar o EVA, o que achamos um pouco surpreendente, dado que o EVA põe em xeque o valor dos lucros como medida de desempenho de uma empresa – a medida considerada pela maioria dos contadores tradicionais como a "solução final". Lembramos de um incidente em 1993, quando falamos com um grupo de sócios de uma grande empresa de contabilidade sobre gestão baseada em valor. Na apresentação, sugerimos que o lucro não era a melhor medida do desempenho de uma empresa, que eles deveriam começar a pensar em alguma forma de lucro econômico que incorporasse um custo de oportunidade pelo capital dos investidores em ações ordinárias. Apresentamos a lógica e oferecemos uma ilustração do EVA. Antes do final da apresentação, estava evidente para nós que esses ouvintes, que haviam passado suas carreiras em trabalhos de auditoria e tributação, não eram particularmente receptivos a qualquer coisa que se afastasse de sua dependência tradicional dos lucros como medida de desempenho de uma empresa. Mas, então, meros três anos mais tarde, um encontro sobre o futuro da contabilidade financeira do American Institute of Certified Public Accountants previu que o EVA substituiria os lucros por ação nas publicações regulares de lucros e ações no *Wall Street Journal*.[4] Ao passo em que não devemos atribuir muita importância a estes acontecimentos, acreditamos que eles refletem mudanças gerais e reais de perspectiva.

O que é EVA?

Para entender a medida do valor econômico agregado é melhor começar colocando-a no contexto da discussão anterior sobre lucro residual ou lucro econômico. O EVA é simplesmente uma modificação, ou, de acordo com muitos usuários do EVA, uma nova e melhor medida do lucro econômico. A Figura 5.1 mostra as relações entre várias medidas financeiras.

Como refletido na linha "lucros" da figura, os responsáveis pela contabilidade financeira desenvolveram a demonstração de resultados com base em um sistema de competência para confrontar as receitas com os custos e as despesas relevantes. Na linha seguinte, adicionamos de volta as despesas de juros após impostos para obter os lucros operacionais da empresa – os lucros disponíveis a todos os investidores da empresa. A seguir, o economista financeiro ou o gestor contábil subtrai

---

[4] *CFO Magazine*, outubro de 1996.

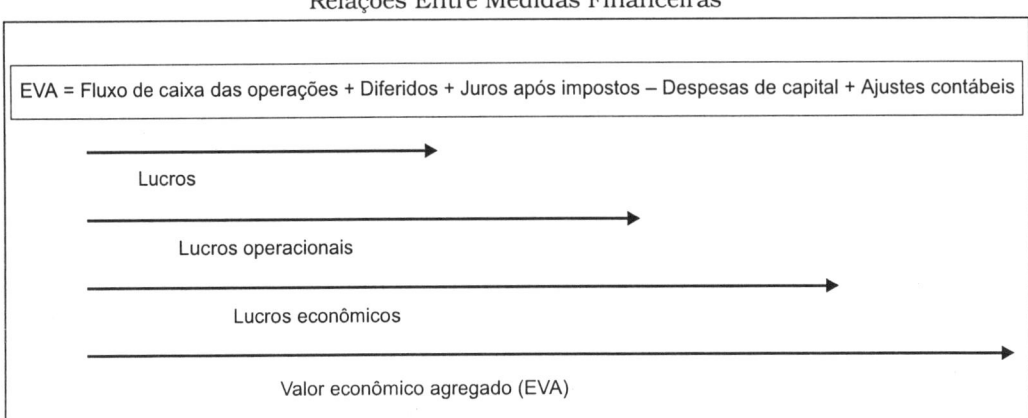

Figura 5.1
Relações Entre Medidas Financeiras

```
┌─────────────────────────────────────────────────────────────────────────────┐
│ EVA = Fluxo de caixa das operações + Diferidos + Juros após impostos − Despesas de capital + Ajustes contábeis │
│                                                                             │
│         ──────────────────►                                                 │
│              Lucros                                                         │
│         ──────────────────────────────────►                                 │
│                    Lucros operacionais                                      │
│         ────────────────────────────────────────────────►                   │
│                    Lucros econômicos                                        │
│         ──────────────────────────────────────────────────────────────────► │
│                   Valor econômico agregado (EVA)                            │
└─────────────────────────────────────────────────────────────────────────────┘
```

uma taxa pelo uso do capital *total* investido e não somente para o exigível como faria o responsável pela contabilidade financeira. Finalmente, os proponentes do EVA fazem ajustes adicionais às demonstrações financeiras num esforço para melhor refletir o sentido econômico dos dados. Os princípios contábeis geralmente aceitos (GAAP) não têm importância para um proponente do EVA se não forem considerados importantes para os investidores nos mercados de capitais.

Enquanto Joel Stern e Bennett Stewart consideram a métrica lucro residual definitivamente como uma melhora sobre as medidas contábeis tradicionais, ainda afirmariam que algo está faltando. Eles argumentam enfaticamente – talvez até com ênfase demais na visão de alguns contadores – que muitas atividades contábeis tradicionais não são relevantes no que diz respeito à geração de valor. Os contadores, de acordo com Stern e Stewart, executam funções importantes, mas proporcionar a estrutura necessária para saber se uma empresa está criando ou destruindo valor não é uma delas. Uma vez que os investidores estão interessados nos fluxos de caixa e não nos lucros em si, todas as medidas baseadas em contas a pagar e reservas criadas pelos contadores são de valor questionável. De fato, Stern e Stewart vêem estas medidas como bloqueadoras para a compreensão de como a empresa está do ponto de vista econômico. Assim, eles acreditam que todo esse "barulho" ou "distorção" precisa ser removido quando se calculam os lucros econômicos de uma empresa e na estimativa do montante de capital investido pelos investidores da empresa. Dito de forma simples, eles encorajariam os analistas a não aceitar as medidas contábeis tradicionais de lucros operacionais e os valores de livro dos ativos ao seu valor de face.

Medindo o EVA de uma Empresa

Superficialmente, o EVA se parece muito com a medida do lucro econômico. Especificamente, o EVA é calculado como segue:

$$EVA = NOPAT - (k \times CAPITAL)$$

onde

NOPAT = Lucros operacionais após impostos mas antes dos custos financeiros e lançamentos contábeis sem desembolso de caixa exceto depreciação[5].

k = *Custo de capital médio ponderado da empresa.*

CAPITAL = Caixa total investido na empresa ao longo de sua vida, líquido da depreciação.

Alternativamente, o EVA é freqüentemente expresso como

$$EVA = (r - k) \times CAPITAL$$

onde r é o retorno da empresa sobre o capital, calculado como segue:

$$\text{Retorno sobre o capital} = \frac{NOPAT}{CAPITAL}$$

Ou, se quisermos mais informações a respeito do retorno da empresa sobre o capital investido, podemos medir o retorno sobre o capital da seguinte forma:

$$\text{Retorno sobre o capital investido} = \frac{NOPBT}{Vendas} \times \frac{Vendas}{CAPITAL} \times \left(1 - \frac{\text{Impostos base caixa}}{NOPBT}\right)$$

onde NOPBT é o lucro operacional líquido antes de impostos da empresa.

Este último formato é similar ao antigo método DuPont mencionado no Capítulo 3 para avaliar o retorno contábil sobre ativos líquidos (RONA) de uma empresa. Vemos aqui que o retorno sobre o capital investido é função: (1) da margem de lucro operacional antes de impostos (NOPBT ÷ Vendas); (2) do índice de giro de capital (Vendas ÷ CAPITAL) e (3) da alíquota de im-

---

[5] Nem tudo que o contador faz é ruim. Para a Stern Stewart, a depreciação é a única despesa que não representa saída de caixa que é aceitável. O raciocínio é que os ativos consumidos no negócio devem ser substituídos antes que os investidores obtenham um retorno sobre seu investimento. Portanto, a depreciação é reconhecida como um custo econômico e, de acordo com isso, deve haver uma despesa pelo capital com a depreciação acumulada sofrida pelos ativos.

posto de renda base caixa (Impostos base caixa ÷ NOPBT). Assim, o retorno sobre o capital investido é determinado pela maneira como a empresa gerencia sua demonstração de resultados, seu balanço patrimonial e seus impostos.

Com base nas medidas anteriores, podemos observar se uma empresa está criando ou destruindo valor (se o EVA é positivo ou negativo). Especificamente, sabemos que a gestão pode aumentar o valor da empresa de uma das seguintes maneiras.

- Aumentando a taxa de retorno obtida sobre a base existente de capital, isto é, gerando mais lucros operacionais sem comprometer mais capital no negócio.

- Investindo o capital adicional em projetos que obtenham retornos maiores do que o custo de obter o novo capital.

- Liquidando o capital de, ou ao menos restringindo, investimentos em operações onde retornos inadequados estão sendo obtidos.

Algumas empresas produzem EVAs significativamente positivos ao investir em um grande número de projetos com retornos modestamente acima do custo de capital. Outras empresas alcançam excelentes resultados ao investir em um número limitado de projetos de alto retorno. Além disso, grande parte da reestruturação no final das décadas de 80 e 90 teve relação com a melhora nos retornos – evidentemente com sucesso. De acordo com o Goldman Sachs U.S. Research Group, a diferença entre o retorno sobre o capital investido e o custo de capital para o S&P Industrials aumentou desde zero em 1986 para mais de 4% em 1997 (Goldman Sachs, 1998).

Calculando NOPAT e CAPITAL

Embora calcular o EVA não seja fundamentalmente diferente de calcular o lucro econômico, são os ajustes feitos aos cálculos do EVA que o tornam único. Estes ajustes, ou o que a Stern Stewart & Co. chama de *equivalentes de capital próprio*, são feitos com o propósito expresso de converter tanto o NOPAT como o CAPITAL de um valor de livro contábil para um valor econômico. Enquanto a Stern Stewart fala de mais ou menos 160 possíveis equivalentes de capital próprio para uma empresa em particular, 10 a 15 ajustes são um número mais típico. Em qualquer caso, só há três razões para fazer ajustes:

Briggs & Stratton e o EVA

A cada ano, em seu relatório anual, a Briggs & Stratton inclui uma seção que eles chamam de "Performance Measurement", ou medida de desempenho, que mostra o cálculo do EVA da empresa para os três anos anteriores. Os cálculos e as explicações para 1999 são apresentados a seguir.

Medida de Desempenho

A gestão apóia a premissa de que o valor da empresa é realçado se o capital investido nas operações da empresa obtiver um retorno base caixa maior do que aquele esperado pelos que proporcionaram o capital.

As demonstrações financeiras e medidas convencionais, tais como lucros por ação e retorno sobre o investimento dos acionistas, são de menor interesse para os provedores de capital do que indicadores de geração de fluxo de caixa e da gestão eficiente do capital. Conseqüentemente, aderimos a uma medida de desempenho que guia os gestores divisionais e corporativos na avaliação de decisões atuais e estratégias de planejamento de longo prazo voltadas ao objetivo de maximizar os retornos operacionais base caixa em excesso do custo de capital. A tabela a seguir resume os resultados para os últimos três anos fiscais (em milhares):

	1999	1998	1997
Retorno sobre as operações			
Lucro das operações	**$180.136**	$124.688	$103.719
Ajustes para:			
Custo de oferecer aposentadoria antecipada	–	–	37.101
Outras receitas exceto receita de juros	**4.666**	5.089	1.485
Aumento (diminuição) em:			
Provisão para devedores duvidosos	**(21)**	15	(22)
Reservas LIFO	**(4.200)**	(794)	769
Reserva para diferidos	**7.413**	2.548	760
Lucro operacional ajustado	**$187.994**	$131.564	$143.812
Impostos base caixa[a]	**65.255**	41.102	56.146
Lucro líquido operacional base caixa após imposto ajustado	**$122.739**	$90.444	$87.666
Capital Médio Ponderado Empregado[b]	**$697.887**	$716.112	$748.005
Retorno Econômico sobre o Capital	**17,6%**	12,6%	11,7%
Custo de Capital[c]	**10,3%**	10,0%	10,9%
Valor Econômico Agregado	**$50.857**	$18.833	$6.133

a. A provisão para imposto de renda é ajustada para o impacto fiscal estatutário das despesas e receitas de juros.
b. Total de ativos menos passivos circulantes que não incorrem em juros, somado a devedores duvidosos, LIFO e reservas de garantia, menos benefícios fiscais futuros.
c. A estimativa da gestão da média ponderada dos retornos mínimos requeridos sobre o capital próprio e o capital de terceiros pelos provedores do capital.

- Para a conversão de um sistema de competência para um sistema de caixa (eliminando muitas das reservas que os contadores tradicionais criavam nas demonstrações financeiras. Por exemplo, reservas para devedores duvidosos ou reservas para LIFO).

- Para capitalizar desembolsos com a estruturação do mercado que foram lançados como despesas no passado (convertendo de uma perspectiva de liquidação para funcionamento contínuo, por exemplo, capitalizando despesas com P&D).
- Para remover perdas ou ganhos incomuns acumulados após impostos (convertendo de esforços contábeis de sucesso para a contabilidade de custos plenos).

Porém, até mesmo estes três propósitos não podem nos dizer se um ajuste *deve* ser feito na pratica. Decidir quando um ajuste deve ser feito exige um pouco de julgamento. Especificamente, a Stern Stewart & Co. recomenda ajustes somente quando:

1. O ajuste é substancial.
2. Os dados estão disponíveis a um custo razoável.
3. O ajuste é compreendido pelos empregados que estão utilizando o EVA.
4. O ajuste pode ser comunicado eficientemente ao mercado.
5. O ajuste pode ser replicado por outros.

Existem duas abordagens equivalentes – de uma perspectiva financeira e de uma perspectiva operacional – para o cálculo do NOPAT e CAPITAL. A Tabela 5.2 oferece uma estrutura para o cálculo do NOPAT e CAPITAL. Ambas as perspectivas resultam nas mesmas respostas. Ao passo em que não podemos incluir todos os ajustes possíveis (equivalentes de capital próprio) a serem feitos, aqueles mostrados representam os mais importantes na maioria dos casos.

EVA Calculado: Uma Ilustração

Para ilustrar o processo, calculamos o EVA para a hipotética Hobbs-Meyer Corporation para o ano de 2001. As demonstrações financeiras da empresa são apresentadas na Tabela 5.3.

As informações tomadas das notas de rodapé das demonstrações são de igual importância. (A maioria dos equivalentes de capital próprio são encontrados nas notas de rodapé das demonstrações não nas demonstrações financeiras em si.) Por exemplo, a partir das notas de rodapé, aprendemos o seguinte:

- A empresa utiliza o LIFO (último que entra, primeiro que sai) para demonstrar seus estoques e custos dos produtos vendidos e as reservas são de $175.000 e $200.000 para 2000 e 2001, respectivamente.

- A empresa tem compromissos na forma de arrendamentos não capitalizados. Os valores presentes destes arrendamentos são $200.000 e $225.000 em cada um dos dois anos. Os juros implícitos ou embutidos sobre esses arrendamentos no ano de 2001 são estimados em $21.000.
- A empresa adquiriu um outro negócio, utilizando uma combinação de interesses, que resultou em um goodwill não relatado de $40.000. Entretanto, em outras aquisições, o goodwill foi relatado e está sendo amortizado como uma despesa. O goodwill para 2001 foi de $7.000, porém o goodwill cumulativo que foi baixado pela empresa foi de $73.000 até o fim de 2000 e $80.000 ao final de 2001.

Tabela 5.2
Medindo o NOPAT e CAPITAL de uma Empresa

Calculando o NOPAT	
Perspectiva Financeira	*Perspectiva Operacional*
Lucro disponível para os acionistas ordinários + Despesa de juros após impostos + Despesa de juros implícita após impostos sobre arrendamentos não capitalizados − Receita de juros e outras receitas de investimentos após impostos + Dividendo preferencial + Provisão para participação minoritária + Mudanças nos equivalentes de capital próprio Aumento na reserva de impostos diferidos Aumento em reservas LIFO Amortização do goodwill Aumento na provisão de devedores incobráveis Aumento em despesas intangíveis acumulados (líquidos), ex., P&D e desenvolvimento de produtos Perdas (ganhos) incomuns após impostos Aumento em outras reservas, tais como para estoques obsoletos, garantias e receitas diferidas = NOPAT	Lucros operacionais líquidos antes de impostos (NOPBT), excluindo ganhos ou perdas incomuns + Juros implícitos sobre arrendamentos não capitalizados − Impostos base caixa Provisão para imposto de renda − Aumento na reserva de impostos diferidos + Impostos marginais poupados (pagos) sobre perdas (ganhos) incomuns + impostos marginais poupados em despesas de juros sobre a dívida e juros implícitos sobre arrendamentos não capitalizados − Impostos marginais pagos sobre juros e outras receitas de investimentos + Mudanças em equivalentes de capital próprio Aumento em reservas LIFO Aumento na provisão de devedores incobráveis Amortização do goodwill Aumento em despesas intangíveis acumulados (líquidos), ex., P&D e desenvolvimento de produtos Aumento em outras reservas, tais como para estoques obsoletos = NOPAT

Continua

Tabela 5.2 (Continuação) Medindo o NOPAT e CAPITAL de um Empresa	
Calculando o CAPITAL	
Perspectiva Financeira	*Perspectiva Operacional*
Patrimônio líquido + Exigível que incorre em juros + Valor presente de arrendamentos não capitalizados + Arrendamentos capitalizados − Títulos negociáveis e construção em andamento + Ações preferenciais + Participação minoritária + Equivalentes do capital próprio Reserva para impostos diferidos Reserva LIFO Provisão para devedores duvidosos Amortização acumulada de goodwill e o goodwill não-contabilizado Intangíveis acumulados (líquido), ex.: P&D e desenvolvimento de produto Perdas (ganhos) incomuns cumulativas após impostos Outras reservas, tais como para obsolescência de estoque, garantias, receita diferida = CAPITAL	Ativos totais − Títulos negociáveis e construção em andamento − Passivos circulantes que não incorrem em juros + Valor presente de arrendamentos não capitalizados + Equivalentes do capital próprio Reserva LIFO Provisão para devedores duvidosos Amortização de goodwill acumulado Goodwill não-contabilizado Intangíveis acumulados (líquido), ex.: P&D e desenvolvimento de produto Perdas (ganhos) incomuns cumulativas após impostos Outras reservas "contra" ativos, tais como para a obsolescência de estoques, garantias = CAPITAL

Tabela 5.3 Hobbs-Meyer Corporation, Balanços Patrimoniais e Demonstração de Resultados, 2000 e 2001 ($ milhares)		
	31 de Dezembro de 2000	31 de Dezembro de 2001
Caixa	$16	$20
Títulos negociáveis	4	5
Contas a receber	300	350
Provisão para devedores duvidosos	(20)	(25)
Contas a receber líquidas	$280	$325
Estoque	2.650	3.350
Total de ativos circulantes	$2.950	$3.700
Propriedades imobiliárias	210	263
Fábricas e equipamentos	2.475	3.114
Ativos fixos brutos	$2.685	$3.377
Depreciação acumulada	(500)	(690)
Ativos fixos líquidos	$2.185	$2.687
Goodwill	50	43

Continua

	31 de Dezembro de 2000	31 de Dezembro de 2001
Tabela 5.3 (Continuação) Hobbs-Meyer Corporation, Balanços Patrimoniais e Demonstração de Resultados, 2000 e 2001 ($ milhares)		
Ativos totais	$5.185	$6.430
Contas a pagar	$1.040	$1.350
Diferidos	406	530
Imposto de renda a pagar	120	125
Exigível de curto prazo	110	25
Porção corrente do exigível de longo prazo	25	27
Total do passivo circulante	$1.701	$2.507
Exigível de longo prazo sênior	210	190
Arrendamentos capitalizados	880	1.010
Exigível total	$2.791	$3.257
Impostos de renda diferidos	78	94
Receita diferida	15	20
Ações preferenciais	20	25
Participação minoritária	25	25
Ações ordinárias	$56	$57
Reserva de ágio na venda de ações	170	175
Lucros retidos	2.030	2.777
Patrimônio líquido	$2.256	$3.009
Total do passivo e patrimônio líquido	$5.185	$6.430
Vendas		$20.650
Custo dos produtos vendidos		15.900
Despesa de depreciação		210
Lucro bruto		$4.540
Vendas e administração		$3.400
Amortização de goodwill		7
Lucro operacional		$1.133
Despesa de juros		135
Receita de juros		5
Lucros extraordinários		40
Dividendos preferenciais		3
Provisão para participação minoritária		5
Lucro antes de impostos		$1.035
Provisão de imposto de renda		488
Lucro disponível para acionistas ordinários		$547

O custo de capital da empresa é 10% e sua alíquota de imposto de renda marginal é de 34%.

Dada a informação financeira que temos sobre a Hobbs-Meyer, podemos calcular o EVA da empresa para o ano findo em 2001. Estes cálculos, primeiramente para o NOPAT e depois para o CAPITAL, são mostrados na Tabela 5.4. Tanto a perspectiva financeira quanto a operacional são apresentadas de forma que podemos comparar as duas abordagens. As seguintes explicações são oferecidas.

Tabela 5.4
Cálculos do NOPAT e CAPITAL para a Hobbs-Meyer Corporation ($ milhares)

NOPAT: *Perspectiva Financeira*	
	2001
Lucro disponível para acionistas ordinários	$547
Mais:	
Despesa de juros após impostos	89
Juros embutidos após impostos em arrendamentos não capitalizados	14
Dividendo preferencial	3
Provisão para participação minoritária	5
Menos: receita sobre os investimentos após impostos	(3)
Mais: mudanças nos equivalentes de capital próprio	
Aumento em reservas para impostos diferidos	16
Aumento em reservas LIFO	25
Aumento em provisões para devedores duvidosos	5
Aumento em receita diferida	5
Amortização de goodwill	7
Perdas (ganhos) incomuns após impostos	(26)
NOPAT	$686

NOPAT: *Perspectiva Operacional*		
Lucros operacionais		$1.133
Juros implícitos sobre arrendamentos não-capitalizados		21
Lucros operacionais líquidos antes de impostos (NOPBT)		$1.154
Menos: impostos base caixa		
Provisão para o imposto de renda	488	
– Aumento na reserva para impostos diferidos	16	
– Impostos marginais sobre ganhos incomuns	14	
+ Impostos marginais sobre despesa de juros	46	
+ Impostos marginais sobre juros implícitos	7	
– Imposto marginal pago pela receita sobre os investimentos	2	
Impostos base caixa		$510
Mais: mudanças nos equivalentes de capital próprio		
Aumento na reserva LIFO		25
Aumento em provisão para devedores duvidosos		5
Amortização de goodwill		7
Aumento em receita diferida		5
NOPAT		$686

Continua

Tabela 5.4 (Continuação) Cálculos do NOPAT e CAPITAL para a Hobbs-Meyer Corporation ($ milhares)		
CAPITAL: Perspectiva Financeira		
	2000	2001
Patrimônio líquido	$2.256	$3.009
Mais:		
Dívida que incorre em juros	345	242
Arrendamentos capitalizados	880	1.010
Valor presente de arrendamentos não capitalizados	200	225
Ação preferencial	20	25
Participação minoritária	25	25
Menos: títulos negociáveis	(4)	(5)
Mais: equivalentes de capital próprio		
Reserva para impostos diferidos	78	94
Reserva LIFO	175	200
Provisão para devedores duvidosos	20	25
Amortização de goodwill acumulada	73	80
Goodwill não relatado	40	40
Ganhos incomuns acumulados após impostos	(139)	(165)
Reserva para receitas diferidas	15	20
	$262	$294
CAPITAL	$3.984	$4.825
CAPITAL: Perspectiva Operacional		
Ativos totais	$5.185	$6.430
Menos:		
Títulos negociáveis	(4)	(5)
Passivos circulantes que não incorrem em juros	(1.566)	(2.005)
Mais: valor presente de arrendamentos não capitalizados	200	225
Mais: equivalentes de capital próprio		
Reserva LIFO	175	200
Provisão para devedores duvidosos	20	25
Amortização de goodwill acumulado	73	80
Goodwill não relatado	40	40
Perdas (ganhos) incomuns acumulados após impostos	(139)	(165)
	$169	$180
CAPITAL	$3.984	$4.825

NOPAT: Perspectiva Financeira. Começamos com o lucro disponível aos acionistas ordinários e adicionamos de volta todas as despesas relacionadas ao financiamento, por exemplo, despesas de juros e dividendos sobre ações preferenciais. Como parte das despesas financeiras, incluímos um custo de juros embutido, associado a arrendamentos não capitalizados. Estes ajustes são todos refeitos numa base após impostos. Nós, então, adicionamos todos os *aumentos* nos equivalentes de capital próprio: (1) para converter do sistema de competência para um sistema baseado em caixa, sendo eles aumentos em reservas, receitas diferidas e amortização de goodwill e (2) para remover os efeitos de ganhos incomuns. O NOPAT resultante é $686.000.

NOPAT: Perspectiva Operacional. Nesta abordagem, começamos com os lucros operacionais antes de impostos e adicionamos os juros implícitos antes de impostos sobre arrendamentos não capitalizados. Convertemos, então, a provisão para impostos na demonstração de resultados, relatada com base em um sistema de competência, para um sistema baseado em caixa. Também reconhecemos quaisquer efeitos fiscais dos custos financeiros e ganhos incomuns. Finalmente, adicionamos o *aumento* nos equivalentes de capital próprio para converter de um sistema de competência para um sistema base caixa. Novamente, encontramos um NOPAT de $686.000.

CAPITAL: Perspectiva Financeira. Para calcular o CAPITAL de acordo com a perspectiva financeira, tomamos o investimento em ações ordinárias e adicionamos todas as fontes de dívida, exceto passivos circulantes que não incorrem em juros (por exemplo, contas a pagar e despesas operacionais diferidas), ações preferenciais e participações minoritárias. Subtraímos quaisquer ativos não operacionais, neste caso os títulos negociáveis. Finalmente, adicionamos os equivalentes de capital próprio – não somente os aumentos, como fizemos com o NOPAT, mas os montantes totais. Encontramos um CAPITAL de $3.984.000 e $4.825.000 aos finais dos anos 2000 e 2001, respectivamente.

CAPITAL: Perspectiva Operacional. Desta vez começamos com os ativos totais de uma empresa como relatados no balanço patrimonial e subtraímos os títulos negociáveis e o exigível não oneroso; adicionamos o valor presente dos arrendamentos não capitalizados; e finalmente adicionamos os equivalentes de capital próprio relacionados às contas de ativos da empresa, tais como a amortização de goodwill e ganhos incomuns acumulados. Não deve ser nenhuma surpresa que as contas de CAPITAL da empresa novamente sejam iguais a $3.984.000 e $4.825.000 como encontramos sob a perspectiva financeira.

Agora que conhecemos o NOPAT e o CAPITAL para a Hobbs-Meyer Corporation, podemos calcular facilmente seu EVA para o ano de 2001:

$$EVA = NOPAT - \text{Custo de capital} \times CAPITAL \text{ inicial}$$

$$= \$686.000 - (10\% \times \$3.984.000) = \$288.000$$

Alternativamente, podemos calcular o EVA como

$$EVA = (\text{Retorno sobre o capital} - \text{Custo de capital}) \times CAPITAL \text{ inicial}$$

onde

$$\text{Retorno sobre o capital} = \frac{NOPAT}{CAPITAL} = \frac{\$686.000}{\$3.984.000} = 17,22\%[5]$$

Assim,

$$EVA = (17,22\% - 10\%) \times \$3.984.000 = \$288.000$$

Portanto, podemos concluir que a Hobbs-Meyer gerou $288.000 em valor para seus acionistas ao obter um retorno de 17,22% sobre o capital inicial investido de $3.984.000, comparado a um custo de capital médio ponderado de 10%.

Do EVA para o MVA

O principal objetivo da gestão não é aumentar o retorno sobre o capital investido; nem é aumentar um único EVA. Um EVA individual não captura a percepção dos investidores quanto à habilidade da gestão em gerar EVAs positivos em anos futuros. Afinal, é o valor presente dos EVAs futuros que determinará o valor de mercado de uma empresa. Por este motivo, precisamos de uma medida adicional para entender como os mercados estão avaliando a estratégia de uma empresa em gerar futuros EVAs. Esta medida é o valor de mercado adicionado (MVA).

O MVA é a diferença entre o valor de mercado de uma empresa e o capital investido. Em outras palavras, o MVA é o prêmio que o mercado oferece a uma empresa sobre e acima do montante que os investidores investiram nela, com base nas expectativas do mercado quanto aos futuros EVAs. Anteriormente, indicamos que a diferença entre o valor de mercado de uma empresa e o capital é igual ao valor presente de todo o lucro residual futuro. Uma vez que o EVA é uma forma modificada do lucro residual, podemos concluir que o MVA é igual ao valor presente de todos os EVAs futuros.

Herman Miller, Inc. e o EVA

A Herman Miller, Inc. é uma distribuidora multinacional de móveis residenciais, hospitalares e de escritório e fornecedora de serviços. A empresa tem sido uma das proponentes mais fortes do EVA. Pelos últimos três anos a gestão relatou os EVAs da empresa em seus relatórios anuais. Abaixo, são mostrados seus cálculos para o EVA e os comentários relevantes.

Cálculos do Valor Econômico Agregado

($ milhares)	1999	1998	1997
Lucro operacional	$224.313	$208.295	$130.683
Desinvestimentos	–	–	14.500
Despesa de juros sobre arrendamentos não capitalizados[a]	4.701	4.166	4.509
Amortização de goodwill	3.001	6.161	4.725
Outros	4.621	13.765	5.093
Aumento (decréscimo) em reservas	(4.293)	1.290	18.649
Pesquisa e design capitalizados	3.657	2.101	2.819
Lucro operacional ajustado	$235.370	$235.778	$180.978
Impostos base caixa[b]	(83.607)	(90.703)	(72.091)
Lucro líquido operacional após impostos (NOPAT)	$151.763	$145.075	$108.887
Capital médio ponderado empregado[c]	$551.600	$606.018	$617.727
Custo de capital médio ponderado[d]	11%	11%	11%
Custo do capital[e]	60.676	66.662	67.950
Valor Econômico Agregado	$91.087	$78.413	$40.937

a. Juros embutidos como se os pagamentos totais por arrendamentos não canceláveis fossem capitalizados'.
b. A provisão para imposto de renda corrente é ajustada para o impacto tributário estatutário da despesa de juros.
c. Ativos totais menos passivos que não incorrem em juros mais o LIFO, provisão para devedores duvidosos, reservas de garantia, goodwill amortizado, perdas sobre vendas da operação manufatureira alemã, impostos diferidos, custos de reestruturação e despesas com pesquisa e design capitalizados. Despesas com pesquisa e design capitalizadas e amortizadas ao longo de cinco anos.
d. Estimativa da gestão da média ponderada dos retornos mínimos requeridos sobre o capital próprio e o capital de terceiros para os provedores do capital.
e. Custo do capital é o custo do capital da empresa em dólares e é igual à média ponderada do capital empregado vezes o custo de capital médio ponderado.

Existem dois cenários possíveis que podem ocorrer. Ou o valor de mercado do capital é maior do que o capital investido, o que significa que o MVA é positivo, ou o valor de mercado é menor do que o capital investido. No primeiro cenário, os investidores acreditam que a gestão irá obter mais do que o custo de capital da empresa. Como resultado, eles designam um valor maior do que o capital investido. Porém, no segundo cenário, os investidores estão sinalizando que não acreditam que a empresa irá satisfazer suas taxas de retorno requeridas. O que estamos observando é extremamente similar a uma análise de valor presente líquido (NPV) para um projeto individual. O NPV de um projeto é positivo se a taxa de retorno interna esperada for maior do que o custo de capital, e negativo caso contrário. O que os gestores devem almejar é a maximização do MVA, assim como trabalham para maximizar o NPV sobre projetos.

O mercado reconhece e impõe a criação de valor ao conceder um múltiplo de capital investido em excesso de 1,0. Alguns chamam isso de *teste de um dólar*. Warren Buffett descreve o uso do teste de um dólar em uma carta aos acionistas da Berkshire Hathaway. Ele escreveu: "É nossa função selecionar negócios com características econômicas que permitam que cada dólar de lucros retidos seja eventualmente traduzido em pelo menos um dólar de valor de mercado."

A Marakon Associates, uma empresa de consultoria que se focaliza na medida de desempenho e planejamento baseados no valor, afirma que, segundo sua experiência, 100% do valor gerado para a maioria das empresas concentram-se em menos do que 50% do capital empregado. Se isto for verdade, permanecem ainda oportunidades substanciais para as gestões de muitas empresas desbloquearem seu valor (Mauboussin, 1995).

Tabela 5.5
As 25 Empresas com Melhor MVA da Lista Performance 1000 da Stern Stewart para 1999

Ranking MVA	Nome da Empresa	MVA	EVA	Capital	Retorno sobre o Capital (%)	Custo de Capital (%)
1	Microsoft	$328.257	$3.776	$10.954	56.2	12.6
2	General Electric	285.320	4.370	65.298	19.3	11.9
3	Intel	166.902	4.280	23.626	35.4	12.9
4	Wal-Mart Stores	159.444	1.159	36.188	13.2	9.8
5	Coca-Cola	157.536	2.194	13.311	31.2	11.2
6	Merck	153.170	4.175	29.550	30.0	11.9
7	Pfizer	148.245	1.052	14.631	18.3	11.4
8	Cisco Systems	135.650	1.849	6.509	38.2	13.1
9	Lucent Technologies	127.265	1.514	31.448	17.5	11.6
10	Bristol-Myers Squibb	119.350	2.273	15.883	26.8	11.3
11	IBM	116.572	(1.058)	73.891	10.1	11.7
12	Exxon	114.774	(2.262)	84.599	6.2	8.8
13	Procter & Gamble	102.379	1.661	27.997	17.6	10.8
14	Philip Morris	98.657	5.180	47.121	21.2	9.1
15	Johnson & Johnson	92.568	1.712	24.395	19.5	10.9
16	Dell Computers	90.302	1.447	1.004	200.7	14.0

Continua

Tabela 5.5 (Continuação) As 25 Empresas com Melhor MVA da Lista Performance 1000 da Stern Stewart para 1999					
Ranking MVA	Nome da Empresa	MVA	EVA	Capital	Retorno sobre o Capital (%)	Custo de Capital (%)
17	Eli Lilly	87.890	1.548	12.276	23.0	10.2
18	Home Depot	81.285	813	11.452	18.3	9.8
19	SBC Communications	79.956	2.219	53.120	13.9	8.5
20	WorldCom	77.032	(3.585)	86.364	6.0	12.6
21	Schering-Plough	75.620	1.298	6.158	38.1	12.0
22	BellSouth	74.322	1.122	38.297	11.3	8.2
23	America Online	70.861	38	2.234	18.9	16.7
24	AT&T	66.667	(1.314)	68.916	7.9	9.8
25	Abbot Laboratories	65.924	1.347	12.001	22.5	9.9

Fonte: www.sternstewart.com

No Capítulo 1, mostramos os cinco primeiros e cinco últimos geradores de riqueza para a lista anual da Stern Stewart & Co. de empresas classificadas pelo MVA. Na Tabela 5.5, expandimos a lista para as 25 "melhores" empresas geradoras de riqueza em 1999 (com base em dados de 1998). Na tabela, apresentamos não somente o MVA, mas também foram mostrados os EVAs. Claramente, não há uma ligação perfeita entre o MVA de uma empresa e seu EVA relatado. Como já sugerimos, o MVA representa a avaliação do mercado dos EVAs futuros da empresa, em oposição a um único EVA histórico, como relatado aqui. Também é interessante notar a diversidade das empresas que estão na lista, desde empresas de alta tecnologia até lojas de produtos domésticos. Entretanto, as empresas de alta tecnologia e de comunicações certamente estão muito bem representadas na lista.

Mais do que um Exercício Financeiro

À medida que você lê sobre e conhece executivos que integraram o EVA ao sistema de gestão de suas empresas, você não pode evitar notar o entusiasmo – e até mesmo a excitação – sobre o que o uso do EVA já fez pela cultura e pelos processos das empresas. Freqüentemente, é mais uma ideologia e um sistema de valores do que uma análise quantitativa. Para muitos, ele se torna o paradigma através do qual eles enxergam seus negócios. Em um seminário feito pela Stern Stewart & Co., Bennett Stewart falou sobre os "pontos fundamentais do EVA", ou o que consideramos os valores centrais que a Stern Stewart acredita que devem ser seguidos através do uso eficiente do EVA dentro de uma empresa. Algumas destas idéias incluem:

- A governança corporativa deve incluir todos e todos devem se sentir parte da geração de valor para o acionista.

- O EVA é o lucro de uma empresa menos um lucro requerido; é como se nós não possuíssemos nada e alugássemos tudo, porém é mais do que uma medida do lucro econômico – é também uma medida do valor adicionado pela gestão, como se a empresa tivesse passado por uma compra alavancada (LBO).

- O EVA deve proporcionar uma visão compartilhada; ele é *o* sistema de gestão financeira. Para se obter o benefício do EVA, devemos utilizá-lo para *tudo*; caso contrário, não será eficiente; ele se torna muito complexo se for utilizado somente em determinadas áreas.

- Os gestores devem pensar e ser pagos como proprietários, tanto visceralmente quanto economicamente. Quando a gestão gera valor, eles devem ter parte no valor criado. O EVA diz: "Vamos dividir o aumento no valor", o que é diferente de um bônus. Dividir o valor, em oposição a receber um bônus, é o que direciona o comportamento.

Portanto, achar que o EVA é simplesmente calcular um número – por mais informativo que possa ser – se desvia do ponto que a Stern Stewart & Co. quer que nós compreendamos sobre o EVA. Em seus seminários e no que escrevem, você ouve mais sobre como pensar a respeito de questões financeiras do que sobre como calcular o EVA. Como Joel Stern sempre diz: "Qualquer um pode calcular o EVA de uma empresa, mas é a maneira como o EVA é utilizado que faz a diferença." Ehrbar (1998), um vice-presidente sênior na Stern Stewart & Co., diria-nos que utilizar simplesmente o EVA como um ponto de referência provavelmente não vale a pena. Ele, juntamente com Stewart (1991), argumenta veementemente que se o EVA deve fazer diferença, ele deve se tornar *o* sistema de gestão financeira em toda a organização, incluindo seu relacionamento direto com a remuneração de incentivo desde o presidente até o chão de loja. Se assim for, eles sugerem que quatro benefícios se seguirão:[6]

- O EVA se apóia em uma nova e melhor medida do retorno sobre o capital investido que remove todos os lançamentos contábeis que podem distorcer informações econômicas sobre a empresa e transmitir uma visão enganosa aos investidores e à gestão acerca do desempenho financeiro de sua empresa.

---

[6] Para uma declaração mais completa da Stern Stewart & Co. do que eles acreditam ser os benefícios da utilização do EVA, consulte seu site na Web em http://www.sternstewart.com.

- O EVA proporciona um critério novo e melhorado para a avaliação de decisões operacionais e estratégicas de uma empresa, incluindo seu planejamento estratégico, alocação de capital, precificação de aquisições ou desinvestimentos e o estabelecimento de metas.
- O EVA, combinado ao plano de bônus correto, pode emanar um sentido de urgência juntamente com uma perspectiva de proprietário; os gestores pensarão e agirão como proprietários, pois são pagos como proprietários.
- Um sistema EVA pode mudar a cultura de uma empresa ao facilitar as comunicações e a cooperação entre divisões e departamentos. Como tal, pode ser um elemento-chave da governança corporativa interna de uma empresa.

Assim, se aplicado como defende a Stern Stewart & Co., o EVA busca proporcionar os incentivos gerenciais corretos para a mudança de comportamento, incluindo o modo como o capital é utilizado, em vez de servir apenas como uma ferramenta de análise financeira. Esta é a principal mensagem que a Stern Stewart & Co. quer nos passar.

Resumo

O EVA se baseia no conceito do lucro residual. Para o responsável pela contabilidade financeira, não há custo pelo capital próprio. Porém, para o economista financeiro e para o gestor contábil, há um custo associado ao uso do capital próprio – o custo de oportunidade destes fundos. Após considerar este custo, obtemos o lucro residual. Mas o EVA é mais do que o lucro residual; ele tem também a intenção de eliminar as "distorções" criadas pela contabilidade tradicional, que não fazem nenhum sentido econômico.

Matematicamente, o EVA é calculado como segue:

$$\text{EVA} = \text{Lucro líquido operacional após impostos} - (\text{Custo de capital} \times \text{CAPITAL inicial})$$

onde o lucro líquido operacional após impostos (NOPAT) e CAPITAL foram representados numa base de caixa, ou o mais próximo disso que podemos chegar.

O valor de uma empresa pode ser expresso em termos de EVA, o que resultará no mesmo valor da empresa que o valor presente dos fluxos de caixa livres. Isto é,

$$\text{Valor da empresa} = \text{Valor presente dos fluxos de caixa livres futuros} = \text{Capital investido} + \text{Valor presente dos EVAs futuros}$$

O EVA nos obriga a concentrar em três maneiras de aumentar o valor:
- Aumentar a taxa de retorno obtida sobre a base de capital existente; isto é, gerar mais lucros operacionais sem comprometer mais capital no negócio.
- Investir o capital adicional em projetos que tenham retornos maiores do que o custo de obter o novo capital.
- Liquidar o capital de, ou ao menos diminuir investimentos adicionais em, operações onde retornos inadequados estão sendo obtidos.

Algumas empresas produzem EVAs significativamente positivos ao investir em um grande número de projetos com retornos modestamente acima do custo de capital. Outras empresas alcançam resultados excelentes ao investir em um número limitado de projetos de alto retorno.

O principal objetivo da gestão não é aumentar o retorno sobre o capital investido; também não é o aumento de um único EVA. Um EVA individual não captura a percepção dos investidores com relação à habilidade da gestão em gerar EVAs positivos nos anos futuros. Afinal, é o valor presente dos EVAs futuros que determina o valor de mercado de uma empresa. Por este motivo, necessitamos de uma medida adicional para entender como os mercados estão avaliando as perspectivas de uma empresa em gerar EVAs futuros. Esta medida é o valor de mercado adicionado (MVA). O MVA é a diferença entre o valor de mercado de uma empresa e o capital investido. Em outras palavras, o MVA é o prêmio que o mercado concede a uma empresa acima e além do montante que os investidores aplicaram nela, baseando-se nas expectativas do mercado quanto aos EVAs futuros.

O principal propósito do EVA é proporcionar uma resposta à questão: A gestão está gerando valor para seus acionistas? Entretanto, achar que o EVA é simplesmente sobre calcular um número – por mais informativo que possa ser – se desvia do ponto que a Stern Stewart & Co. quer que nós compreendamos sobre o EVA. Se o EVA é utilizado puramente como uma medida financeira, poucos dos benefícios reais se realizarão pela sua utilização. De fato, a Stern Stewart sustenta que o EVA oferece quatro vantagens se usado adequadamente. Em resumo, a intenção é usar o EVA como uma ferramenta *comportamental* para alterar a utilização do capital e outros incentivos em vez de somente utilizá-lo como uma ferramenta de análise financeira.

Apêndice 5A

Lucro Residual e Dividendos Descontados

Para comparar o lucro residual e o valor presente de dividendos, nos baseamos no conceito da contabilidade tradicional, o que significa que todos os ganhos e perdas que afetam o valor de livro de uma empresa também estão incluídos em seus lucros.[7] Isto é, a mudança no valor de livro de período a período do ($BV_t - BV_{t-1}$) é igual a lucros (P_t) menos o pagamento de quaisquer dividendos (D_t) e, portanto,

$$P_t = D_t + (BV_t - BV_{t-1}) \qquad (A.1)$$

Resolvendo para dividendos no ano t, obtemos

$$D_t = P_t - (BV_t - BV_{t-1}) \qquad (A.2)$$

O lucro residual no período t (RI_t) demonstrado em termos de valor de capital próprio (e não da empresa) para o período t pode ser expresso como segue:

$$RI_t = P_t - kBV_{t-1} \qquad (A.3)$$

onde k é o retorno requerido sobre o capital próprio, que assumimos ser o mesmo para todos os períodos.

O valor do dividendo descontado do capital próprio de uma empresa na data 0 (E_0) pode ser escrito da seguinte maneira:

$$E_0 = \sum_{t=1}^{\infty} \frac{D_t}{(1+k)^t} \qquad (A.4)$$

Se resolvermos P_t na equação (A.2) e substituirmos na equação (A.3) os resultados são:

---

[7] Verifique que, por efeito de simplificação, esta explicação do cálculo de valor do lucro residual é baseada em uma empresa totalmente financiada com capital próprio. Isto é, lucros são líquidos e após impostos (e não o lucro líquido operacional após impostos) e o custo de oportunidade do capital é o custo do capital próprio (e não o custo de capital médio ponderado).

$$D_t = RI_t + (1 + k) BV_{t-1} - BV_t \qquad (A.5)$$

Agora, substituindo a equação (A.5) por D_t na equação (A.3), obtemos o seguinte resultado:

$$E_0 = \frac{RI_1 + (1+k)BV_0 - BV_1}{(1+K)^1} + \frac{RI_2 + (1+k)BV_1 - BV_2}{(1+k)^2} +$$

$$+ \frac{RI_3 + (1+k)BV_2 - BV_3}{(1+k)^3} + \ldots \qquad (A.6)$$

Ao combinar os termos na equação (A.6), obtemos

$$E_0 = BV_0 + \left(\frac{RI_1}{(1+K)^1} - \frac{BV_1}{(1+k)^1}\right) + \left(\frac{RI_2}{(1+k)^2} - \frac{BV_2}{(1+k)^2} + \frac{BV_1}{(1+k)^1}\right) +$$

$$+ \left(\frac{RI_3}{(1+k)^3} - \frac{BV_3}{(1+k)^3} + \frac{BV_2}{(1+k)^2}\right) + \ldots \qquad (A.7)$$

Simplificando a equação, chegamos a

$$E_0 = BV_0 + \left(\frac{RI_1}{(1+k)^1}\right) + \left(\frac{RI_2}{(1+k)^2}\right) + \left(\frac{RI_3}{(1+k)^3} - \frac{BV_3}{(1+k)^3}\right) + \ldots \qquad (A.8)$$

e se estendermos a expressão para $t = \infty$ e pressupomos que $\dfrac{BV_\infty}{(1+k)^\infty} \to 0$, então

$$E_0 = BV_0 + \sum_{t=1}^{\infty} \frac{RI_t}{(1+k)^t} \qquad (A.9)$$

Assim, o modelo de dividendos descontados pode ser reescrito em termos de valor de livro e lucro residual (ou lucro econômico), o que não é verdadeiro para os lucros contábeis baseados no GAAP. Esta redefinição é possível, pois o lucro residual incorpora uma despesa por todo o capital, tanto para o exigível como para o capital próprio, assim como é feito na determinação dos lucros econômicos, P_t.

Referências

"China to Appraise Companies Using Economic Value Added Method." ChinaOnline LLC, 12 de maio de 2000.

Drucker, Peter. "The Information Executives Truly Need." *Harvard Business Review* (janeiro-fevereiro de 1995), 73.

Einhorn, Steve. "EVA® and Return on Capital: Roads to Shareholder Wealth." Goldman Sachs & Co. U.S. Research Group, Selected Transcripts, 9 de junho de 1997.

Ehrbar, Al. *EVA: The Real Key to Creating Wealth.* New York: John Wiley & Sons, 1999.

Finegan, P. T. "Financial Incentives Resolve the Shareholder-Value Puzzle." *Corporate Cashflow* (outubro de 1989): 27-32.

Mauboussin, Michael J. "Wealth Maximization Should Be Management's Prime Goal." C. S. First Boston, Equity Research-Americas, 13 de dezembro de 1995.

O'Byrne, Stephen F. "Does Value Based Management Discourage Investment in Intangibles?" Working Paper, 1º de março de 1999.

Seleção de artigos sobre o EVA que aparecem no *Journal of Applied Corporate Finance.* Vol. 12, nº 2 (Verão de 1999).

Stewart, G. Bennett, III. *The Quest for Value.* New York: HarperBusiness, 1991.

Tully, Shawn. "The Real Key to Creating Wealth." *Fortune* (20 de setembro de 1993): 38-50.

Capítulo 6

A Avaliação de Desempenho Utilizando Taxas de Retorno

> *A escolha apropriada do critério [para a escolha de um investimento] depende da natureza do investidor... Dois objetivos, no entanto, são comuns a todos os investidores: 1. Eles querem que o "retorno" seja alto. A definição apropriada de "retorno" pode variar de investidor para investidor. Porém, qualquer que seja o sentido apropriado, eles preferem mais retorno a menos. 2. Eles desejam que o retorno seja estável, confiável e não sujeito a incertezas.*
>
> Harry M. Markowitz, *Portfolio Selection* (1959)

Do mesmo modo que o valor econômico agregado e o valor de mercado adicionado são associados à Stern Stewart & Co., o retorno sobre o investimento base caixa e o valor adicionado base caixa (CVA) são associados ao Boston Consulting Group (BCG) e HOLT Value Associates. O BCG trabalha principalmente com diretores de planejamento estratégico de grandes empresas publicamente negociadas e o HOLT Value Associates tem-se devotado ao aconselhamento de administradores de fundos.[1] Em ambos os casos, as ferramentas utilizadas – retorno sobre o investimento base caixa e valor adicionado base caixa – são as mesmas.

Os capítulos 4 e 5 concentraram-se nas medidas de desempenho financeiro baseadas em fluxos de caixa e valor adicionado. O elo teórico entre va-

---

[1] Estamos em dívida com Mike Kuldanek e Rawley Thomas do Boston Consulting Group por suas contribuições significativas a este capítulo. O BCG e HOLT Value Associates têm uma cultura em comum no sentido em que ambos os grupos surgiram do HOLT Planning Associates. HOLT é um acrônimo do sobrenome de quatro pessoas, Bob Hendricks, Eric Olsen, Marvin Lipson e Rawley Thomas. Antes de formar o HOLT Planning Associates, em 1985, estes participantes trabalhavam na Callard Madden Associates. Em 1991, as duas entidades foram formadas, com o BCG/HOLT concentrando seus esforços em aplicações para empresas dentro do Boston Consulting Group e o HOLT Value Associates desenvolvendo produtos de consultoria para gestão de tesouraria das empresas. Em 1997, o BCG/HOLT foi completamente integrado ao BCG e o nome BCG/HOLT foi abandonado.

lor e valor adicionado é ilustrado na Figura 6.1, que mostra que o valor presente de todos os EVAs futuros somado ao capital investido na empresa é igual ao valor presente dos fluxos de caixa livres. A questão central é que a criação de valor é expressa em termos de dólares. Todo aluno de finanças básicas sabe que há uma taxa de retorno análoga a essas métricas de desempenho baseadas em dólares que é geralmente chamada de taxa de retorno interna. Ao promover a utilização de uma métrica baseada em taxa de retorno, o BCG sustenta que o uso de taxas de retorno percentuais facilita a comparação do retorno aos custos do capital e o teste empírico dos modelos de fluxo de caixa que empregam estas taxas de retorno como principais direcionadores. Ela também elimina as distorções em tamanho inerentes ao uso das métricas de desempenho baseadas em valores em dólar ou valor adicionado em dólar quando da comparação entre projetos, divisões ou empresas.

Embora o procedimento para estimar a taxa de retorno de uma empresa possa se tornar um pouco tedioso às vezes, o conceito é bastante simples. Muito parecido com a taxa de juros obtida em uma conta de poupança, de-

Figura 6.1
Fluxos de Caixa Livres e EVAs Produzem o Mesmo Valor da Empresa

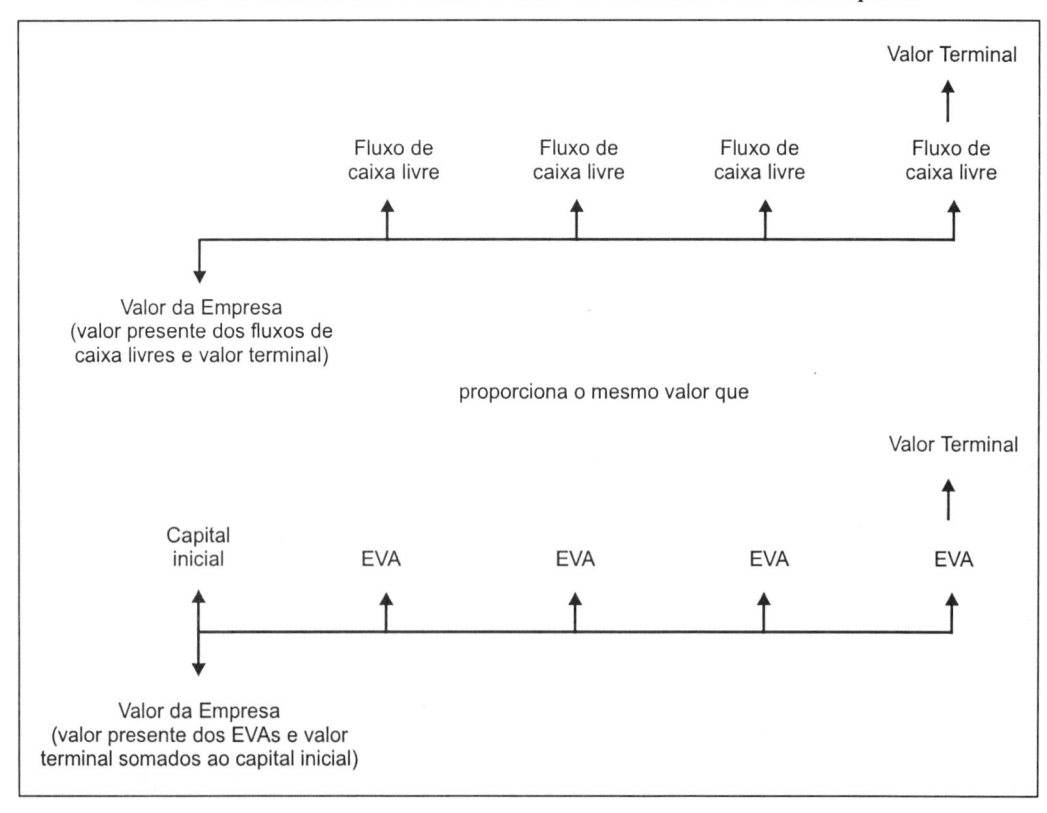

sejamos saber o retorno caixa sobre caixa que está sendo obtido. Os investidores fazem investimentos em caixa e esperam receber fluxos de caixa em retorno. Se estão satisfeitos com o investimento, depende da taxa de retorno obtida sobre o investimento comparada a algum retorno mínimo aceitável.

Dois conceitos constituem a base para os modelos apresentados neste capítulo: retorno total do acionista (TSR ou Total Shareholder Return) e retorno total do negócio (TBR ou Total Business Return). As manifestações operacionais destes conceitos quando aplicados à gestão baseada em valor são duas métricas de desempenho: retorno sobre o investimento base caixa (CFROI ou Cash Flow Return on Investment) e o valor adicionado base caixa (CVA ou Cash Value Added).[2]

Após definir e desenvolver cuidadosamente estas métricas, ilustramos seu uso com um exemplo para a Motorola Corporation. Finalmente, no apêndice do capítulo, explicamos o raciocínio para alguns dos ajustes mais comuns feitos pelo BCG e HOLT às demonstrações financeiras baseadas em princípios contábeis geralmente aceitos (GAAP) quando se calculam CFROI e CVA.

Adotando a Perspectiva da Taxa de Retorno – TSR e TBR

Deparamo-nos com medidas de desempenho baseadas em taxa de retorno quase que diariamente. Por exemplo, o jornal nos diz se a média Dow Jones subiu (ou caiu) em algum percentual. Este aumento (decréscimo) percentual na média Dow Jones reflete o que os economistas financeiros chamam de valorização (desvalorização) no preço que, quando combinada à medida de retorno de dividendos, mede a *taxa* de retorno que os investidores obtêm pela participação acionária em uma empresa ao longo de um período de tempo. O BCG chama esta medida de retorno de *retorno total do acionista* (TSR).

Se o retorno total do acionista deve ser utilizado como a base para um sistema de gestão baseado em valor, então é necessária uma contraparte *interna* que possa ser "gerenciada" em um esforço de melhorar o TSR de uma empresa. Para o BCG, o *retorno total do negócio* (TBR) preenche essa necessidade. A utilização do TBR é muito parecida com outros métodos de gestão baseada em valor (cálculo de valor pelo fluxo de caixa livre e valor econômico agregado): nós podemos ligar o TBR de uma empresa aos seus direcionadores de valor.

---

[2] À medida que o BCG trabalha com todas essas métricas, a HOLT Value Associates restringe seu interesse ao TSR e CFROI.

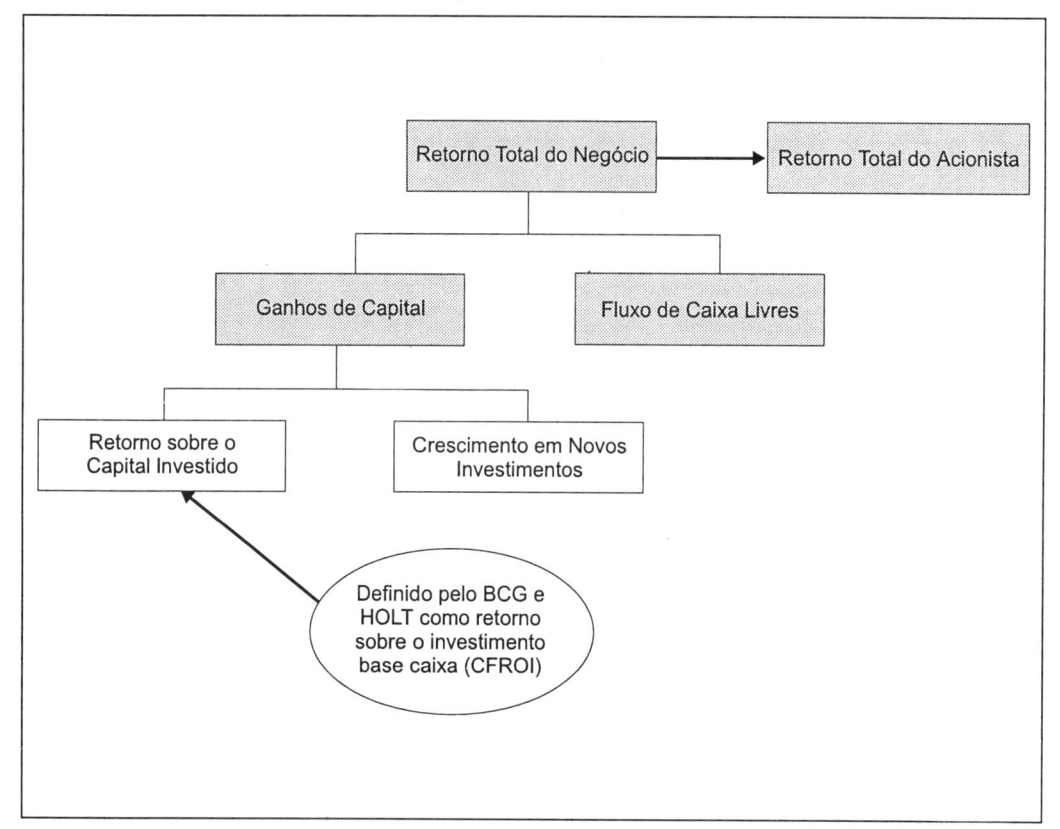

Figura 6.2
Retorno total do negócio e os direcionadores de valor

```
                    ┌─────────────────────┐        ┌──────────────────────┐
                    │ Retorno Total do    │───────▶│ Retorno Total do     │
                    │ Negócio             │        │ Acionista            │
                    └─────────┬───────────┘        └──────────────────────┘
                              │
                   ┌──────────┴──────────┐
          ┌────────────────┐    ┌──────────────────┐
          │ Ganhos de      │    │ Fluxo de Caixa   │
          │ Capital        │    │ Livres           │
          └────────┬───────┘    └──────────────────┘
                   │
         ┌─────────┴──────────┐
┌──────────────────┐   ┌──────────────────┐
│ Retorno sobre o  │   │ Crescimento em   │
│ Capital Investido│   │ Novos            │
└────────▲─────────┘   │ Investimentos    │
         │             └──────────────────┘
         │      ╭───────────────────╮
         └──────│ Definido pelo BCG e│
                │ HOLT como retorno  │
                │ sobre o investimento│
                │ base caixa (CFROI) │
                ╰───────────────────╯
```

Esta ligação entre o TSR e o TBR e os direcionadores de valor relacionados é mostrada na Figura 6.2, onde os direcionadores de valor básicos são mostrados como sendo a lucratividade medida pelo retorno sobre o capital investido; crescimento em novos investimentos; e fluxos de caixa livres sendo gerados. O BCG e HOLT sugerem que o CFROI é uma medida útil do retorno que uma empresa obtém sobre seu capital investido.

Podemos pensar no TBR como um retorno de período único, calculado como segue:

$$\text{TBR} = \left(\frac{\text{Fluxo de caixa livre}}{\text{Valor inicial}}\right) + \left(\frac{\text{Valor final} - \text{Valor inicial}}{\text{Valor inicial}}\right) \quad (6.1)$$

onde os valores iniciais e finais são estimativas dos valores de mercado da empresa ou unidade de negócios no início e no final do período.

Alternativamente, poderíamos usar o cálculo da taxa de retorno interna convencional (IRR) para medir o TBR ao longo de períodos múltiplos:[3]

$$\text{Valor de mercado inicial} = \frac{\text{Fluxo de caixa livre no ano 1}}{(1+\text{TBR})^1} + \frac{\text{Fluxo de caixa livre no ano 2}}{(1+\text{TBR})^2} + \ldots + \frac{\text{Fluxo de caixa livre no ano } N}{(1+\text{TBR})^N} + \frac{\text{Valor final no ano } N}{(1+\text{TBR})^N} \quad (6.2)$$

O BCG calcula o TBR utilizando uma abordagem singular chamada *modelo de convergência do capital total*, ou *modelo de cálculo de valor instantâneo*.[4] O BCG sustenta que uma maior precisão é obtida nas estimativas de cálculo de valor ao reconhecer que os retornos sobre o investimento e as taxas de crescimento de uma empresa irão convergir ao longo do tempo em direção a uma média nacional. Isso reflete a crença de que os investidores não pagarão por retornos sustentáveis acima da média.

Bartley Madden (1999, pp. 18, 19, 21) da Holt Value Associates explica:

> *Quando as empresas têm sucesso em alcançar retornos acima da média, os concorrentes são atraídos por retornos superiores e tentam servir ao cliente de modo ainda mais eficiente. O processo competitivo tende a forçar para baixo empresas com altos CFROIs em direção à média. Empresas que obtêm CFROIs abaixo do custo de capital são eventualmente forçadas a reestruturar e/ou diminuir em tamanho de forma a obter ao menos o custo de capital, ou eventualmente cessarão suas operações... Todo o mais mantido constante, mais valor é criado quando CFROIs acima do custo de capital são combinados a uma maior base de ativos. Mas como tendência, uma maior taxa de crescimento em ativos diminui os CFROIs. Portanto, a exposição completa do ciclo de vida de uma empresa inclui tanto os CFROIs como as taxas reais de crescimento em ativos.*

Por exemplo, para calcular o valor de uma empresa, o BCG começaria com o CFROI e taxa de crescimento atuais como pontos de partida e então "convergiria" esses números às médias nacionais ao longo de 40

---

[3] Alternativamente, poderíamos empregar a média geométrica dos retornos anuais, que pressupõe o reinvestimento dos fluxos de caixa livres anuais ao valor naquele momento em vez da taxa de retorno interna.

[4] Em muitos trabalhos para clientes, o BCG também sugere empregar os múltiplos de fluxo de caixa (chamado "TBR-Lite") como uma simplificação para o cálculo de valor de unidades de negócios operacionais. Esta abordagem de múltiplos evita as complexidades da utilização de um modelo de cálculo de valor completo como o Modelo de Convergência enquanto proporciona respostas direcionalmente corretas às questões de gestão estratégica de valor.

TSR e a Procter & Gamble

A Procter & Gamble é uma grande defensora da utilização da métrica TSR e proporciona a cada empregado um livreto intitulado *An Employee's Guide to Total Shareholder Return*. O livreto explica a importância da geração de valor ao acionista como medido pelo TSR. A métrica é utilizada tanto no nível corporativo como em cada unidade de negócios. Os empregados da P & G são encorajados a pensar sobre como podem contribuir para melhorar a taxa de retorno para os acionistas da empresa. Os direcionadores de valor da empresa são os seguintes:

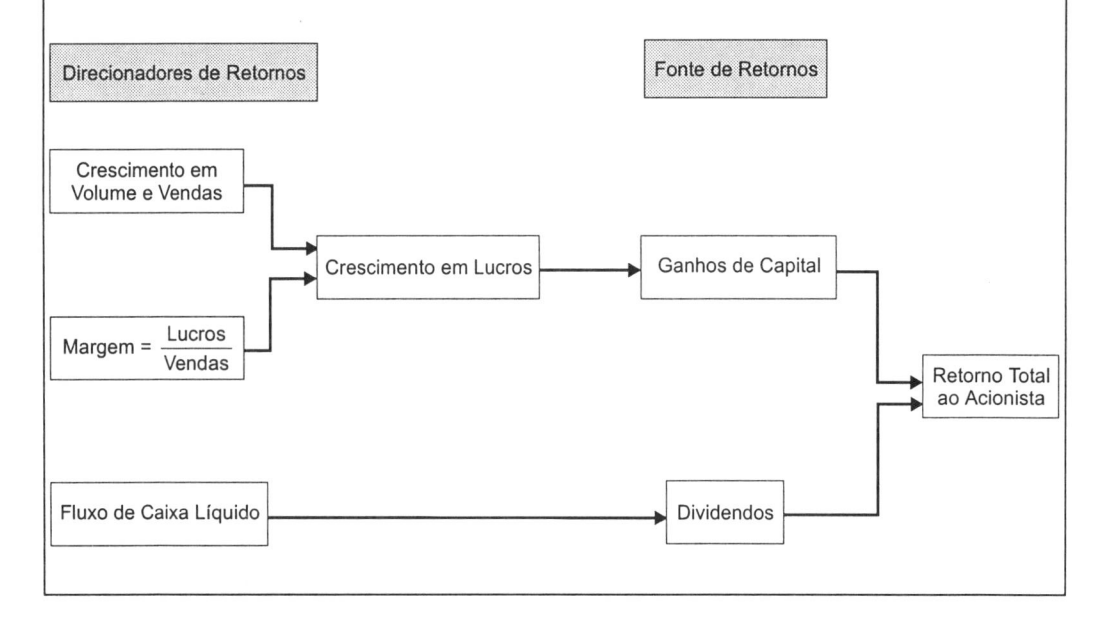

```
Direcionadores de Retornos                    Fonte de Retornos

 Crescimento em
 Volume e Vendas ─┐
                  ├─→ Crescimento em Lucros ─→ Ganhos de Capital ─┐
        Lucros    │                                                ├─→ Retorno Total
 Margem = ─────  ─┘                                                │    ao Acionista
        Vendas                                                     │
                                                                   │
 Fluxo de Caixa Líquido ──────────────────────→ Dividendos ────────┘
```

anos.[5] O BCG prefere utilizar o CFROI e a taxa de crescimento atuais de uma empresa na análise em vez das estimativas de analistas ou estrategistas.

O BCG usa a métrica TBR de duas maneiras: como base para um modelo de cálculo de valor e para a avaliação de desempenho. Para aplicar o TBR aos cálculos de valor de empresas, o BCG projeta os fluxos de caixa tanto para os ativos atualmente em funcionamento quanto para quaisquer novos investimentos que provêm do crescimento planejado. O TBR também é utilizado puramente como uma ferramenta para a avaliação de desempenho

---

[5] O período de quarenta anos reflete o fato de que nenhuma empresa sobrevive até a perpetuidade; ele representa um período de tempo longo o suficiente para que o valor residual dos ativos existentes além dos quarenta anos seja relativamente insignificante ao cálculo de valor. O BCG está trabalhando para melhorar esta abordagem ao refletir o fechamento da saída real de empresas e sua liberação do capital ao valor de mercado.

da gestão com relação ao mercado, aos principais concorrentes ou ao custo de capital. Por exemplo, a gestão da Procter & Gamble compara seus retornos contra um grupo de concorrentes em seu setor, buscando estar no primeiro terço deste grupo.

Concluindo, o TBR incorpora os retornos (CFROIs) tanto para os ativos em funcionamento quanto para o crescimento em ativos, num esforço de capturar a ligação entre o desempenho de uma empresa e os retornos aos acionistas. Assim, o CFROI é um determinante importante do TBR de uma empresa. Além disso, muitas companhias se baseiam exclusivamente no CFROI da empresa ou nos ativos das unidades de negócios, ignorando o crescimento em ativos, como sua medida de desempenho da gestão. Eles simplesmente querem saber com qual eficiência a gestão esteve usando os ativos existentes, sem qualquer preocupação com qualquer valor atribuível a planos futuros.

Retorno sobre o Investimento Base Caixa (CFROI)

O CFROI representa uma medida econômica do desempenho de uma empresa e, como tal, busca capturar as taxas de retorno médias básicas implícitas nos projetos de investimento da empresa. O BCG define o CFROI como "o fluxo de caixa sustentável que uma empresa gera em um determinado ano como uma porcentagem do caixa investido nos ativos da empresa". Quando a inflação é um fator significativo, tanto o fluxo de caixa quanto o caixa investido são expressos em dólar corrente ou deflacionado. O BCG cita três principais vantagens do CFROI. Especificamente, o CFROI (1) converte os lucros contábeis em fluxos de caixa (isto é, o caixa gerado antes dos investimentos de capital); (2) lida com o caixa total (em dólar corrente) investido em um negócio para produzir aqueles fluxos de caixa em vez de lidar com valores de livro depreciados; e (3) reconhece o período de vida sobre o qual os ativos produzirão os fluxos de caixa. Exploramos cada uma destas vantagens mais adiante no capítulo.

Uma primeira leitura dos materiais publicados pelo BCG pode ser confusa pelo fato de que o CFROI pode tanto ser calculado (1) como uma taxa de retorno de períodos múltiplos (IRR) ao longo da vida econômica normal dos ativos, quanto (2) como uma taxa de retorno de período único. Entretanto, como será ilustrado, existe uma relação entre os dois cálculos (em alguns casos).

O cálculo dos CFROI envolve cinco etapas:
1. Estimar a vida econômica média dos ativos da empresa.
2. Calcular os fluxos de caixa brutos anuais ajustados pela inflação que se espera receber ao longo da vida dos ativos da empresa.
3. Calcular o investimento total bruto da empresa ajustado pela inflação e, para a abordagem de períodos múltiplos, dividir o investimento bruto entre ativos depreciáveis e não depreciáveis.

4. Projetar o valor terminal da empresa ajustado pela inflação, que é igual aos ativos não depreciáveis na forma de terrenos e capital de giro.
5. Determinar o CFROI, ou pelo método do período múltiplo (IRR) ou utilizando um cálculo de período único.

Nós, então, comparamos o CFROI contra o custo de capital real, em oposição ao nominal, ou contra as taxas de retorno para um setor ou grupo de concorrentes. Ao determinar esta taxa de corte, o BCG escolhe não utilizar o familiar modelo de precificação de ativos (CAPM). Em vez disso, ele deriva uma taxa de mercado que é calculada com base no CFROI, nas taxas de crescimento sustentáveis dos ativos, nos preços de mercado atuais de aproximadamente 300 empresas do índice de empresas Standard & Poor's 400.[6] O BCG constata que o CFROI médio para o Índice de empresas da Standard & Poor's 400 tem estado consistentemente ao redor dos 6% e a taxa média de crescimento dos ativos para estas empresas em torno de 2-3% ao longo do tempo. Entretanto, desde 1990, a faixa dos retornos médios elevou-se para 10-11%.

Medindo o CFROI: Abordagem do Período Múltiplo (IRR)

O CFROI pode ser entendido como a taxa de retorno interna (IRR) para todos os projetos atualmente existentes na empresa. A Figura 6.3 descreve este conceito graficamente: CFROI é a taxa de retorno que torna o valor presente dos fluxos de caixa futuros de uma empresa, incluindo um "valor terminal" pela liberação de ativos não depreciáveis, igual ao investimento bruto em caixa da empresa. Verifique que o CFROI é análogo ao IRR de um projeto só que aplicado a uma empresa como um todo. Para uma empresa com ativos que têm um período médio de vida de N anos, o CFROI seria definido como segue:

$$\text{Investimento bruto em caixa de uma empresa} =$$
$$= \frac{\text{Fluxo de caixa no ano 1}}{(1+\text{CFROI})^1} + \frac{\text{Fluxo de caixa no ano 2}}{(1+\text{CFROI})^2} + \ldots +$$
$$+ \frac{\text{Fluxo de caixa no ano } N}{(1+\text{CFROI})^N} + \frac{\text{Valor terminal}}{(1+\text{CFROI})^N}$$

(6.3)

Ao calcular o CFROI, o BCG pressupõe que os ativos da empresa continuarão a gerar os mesmos fluxos de caixa reais em dólar corrente ao longo do período de vida média do ativo. Uma vez que o BCG tenta calcular uma medida do desempenho *atual*, ele pressupõe que os fluxos de caixa reais da

---

[6] O subgrupo das 300 empresas elimina as empresas financeiras e outras empresas para as quais o BCG acha que os números contábeis não podem ser traduzidos em retornos econômicos com precisão suficiente para serem utilizados neste importante cálculo da taxa de desconto.

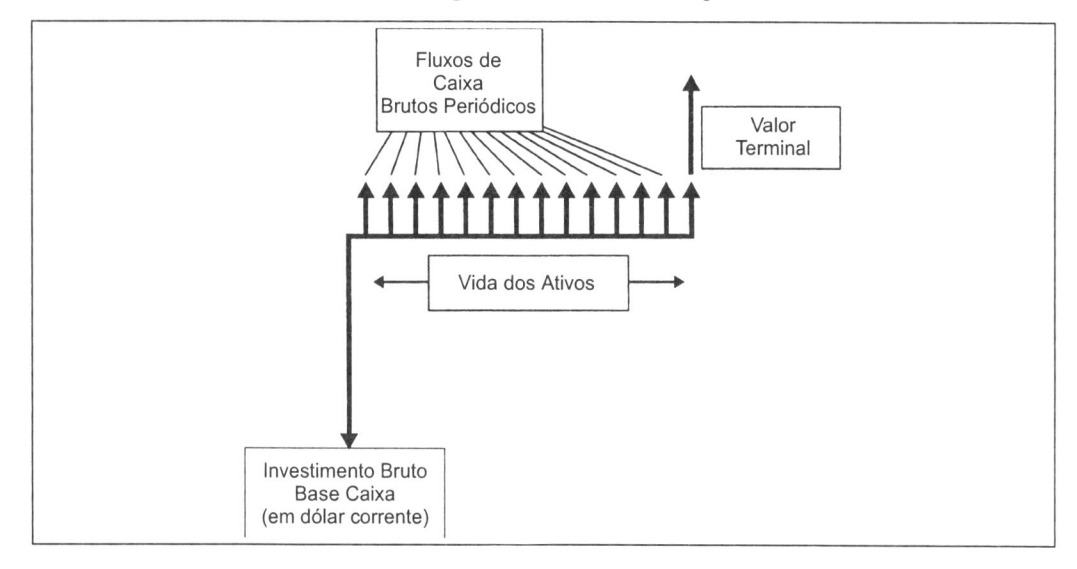

Figura 6.3
CFROI: Abordagem de Períodos Múltiplos (IRR)

empresa não aumentam nem diminuem em períodos futuros.[7] O CFROI, portanto, representa o retorno médio sobre (desempenho de) todos os projetos existentes da empresa em um determinado momento.

Para ilustrar, pense em uma empresa que investe rotineiramente $10 milhões a cada ano em novos projetos, consistindo de $6 milhões em ativos depreciáveis e $4 milhões em capital de giro. O capital de giro deve ser recuperado no final da vida do projeto em quatro anos. Os fluxos de caixa desta seqüência de investimentos são mostrados na Figura 6.4, com o capital total investido acumulando-se em $40 milhões, fluxos de caixa anuais iguais a $8 milhões e a recuperação anual do capital de giro ao longo do ciclo de vida de quatro anos totalizando $16 milhões. Utilizando um cálculo de IRR, determinamos o CFROI da empresa sobre seus ativos como sendo de 6,36%, calculado como segue:[8]

---

[7] Pode-se argumentar contra este pressuposto. Entretanto, o BCG acredita que pressupor uma anuidade em dólares constantes reflete melhor a maioria dos projetos do que o pressuposto inerente ao retorno sobre ativos líquidos (RONA) de que os fluxos de caixa diminuem com o aumento na depreciação acumulada. Com base em testes empíricos, o BCG afirma que a correlação do valor/custo *versus* o CFROI está na faixa de 60%-70% comparada à correlação preço/valor de livro *versus* RONA, na faixa de 30%-40% o que oferece suporte a este pressuposto empírico.

[8] Obviamente estamos combinando os fluxos de caixa em diferentes períodos de tempo neste exemplo, o que não seria feito em nenhuma hipótese em uma análise de típica IRR. Em vez disso, encontraríamos o IRR ao calcular os fluxos de caixa líquidos em cada período ao longo do ciclo completo de investimento. Entretanto, ambas abordagens proporcionam resultados idênticos em termos de IRR e CFROI.

$$\$40 \text{ milhões} = \frac{\$8 \text{ milhões}}{(1+\text{CFROI})} + \frac{\$8 \text{ milhões}}{(1+\text{CFROI})^2} +$$

$$+ \frac{\$8 \text{ milhões}}{(1+\text{CFROI})^3} + \frac{\$24 \text{ milhões}}{(1+\text{CFROI})^4}$$

Figura 6.4
CFROI: Retorno sobre Todos os Projetos Existentes

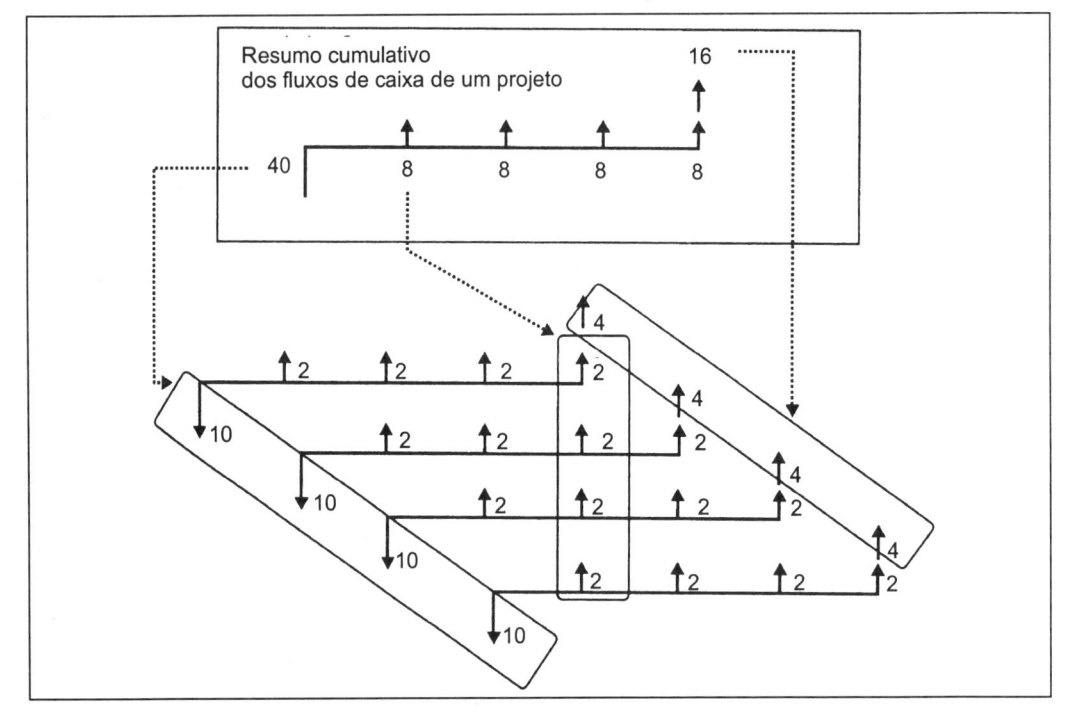

Medindo o CFROI: Abordagem do Período Único

Embora calcular o CFROI como uma IRR seja uma medida valiosa para a análise de negócios, ele ainda possui suas deficiências. O BCG sugere que algumas pessoas podem enxergar essa abordagem como complexa demais. No exemplo anterior, a abordagem IRR foi suficientemente simples; no entanto, à medida que estamos lidando com empresas reais, o nível de sofisticação se torna substancial. Além disso, com uma metodologia IRR, um problema pode surgir se a empresa espera obter fluxos de caixa negativos (por exemplo, o negócio está caminhando para a falência).[9] Para superar estas

---

[9] O problema com o cálculo do IRR quando o projeto tem expectativa de obter fluxos de caixa negativos após o investimento inicial é descrito na maior parte dos textos de finanças. Veja, por exemplo, Ross, Westerfield e Jaffe (1999, pp. 145-146).

deficiências, o CFROI pode ser convertido em um índice mais simples de período único. Com esta abordagem, calculamos o CFROI como segue:

$$\text{CFROI} = \frac{\text{Fluxos de caixa sustentáveis}}{\text{Investimento bruto em dólar corrente}} \quad (6.4)$$

onde *o fluxo de caixa sustentável* é o fluxo de caixa bruto operacional da empresa (como medido os anteriormente) menos a depreciação econômica. A Figura 6.5 descreve estes cálculos graficamente e é similar à Figura 6.3, que representa a análise do CFROI (IRR) para períodos múltiplos. Entretanto, existem duas diferenças: primeira, os ativos não depreciáveis não fazem mais parte do cálculo e, segunda, o investimento da reposição é subraído do fluxo de caixa bruto na forma de uma depreciação econômica. No entanto, a depreciação econômica não é igual à calculada pela contabilidade tradicional. A depreciação econômica é o investimento anual que deve ser feito, dado o custo de oportunidade da empresa, de modo a acumular uma soma igual ao custo original dos ativos depreciáveis no final da vida destes ativos. Por exemplo, pressupondo uma vida do ativo de *N* anos, a depreciação econômica é calculada como segue:

$$\text{Custo em dólar corrente dos ativos depreciáveis} = \text{Depreciação econômica} \sum_{t=0}^{N-1} (1 + \text{taxa de reinvestimento})^t \quad (6.5a)$$

Figura 6.5
CFROI: Análise de Período Único

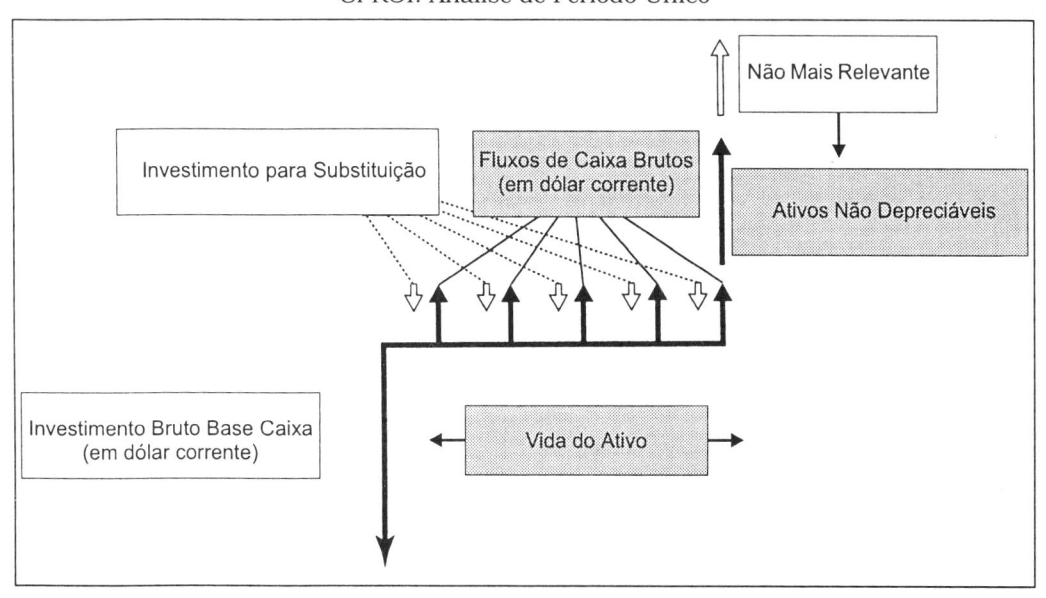

Alternativamente,

Depreciação econômica = Custo em dólar corrente dos ativos depreciáveis x

$$x \frac{\text{Taxa de reinvestimento}}{(1+\text{Taxa de reinvestimento})^N - 1} \qquad (6.5b)$$

onde a taxa de reinvestimento é igual à média dos últimos cinco anos do CFROI da economia.[10]

Retornando ao nosso exemplo anterior, onde o investimento bruto foi de $40 milhões, os ativos depreciáveis foram de $24 milhões – os $16 milhões restantes foram em capital de giro – e a vida média do ativo foi de quatro anos. Dado o custo de oportunidade dos fundos da empresa de 6,36%, a depreciação econômica seria de $5,457 milhões por ano:

$$\$24 \text{ milhões} = \text{depreciação econômica} \sum_{t=0}^{3} (1 + 0{,}0636)^t$$

Isto é, se investirmos $5,457 milhões a cada ano, obtendo uma taxa de retorno de 6,36%, acumularemos os $24 milhões necessários para substituir os ativos em quatro anos.

Assim, para o nosso exemplo, o CFROI é calculado como segue (em milhares de dólares):

Fluxo de caixa bruto operacional	$ 8.000
Menos: depreciação econômica	5.457
Fluxo de caixa sustentável	$ 2.543
Investimento bruto atual em dólares	$40.000

$$\text{CFROI} = \frac{\text{Fluxo de caixa sustentável}}{\text{Investimento bruto em dólar corrente}} = \frac{\$2.543}{\$40.000} = 6{,}36\%$$

Observamos que o cálculo do período único produz a mesma estimativa dos CFROI (6,36%) que a abordagem do período múltiplo (IRR). Entretanto, isso acontece *somente* quando a taxa de reinvestimento é igual à taxa dos ativos de retorno interna – isto é, quando o valor presente líquido (NPV) do projeto é igual a zero.[11]

---

[10] Pode-se argumentar se a taxa de reinvestimento apropriada é o custo de capital ou o CFROI médio para a economia. O BCG reconhece esta controvérsia e aceita a preferência de um cliente em utilizar o custo de capital. Entretanto, as pesquisas do BCG sugerem que, na maioria das vezes, o CFROI excede o custo de capital derivado do mercado, pois os empresários em uma economia dinâmica buscam continuamente retornos sobre investimentos em ativos superiores acima dos retornos financeiros prometidos. A distribuição do CFROI é muito mais ampla do que as distribuições dos custos de capital da empresa, sugerindo que os investidores devam ser recompensados pelo maior risco de perda no investimento em ativos de empresas, que têm menor liquidez do que ativos financeiros. Assim, o BCG prefere utilizar o CFROI médio como a taxa de reinvestimento em vez do custo de capital ou a taxa de desconto dos investidores derivada do mercado.

[11] Falamos mais sobre essa limitação no Capítulo 7.

Desenvolvendo os Números

Até agora fornecemos as informações necessárias para calcular o CFROI, consistindo de quatro porções de dados:
1. O investimento bruto feito por todos os credores e investidores, medido em uma base de dólar corrente.
2. Os fluxos de caixa brutos anuais gerados pela empresa, também convertidos para dólares correntes.
3. O montante dos ativos não depreciáveis da empresa.
4. O período de vida esperado dos ativos.

Para calcular estes itens, o BCG faz vários ajustes às demonstrações contábeis da empresa. Os tipos de ajuste são mostrados na Figura 6.6 (os números mostrados na figura relacionam-se ao exemplo utilizado anteriormente no capítulo). Vamos considerar cada uma das porções de dados por vez.

Investimento Bruto em Dólar Corrente

O investimento bruto em dólar corrente é igual ao caixa investido em um negócio ao longo de sua vida e, porém, demonstrado em moeda corrente. O cálculo do investimento bruto de uma empresa (ajustado para a inflação) e os motivos para os ajustes são os seguintes:

Cálculos	Motivo para o Ajuste
Capital de giro líquido (ativos circulantes menos passivos circulantes que não incorrem em juros)	
+Ativos fixos líquidos	
+Depreciação acumulada, exaustão e amortização	Converter para uma base caixa
+Ajuste para o dólar corrente das fábricas e equipamentos	Redefinir ("inflacionar") investimentos históricos para dólar corrente
+Valor capitalizado dos pagamentos de arrendamentos	Neutralizar os efeitos de decisões comprar/alugar
– Outros exigíveis não-circulantes ou que não representam dívida (ex.: impostos digeridos)	
– Ajustes em outros exigíveis não-circulantes ou que não representam dívida	Redefinir ("inflacionar") impostos diferidos e históricos para dólar corrente
+Reserva para estoques LIFO	Reverter o efeito dos estoques LIFO

Figura 6.6
Calculando o CFROI: Uma Visão Geral

Lucro Líquido
− Lucro extraordinário/descontinuado
+ Participação minoritária & dividendos preferenciais
+ Juros & despesas com arrendamentos após impostos
+ Investimentos lançados como despesas
+ Depreciação/exaustão/amortização
− Lucros FIFO
− Perdas monetárias (inflação)

Dados do projeto
(em milhões de dólares)
Investimento $40
Fluxo de caixa anual $8
Vida do ativo 4 anos
Valor residual $16
Ativos depreciáveis $24

+ Ativos monetários líquidos
+ Estoque
+ Terrenos

$8 milhões   Fluxos de Caixa Brutos $16 milhões

Valor Residual

Vida do ativo de quatro anos

CFROI (IRR) = 6,36%

$40 Milhões em Investimento Bruto (em dólares atuais)

Ativos Líquidos a Valor de Livro
+ Depreciação acumulada
+ Ajuste para dólar corrente das despesas pagas antecipadamente (PPE)
+ Arrendamentos operacionais brutos
+ Investimentos acumulados lançados como despesas
− Ativos não operacionais (caixa, goodwill)
− Todo passivo que não representa dívida
+ Reserva LIFO

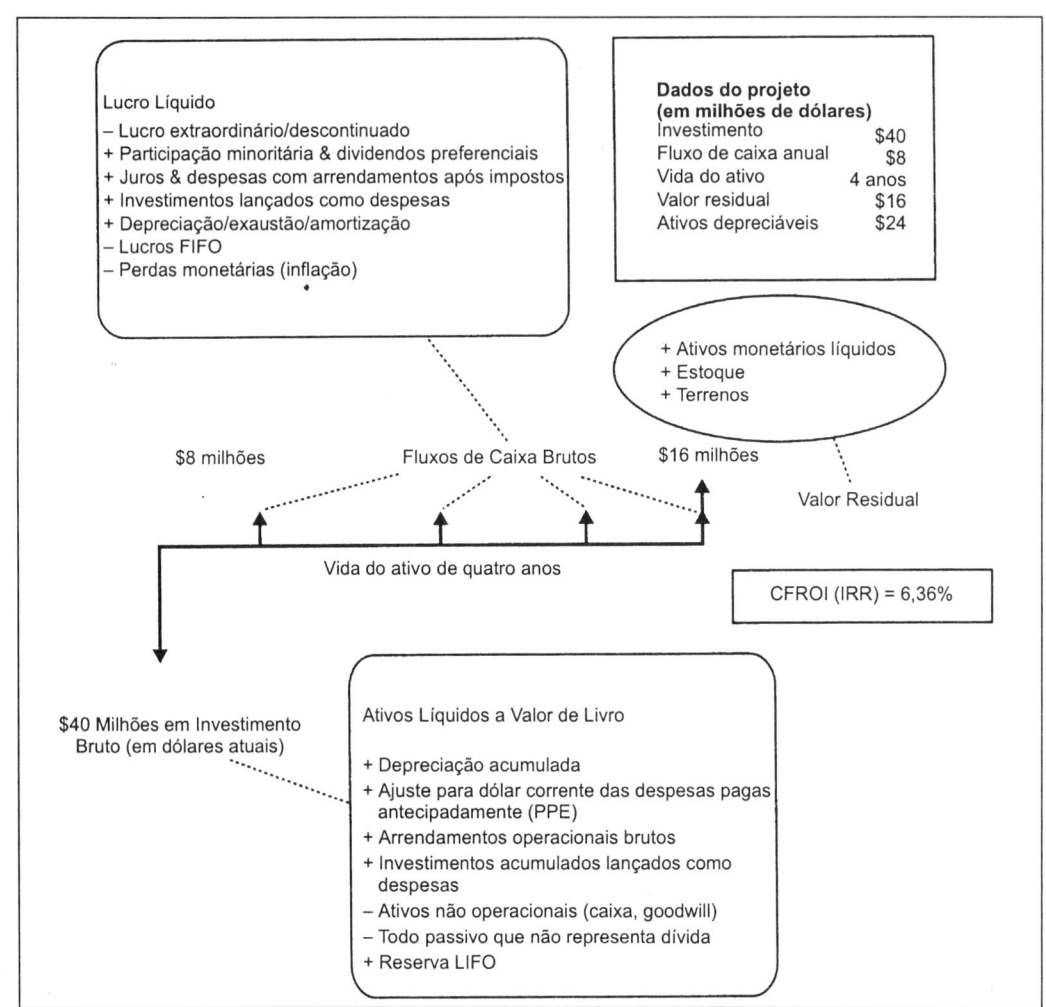

Assim, medimos o investimento bruto como o capital de giro líquido da empresa – líquido de passivos circulantes que não incorrem em juros, tais como contas a pagar – somado a ativos fixos brutos, ajustados para dólares correntes. Capitalizamos os arrendamentos operacionais e, então, subtraímos outros passivos circulantes que não incorrem em juros, tais como impostos diferidos que são ajustados pela inflação. Finalmente, removemos os efeitos dos estoques LIFO, se houver. O número resultante é uma estimativa do montante de capital investido na empresa ao longo de sua vida.

Fluxo de Caixa Bruto em Dólar Corrente

Uma vez que sabemos o montante de capital que os investidores que buscam retornos investiram na empresa, incluindo credores que recebem juros, determinamos a seguir os fluxos de caixa anuais que são gerados pelo investimento bruto corrente da empresa. O BCG define esse número como o fluxo de caixa bruto em dólar corrente, que representa o total de caixa proporcionado pelo negócio antes do reinvestimento. Os cálculos e explicações são os seguintes:

Cálculos	Motivos para o Ajuste
Lucro líquido após impostos antes de participações minoritárias, itens extraordinários e operações descontinuadas (NOPAT)	
+ Depreciação (e outras despesas que não representam saída de caixa)	Converter para uma base caixa
+ Despesa de juros após imposto de renda (incluindo juros sobre arrendamentos)	Neutralizar decisões de financiamento
+ Ganhos ou perdas monetárias	Inflação do período sobre ativos monetários líquidos
+ Lucro FIFO	Carga de Inflação pela utilização da contabilidade FIFO

Assim, quando se calcula o investimento bruto e os fluxos de caixa brutos, o BCG faz vários ajustes aos dados em um esforço de capturar a essência econômica do desempenho da empresa. A lógica para estes ajustes foi vista brevemente aqui, mas é explorada mais profundamente no Apêndice 6A.

Ativos Não-Depreciáveis

Consideramos, a seguir, quanto do capital da empresa será liberado no final do período de vida dos ativos. No balanço patrimonial, estes ativos geralmente incluem os ativos não depreciáveis. De fato, eles representam o valor residual da empresa. Calcularíamos tipicamente estes ativos da seguinte maneira:

Ativos não depreciáveis = Ativos monetários líquidos + Estoques + Reservas para estoques LIFO + Terrenos e melhoramentos + Ajuste para dólar corrente dos terrenos

onde os ativos monetários líquidos representam a soma do caixa operacional, contas a receber e outros ativos circulantes (excluindo estoques) menos passivos circulantes que não incorrem em juros.

Vida do Ativo

O quarto e último pedaço de informação necessário para calcular o CFROI é o período de vida média dos ativos depreciáveis da empresa. A vida dos ativos de uma empresa é utilizada para determinar o horizonte de tempo para o cálculo do CFROI, muito parecido com o que fizemos em nosso exemplo hipotético anterior, onde sabíamos que todos os ativos tinham uma vida de quatro anos. Entretanto, na prática – particularmente quando dependemos de informações públicas – não podemos *saber* os períodos de vida dos ativos depreciáveis da empresa e devemos usar uma estimativa.

Se assumirmos que a depreciação contábil aloca o custo dos ativos fixos tangíveis de uma empresa ao longo de sua vida útil, então podemos estimar a vida do ativo ao dividir o valor de fábricas e equipamentos brutos depreciáveis pela despesa de depreciação anual associada:

$$\text{Vida do ativo em anos} = \frac{\text{Fábrica e equipamentos brutos depreciáveis}}{\text{Despesa de depreciação anual}} \quad (6.6)$$

Ao incorporar a vida do ativo aos cálculos do CFROI, reconhecemos que as empresas têm diferentes durações de ciclo de vida (isto é, fatores de obsolescência altos *versus* baixos). Esta estimativa, no entanto, pode exigir julgamento para reconhecer se estão ocorrendo resultados razoáveis. Por exemplo, podem surgir distorções se a empresa utiliza um método de depreciação de seus ativos diferente da linha reta, ou se uma porção substancial dos ativos fixos está totalmente depreciada mas não baixada. Assim, pode ser prudente comparar os resultados com os concorrentes do setor.

Exemplos do Mundo Real: Motorola, 1995-1998

Demonstramos agora como o CFROI é calculado para uma empresa real, utilizando a Motorola como uma ilustração. Tomando os dados financeiros da empresa para os anos de 1995–1998, calculamos o seu CFROI para cada ano (veja Tabela 6.1).

Tabela 6.1 Cálculos do CFROI para a Motorola				
	1995	1996	1997	1998
Caixa	$725	$1.513	$1.445	$1.453
Investimentos de curto prazo	350	298	335	171
Contas a receber	4.081	4.035	4.847	5.057
Ativos circulantes (outros)	1.826	2.253	2.513	3.105
Investimentos & adiantamentos (ações)	0	928	848	931

Continua

Tabela 6.1 (Continuação) Cálculos do CFROI para a Motorola				
Investimentos & adiantamentos (outros)	2.271	1.379	2.442	3.280
Outros ativos	617	617	803	933
Ativos monetários	$9.870	$11.023	$13.233	$14.930
Contas a pagar	$2.018	$2.050	$2.297	$2.305
Imposto de renda a pagar	125	246	175	84
Despesas diferidas	3.350	3.643	3.838	4.635
Outros passivos circulantes	695	674	1.463	1.507
Passivos (outros)	1.043	1.247	1.285	1.245
Passivos circulantes que não incorrem em juros	$7.231	$7.860	$ 9.058	$9.776
Ativos monetários líquidos	$2.639	$3.163	$4.175	$5.154
Estoques	$3.528	$3.220	$4.096	$3.745
Reserva para estoques LIFO	0	0	0	0
Ativos não depreciáveis	$6.167	$6.383	8.271	$8.899
Fábrica bruta ajustada	$17.466	$19.598	$21.380	$22.888
Ajuste para dólar corrente da fábrica bruta	1.688	1.523	2.047	2.362
Menos: Impostos diferidos e investimento em crédito fiscal	968	1.108	1.522	1.188
Menos: Ajuste para dólar corrente de impostos diferidos	83	72	118	97
Propriedades arrendadas brutas	1.427	1.817	2.067	2.115
Ativos depreciáveis	$19.530	$21.758	$23.854	$26.080
Investimento bruto em dólar corrente	$25.697	$28.141	$32.125	$34.979
Lucro antes de itens extraordinários	$1.781	$1.154	$1.180	$(962)
Depreciação e amortização	1.919	2.308	2.329	2.197
Despesas de juros (bruto)	213	249	216	301
Depreciação em arrendamentos	178	227	258	264
Juro total implícito nos arrendamentos	44	52	50	56
Menos: Benefício fiscal dos juros	95	111	98	132
Ganho (perda) monetário	(61)	(60)	(77)	(53)
Despesa LIFO para estoques FIFO	(63)	(38)	1	28
Itens especiais	0	150	327	1.980
Menos: Impostos sobre itens especiais	0	56	121	733
Fluxos de caixa brutos em dólar corrente	$3.916	$3.875	$4.065	$2.946
Vida dos ativos (integral)	9	8	9	10
Taxa de reinvestimento (taxa de desconto)	8.65%	9.37%	10.82%	10,86%

Continua

Tabela 6.1 (Continuação) Cálculos do CFROI para a Motorola				
Ativos depreciáveis	$19.530	$21.758	$23.854	$26.080
Depreciação econômica	$1.522	$1.947	$1.697	$1.570
Fluxos de caixa brutos sustentáveis (fluxos de caixa brutos – depreciação econômica)	$2.394	$1.928	$2.368	$1.376
CFROI – método do período único	9,32%	6,85%	7,37%	3,93%
CFROI – método IRR	9,53%	5,94%	6,26%	1,44%
Custo de capital	6,36%	6,50%	6,28%	6,02%

Fonte: Adaptado do Boston Consulting Group.

A Tabela 6.1 é uma adaptação do modelo utilizado pelo BCG para calcular o CFROI. Na tabela, observamos como o investimento bruto base caixa em dólar corrente e os fluxos de caixa brutos em dólar corrente são calculados. Então, o CFROI é calculado para cada ano, utilizando primeiramente o método de período único e, então, o método de períodos múltiplos (IRR). Algumas breves explicações estão ordenadas com relação a estes cálculos:

Para determinar a vida média, o montante ajustado do item instalações brutas é dividido pela depreciação anual. Por exemplo, em 1998 a vida média foi estimada em dez anos:

$$\frac{\text{Instalações brutas ajustadas}}{\text{Depreciação e amortização}} = \frac{\$22.888 \text{ milhões}}{\$2.197 \text{ milhões}} = 10,4 \text{ anos arrendondados para 10 anos}$$

A depreciação econômica é igual a uma anuidade que resultaria no acúmulo do capital investido nestes ativos ao final de seus períodos de vida. Por exemplo, em 1998, os ativos depreciáveis valiam $26.080 milhões. Dada uma vida média de dez anos e uma taxa de reinvestimento, ou custo de capital da empresa, de 10,86%,[12] a depreciação econômica é de $1.570 milhões, calculadas da seguinte maneira (em milhões de dólares):

$$\text{Ativos depreciáveis} = \text{Depreciação econômica} \sum_{t=0}^{N-1} (1 + \text{Taxa de desconto})^t$$

$$\$26.080 = \text{Depreciação econômica} \sum_{t=0}^{9} (1 + 0,1086)^t$$

$$\$26.080 = \$1.570 \sum_{t=0}^{9} (1 + 0,1086)^t$$

---

[12] O BCG prefere utilizar a sua estimativa do CFROI para a economia como um todo como sua taxa de reinvestimento.

Agora podemos calcular o CFROI da Motorola, primeiro como uma medida de período único e depois em uma base de períodos múltiplos. Novamente utilizando os números de 1998 por propósitos ilustrativos, o CFROI de período único da Motorola é calculado como segue (em milhões de dólares):

Fluxo de caixa bruto operacional	$2.946
Menos: Depreciação econômica	1.570
Fluxo de caixa sustentável	$1.376
Investimento bruto em dólar corrente	$34.979

$$\text{CFRO} = \frac{\text{Fluxos de caixa sustentados}}{\text{Investimento bruto em dólar corrente}} = \frac{\$1.376}{\$34.979} = 3,93\%$$

Em seguida, o CFROI de período múltiplo (IRR) para 1998 da Motorola pode ser calculado da seguinte maneira:

$$\text{Investimento bruto base caixa da empresa em 1998} =$$

$$= \frac{\text{Fluxo de caixa no ano 1}}{(1+\text{CFROI})^1} + \frac{\text{Fluxo de caixa no ano 2}}{(1+\text{CFROI})^2} + \ldots +$$

$$+ \frac{\text{Fluxo de caixa no ano } N}{(1+\text{CFROI})^N} + \frac{\text{Valor terminal}}{(1+\text{CFROI})^N}$$

$$\$34.979 = \frac{\$2.946}{(1+\text{CFROI})^1} + \frac{\$2.946}{(1+\text{CFROI})^2} + \ldots$$

$$+ \frac{\$2.946}{(1+\text{CFROI})^{10}} + \frac{\$8.899}{(1+\text{CFROI})^{10}}$$

Resolvendo para CFROI, obtemos menos 1,44% com o método IRR, comparado a 3,93% com o método do período único. Por que esta diferença nos resultados? Lembre-se de que os dois métodos produzirão a mesma resposta *somente* quando o CFROI de período múltiplo for igual à taxa de reinvestimento utilizada para a depreciação econômica. Quando a taxa de reinvestimento for menor do que o CFROI, o método IRR resultará em um CFROI maior do que com método do período único (veja 1995 na Tabela 6.1). Quando a taxa de reinvestimento é maior do que o CFROI, o método IRR fornecerá um CFROI menor do que o método do período único (veja 1996-1998 na Tabela 6.1). Em qualquer caso, devemos notar o declínio dos CFROI ao longo do tempo, independente do método de cálculo utilizado.

Os CFROI da Motorola são comparados a seguir aos custos de capital anuais da empresa (a taxa de corte para investimentos), que são mostrados na linha inferior da Tabela 6.1. Estes custos de capital são as taxas derivadas do mercado que o BCG utiliza para a economia como um todo, ajustadas para a alavancagem individual das empresas.

Completamos nossa discussão do CFROI. Como indicamos pelo que foi exposto, o CFROI é um pedaço importante de informação, tanto como um cálculo isolado como para o cálculo do TBR de uma empresa ou divisão. Neste último caso, o CFROI do ano atual é o ponto de partida para estimar os fluxos de caixa livres futuros de uma empresa, onde o CFROI converge em direção à média nacional ao longo do tempo. Assim, a medida TBR não pode ser melhor do que seu progenitor, o CFROI.

CVA: A Alternativa do BCG ao EVA

O CFROI é claramente a principal métrica utilizada pelo BCG para medir o desempenho e calcular o valor de uma empresa. Entretanto, o BCG também desenvolveu uma medida do lucro econômico chamado *valor adicionado base caixa* (CVA), que é defendida pelo BCG como uma melhoria sobre o valor econômico agregado (EVA), pois o CVA se baseia em fluxos de caixa e não em lucros.

O CVA é medido como o fluxo de caixa operacional menos a depreciação econômica (chamado anteriormente de fluxo de caixa sustentável) menos uma despesa de capital sobre o montante *total* de caixa investido no negócio. A despesa de capital importa um custo pelo uso de todo o capital que está sendo utilizado pela empresa, e é igual ao custo de capital da empresa vezes o montante bruto de capital empregado.

Assim,

$$\text{CVA} = \text{Fluxo de caixa operacional} - \text{Depreciação econômica} - \text{Despesa de capital sobre o investimento bruto} \quad (6.7)$$

No exemplo da Motorola, os CVAs para 1995–1998 são calculados da seguinte maneira (em milhões de dólares):

	1995	1996	1997	1998
Fluxos de caixa brutos em dólar corrente	$3.916	$3.875	$4.065	$2.946
Depreciação econômica	$1.522	$1.947	$1.697	$1.570
Investimento bruto	$25.697	$28.141	$32.125	$34.979
Custo de capital	6,36%	6,50%	6,28%	6,02%
Despesa pelo capital (investimento × custo de capital)	$1.634	$1.829	$2.017	$2.106
CVA	$759	$98	$351	$(730)

Como esperado, dadas as reduções significativas no CFROI da Motorola, sua habilidade em criar valor diminuiu, culminando em um CVA negativo de $730 milhões em 1998.

Resumo

Neste capítulo, mostramos a abordagem básica para medir o desempenho de uma empresa utilizando taxas de retorno. Especificamente, traduzimos o retorno total do acionista (TSR) para retorno total do negócio (TBR) e, então, para retorno sobre o investimento base caixa (CFROI), um importante componente do TBR e uma medida de desempenho significativa por si só.

Nosso interesse se concentrou particularmente sobre a taxa de retorno, CFROI, como desenvolvido pelo Boston Consulting Group e pelo HOLT Value Associates. O CFROI é o fluxo de caixa sustentável que uma empresa pode gerar em um determinado ano como uma porcentagem do caixa investido nos ativos da empresa. Quando a inflação é um fator significativo, tanto o fluxo de caixa quanto o caixa investido são expressos em dólar corrente ou deflacionado. Assim, o CFROI é uma medida econômica do desempenho da empresa que reflete as taxas de retorno médias subjacentes a todos os projetos de investimento existentes.

O CFROI para uma empresa pode ser interpretado como uma taxa interna de retorno média ponderada (IRR) de todos os projetos que constituem a empresa como um todo:

$$\text{Investimento bruto base caixa da empresa} =$$
$$= \frac{\text{Fluxo de caixa no ano 1}}{(1 + \text{CFROI})^1} + \frac{\text{Fluxo de caixa no ano 2}}{(1 + \text{CFROI})^2} + \ldots$$
$$+ \frac{\text{Fluxos de caixa no ano } N}{(1 + \text{CFROI})^N} + \frac{\text{Valor terminal}}{(1 + \text{CFROI})^N}$$

Alternativamente, ele pode ser calculado como uma taxa de retorno de período único como segue:

$$\text{CFROI} = \frac{\text{Fluxo de caixa sustentável}}{\text{Investimento bruto em dólar corrente}}$$

onde os fluxos de caixa sustentáveis são os fluxos de caixa brutos operacionais da empresa menos a depreciação econômica.

O BCG acredita que medir a geração de valor em termos de taxas de retorno é muito melhor do que medi-la com qualquer forma de lucro econômico, tal como valor econômico agregado (EVA). De fato, o BCG argumenta que uma vez que o CFROI é uma medida baseada em caixa, ela se correlaciona muito bem com múltiplos preço/valor de livro, mais ainda do que medidas não baseadas em caixa tais como retorno sobre ativos líquidos (RONA), retorno sobre patrimônio líquido (ROE) e valor econômico agregado (EVA). O BCG também argumenta que os outros métodos inerentemente desencorajam o crescimento, pois se baseiam em ativos *líquidos* e são demonstrados em valores de livro/histórico. O BCG atribui o sucesso do CFROI – além da conversão de dados contábeis em medidas baseadas em caixa – o fato de refletirem a realidade econômica de que as empresas têm diferentes períodos de vida de ativos e combinação de ativos (ativos depreciáveis e não depreciáveis).

O BCG comprometeu recursos extensos para verificar empiricamente a força de seus modelos, testando particularmente a correlação dos resultados do modelo com retornos totais ao acionista. Com base neste trabalho, o BCG afirma que o CFROI e seu modelo de TBRs,[13] que dependem muito de um modelo de cálculo de valor de convergência no tempo do BCG, apresentam o dobro da precisão empírica de modelos concorrentes, incluindo o EVA. O BCG também afirma que sua estrutura é mais robusta, visto que a derivação envolve dados de muito mais empresas do que qualquer outra abordagem. No entanto, outras partes independentes não replicaram essas afirmações de precisão empírica. Até que esta sustentação esteja completa, relutamos em nos unir ao debate sobre numerosas questões empíricas envolvidas. Entretanto, no Capítulo 9, proporcionamos a evidência empírica disponível com relação às várias metodologias VBM.

---

[13] Em trabalhos reais de consultoria, o BCG enfatiza o TBR mais do que o CFROI.

Apêndice 6A

Ajustando os Dados

Ao calcular o investimento bruto em dólar corrente de uma empresa e seus fluxos de caixa em dólar corrente, vários ajustes são feitos para adaptar os dados da contabilidade GAAP para se obter um melhor sentido econômico. Alguns dos ajustes feitos com maior freqüência foram observados anteriormente. Entretanto, a lógica para estes ajustes foi apresentada brevemente. Oferecemos aqui as explicações do BCG quanto ao motivo pelo qual estes ajustes são feitos.

Removendo a Distorção da Idade

Uma das características mais significativas da métrica CFROI é a utilização dos investimentos brutos em vez de líquidos, quando se estima o montante de capital proporcionado pelos investidores. Para medir o capital empregado pela empresa, o BCG adiciona de volta a depreciação acumulada para "tornar brutos" os ativos fixos líquidos e, portanto, remover qualquer possível distorção de idade, ou o que o BCG chama de *armadilha da fábrica velha/fábrica nova*. Por consistência, ele também "torna brutos" os fluxos de caixa anuais por qualquer despesa de depreciação, amortização e de exaustão para converter de um sistema de competência para um sistema base caixa.

O BCG sustenta que a utilização de ativos líquidos pode transmitir sinais confusos para a gestão. Como explicamos no Capítulo 3, a depreciação anual pelo valor de livro faz com que a base de ativos líquidos diminua, o que pode aumentar artificialmente uma medida contábil de retornos sobre ativos fixos (RONA) ao longo do tempo à medida que a depreciação se acumula. Por sua vez, o crescimento em ativos pode ser desencorajado, pois diminuirá uma medida de retorno baseada na contabilidade. Uma empresa pode ter um alto RONA com uma base de ativos obsoleta ou deteriorada para operar o negócio no futuro. O oposto é verdadeiro no curto prazo quando novos ativos são adquiridos. Este problema pode ser exagerado onde os métodos de depreciação acelerada são empregados. Assim, o BCG recomenda adicionar de volta a depreciação para evitar essa fonte potencial de distorção.

A Figura 6A.1 oferece uma comparação visual de como os retornos sobre o capital baseados em ativos líquidos (por exemplo, RONA) podem-se comparar aos retornos baseados em investimentos brutos (por exemplo, CFROI). Apesar do exemplo ser hipotético, ele é representativo do que poderíamos esperar à medida que a empresa substituísse ativos antigos por ativos mais novos.

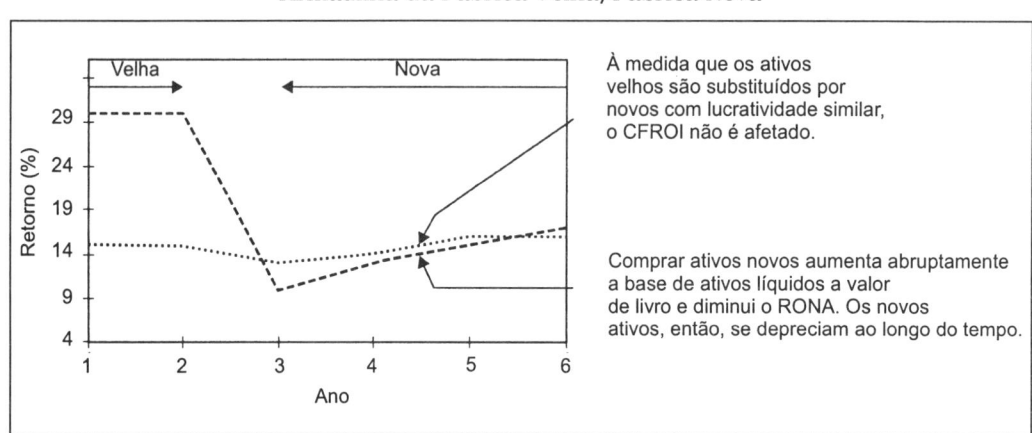

Figura 6A.1
Armadilha da Fábrica Velha/Fábrica Nova

Ajustes de Inflação

Ajustes de inflação a ativos brutos são feitos por dois motivos. Primeiro, uma vez que as demonstrações de resultados são apresentadas em dólar corrente, o investimento de capital ou ativos também deve refletir unidades equivalentes de poder de compra.[14] Segundo, os ativos são repostos em dólar corrente, portanto estimar os desembolsos para reposição de ativos ao longo do ciclo de investimento exige ajustes para a inflação. Além dos ativos serem ajustados para a inflação, passivos de longo prazo que não incorrem em juros, tais como impostos diferidos, também são ajustados para a inflação e, então, subtraídos do investimento bruto da empresa.

Os fluxos de caixa também são ajustados para quaisquer ganhos ou perdas monetárias a fim de refletir os ganhos ou perdas do poder de compra aos investidores de empresas que mantêm ativos monetários. Uma vez que

---

[14] O BCG segue Ijiri (1980) nesse caso ao dizer que ajustes em dólar constante são mais apropriados do que o custo de substituição. Ijiri sugere que os investidores se preocupem mais com os fluxos de caixa que investem e os retornos em caixa que recebem, portanto os tipos de ativos nos quais investem ou seus custos de substituição são irrelevantes. O que importa são os fluxos de caixa que entram para empresa e que saem da empresa, todos expressos em unidades comuns de poder de compra para o investidor.

ativos/passivos monetários são de curto prazo por natureza, o ajuste baseia-se na mudança no deflator do produto doméstico bruto anual (GDP) multiplicada pelos ativos monetários líquidos.

Arrendamentos Operacionais

Os arrendamentos operacionais são essencialmente uma forma alternativa de investimento de capital. Equipamentos adquiridos utilizando arrendamentos financeiros ou comprados através de alguma combinação de dívida e capital próprio aparecem no lado dos ativos no balanço. Pressupondo que ativos arrendados em uma base operacional são necessários para o funcionamento dos negócios, eles também devem ser capitalizados e incluídos na base de ativos para o cálculo dos CFROI. Por exemplo, uma loja varejista que é arrendada tipicamente mostraria um alto retorno sobre ativos (e CFROI) se o arrendamento da propriedade não fosse capitalizado. Claramente, o imóvel é necessário para vender os produtos e como tal é parte de uma avaliação de risco/retorno por parte do acionista; ele, portanto, deve ser incluído como um ativo operacional. Para ajustar os fluxos de caixa para o efeito dos arrendamentos operacionais capitalizados, a depreciação e os juros (líquidos de impostos) associados a estes arrendamentos capitalizados são adicionados de volta ao fluxo de caixa bruto.

Reserva LIFO e Estoques FIFO

Para refletir o investimento real base caixa em estoques, o BCG adiciona de volta a reserva último que entra/primeiro que sai (LIFO) ao determinar o investimento bruto base caixa.

Uma vez que o método primeiro que entra/último que sai (FIFO) calcula o valor do estoque pressupondo que os primeiros estoques são vendidos primeiro, ele tem a tendência de baixar o custo dos produtos vendidos se o custo de fazer o produto aumenta ao longo do tempo (devido à inflação). Para levar em conta este efeito sobre a demonstração de resultados, o BCG ajusta os fluxos de caixa de acordo. Os estoques relatados numa base FIFO são multiplicados pela mudança no índice preço do produtor (PPI) e subtraídos dos fluxos de caixa para refletir com maior precisão o custo base caixa dos produtos vendidos.

Goodwill

O BCG acredita que o goodwill *não* deve ser visto como parte do capital operacional de uma empresa, pois incluir o goodwill na base de ativos faz com que o CFROI e o RONA sigam um padrão similar àquele da Figura 6A.1. O BCG sugere que ao excluir o goodwill o CFROI será mais consistente ao longo do tempo. Caso contrário, o retorno diminuirá dramaticamente a princípio e aumentará anualmente à medida que o goodwill é amortizado e os ativos envelhecem. Conseqüentemente, uma empresa com alto desempenho no RONA pode se transformar em uma empresa com um RONA abaixo do desempenho como resultado de uma aquisição. Afinal de contas, como sugere o BCG, o desempenho operacional de uma empresa não sofre pelo fato de ter feito uma aquisição. Entretanto, o BCG *recomenda* que os intangíveis sejam incluídos no cálculo do TBR como um fluxo de caixa, onde eles claramente afetam o cálculo de valor e o desempenho para o acionista ao longo do tempo.

Referências

Boston Consulting Group. *Shareholder Value Metrics.* Booklet 2. 1996.

Ijiri, Yuji. "Recovery Rate and Cash Flow Accounting." *Financial Executive* (março de 1980): 54-60.

Madden, Bartley J. *CFROI Valuation: A Total System Approach to Valuing the Firm.* Oxford: Butterworth-Heinemann, 1999.

Markowitz, Harry M. *Portfolio Selection.* New Haven: Yale University Press, 1959.

Ross, Stephen A., Randolph W. Westerfield e Jeffrey Jaffe. *Corporate Finance.* 5ª ed., New York: Irwin McGraw-Hill, 1999.

Capítulo 7

Avaliação de Projetos Utilizando as Novas Métricas

> *Uma proposta de negócio – tal como um novo investimento, a aquisição de outra empresa ou um plano de reestruturação – elevará o valor da empresa somente se o valor presente da série futura de fluxos líquidos de caixa esperados da proposta exceder o desembolso inicial de caixa necessário para executar a proposta.*
>
> Gabriel Hawawini e Claude Viallet, *Finance for Executives (1999)*

Para muitas empresas as novas métricas de gestão baseada em valor (VBM) substituíram com sucesso as ferramentas-padrão baseadas na contabilidade (lucros por ação, retorno sobre o investimento e crescimento em lucros) para medir o desempenho das operações em andamento da empresa como um todo. Num esforço de manter consistência com as ferramentas utilizadas para medir o desempenho antecipado de novos projetos, é tentador tentar e de fato usar as novas métricas como uma substituição para as ferramentas padrão de fluxo de caixa descontado na avaliação de projetos (valor presente líquido e taxa interna de retorno). Ademais, verificamos nos Capítulos 5 e 6 que as métricas VBM são adaptações diretas das tradicionais ferramentas de fluxo de caixa descontado (DCF). Como tal, elas devem resultar nas mesmas previsões com relação ao valor do projeto (caso utilizadas apropriadamente) que as ferramentas tradicionais de análise pelo fluxo de caixa descontado. O conselho, "se utilizado adequadamente", é importante e o discutiremos até certo ponto.

Neste capítulo, examinamos o desempenho período a período de novos projetos de investimento de capital utilizando o valor econômico agregado (EVA), valor adicionado base caixa (CVA) e o retorno sobre o investimento base caixa (CFROI). Demonstramos como a depreciação GAAP pode distorcer estas medidas de desempenho. Mudar para a depreciação a valor presente (definida mais adiante) elimina a fonte de distorção no desempenho, mas pode fazer surgir um problema de conflito de interesses. Especificamente, estimar a depreciação a valor presente geralmente exige o envolvimento dos gestores da empresa para proporcionar estimativas dos fluxos de caixa futuros, porém esses mesmos funcionários são aqueles cujo desempenho está sendo avaliado. Encerramos o capítulo ao observar como o EVA foi adaptado para o setor de petróleo e gás natural.

Exemplo de um Projeto de Investimento de Capital

Para ilustrar o relacionamento entre as medidas tradicionais de avaliação de projetos, tais como o retorno contábil sobre ativos líquidos (RONA), valor presente líquido (NPV) e taxa interna de retorno (IRR) e as ferramentas do VBM, consideremos a oportunidade de investimento na Tabela 7.1. O investimento envolve um gasto de um total de $16.000 para fábrica e equipamentos somado a um adicional de $2.000 em capital de giro. A fábrica e os equipamentos são depreciados em uma base linear ao longo de sete anos até um valor residual de zero. Os $2.000 investidos em capital de giro serão recuperados ao final da vida do projeto de sete anos. O investimento tem expectativa de produzir lucros operacionais líquidos após impostos (NOPAT) de $1.200,78 por ano. Adicionar a depreciação linear GAAP ao NOPAT proporciona uma estimativa dos fluxos de caixa livres do projeto de $3.486,49 por ano. Finalmente, o custo de oportunidade do capital para o investimento é de 10%.

Medidas Tradicionais do Valor de um Projeto

A Tabela 7.1 indica que o projeto é uma proposta que não gera nem destrói valor com um NPV de zero e um IRR igual ao custo de oportunidade do capital. Verifique, no entanto, que o retorno contábil sobre ativos líquidos (RONA ou, no vernáculo do VBM, retorno sobre o capital investido – ROIC) varia desde 6,67% para o ano um, até 28,02% para o ano sete. As crescentes taxas de retorno ao longo do tempo evidenciadas no ROIC refletem o fato de que o NOPAT do projeto permanece constante enquanto o valor contábil depreciado, utilizado para medir o capital investido, está em declínio. O fato de que o ROIC está abaixo dos 10% do custo de oportunidade do capital durante os primeiros três anos do projeto significa que o projeto está destruindo valor nestes três anos? Não necessariamente. Como aprendemos no Capítulo 3, o ROIC, calculado utilizando o lucro contábil GAAP e valores de livro de ativos baseados na depreciação GAAP, não é um indicador confiável da geração de valor uma vez que falha em considerar os fluxos de caixa ou o valor do dinheiro no tempo. Talvez as no-

Tabela 7.1
Medidas Tradicionais do Valor de Um Projeto – IRR, NPV e ROIC

	0	1	2	3	4	5	6	7
Lucro operacional líquido após impostos (NOPAT)		$1.200,78	$1.200,78	$1.200,78	$1.200,78	$1.200,78	$1.200,78	$1.200,78
Despesa de Depreciação (linear)		2.285,71	2.285,71	2.285,71	2.285,71	2.285,71	2.285,71	2.285,71
Fluxo do caixa das operações		$3.486,49	$3.486,49	$3.486,49	$3.486,49	$3.486,49	$3.486,49	$3.486,49
Fábrica e equipamentos	($16.000,00)							0,00
Capital de giro	(2.000,00)							2.000,00
Capital investido	($18.000,00)							
Fluxo de caixa livre	($18.000,00)	$3.486,49	$3.486,49	$3.486,49	$3.486,49	$3.486,49	$3.486,49	$5.486,49
Valor de livro do capital	18.000,00	15.714,29	13.428,57	11.142,86	8.857,14	6.571,43	4.285,71	2.000,00
Retorno sobre o capital investido (ROIC) $NOPAT_t \div$ Valor de livro do capital$_{t-1}$		6,67%	7,64%	8,94%	10,78%	13,56%	18,27%	28,02%
IRR	10,00%							
NPV	($0,00)							

vas ferramentas do VBM façam um trabalho melhor em medir a geração de valor de período a período. Vejamos.

Utilizando o EVA para Avaliar a Geração de Valor de um Projeto

A Tabela 7.2 contém estimativas dos EVAs anuais para o exemplo de projeto introduzido na Tabela 7.1. Como devemos utilizar o EVA para avaliar se o projeto é um investimento que vale a pena? O valor está sendo gerado em cada período da vida do projeto? A resposta à primeira questão é direta. O NPV dos fluxos de caixa livres de um projeto sempre será igual ao valor presente de seus EVAs. Uma vez que o NPV do nosso exemplo de projeto se baseia em fluxos de caixa livres – e no valor presente dos EVAs – que são ambos iguais zero, o projeto não cria nem destrói valor para o acionista. Entretanto, a resposta à segunda questão relacionada à análise do desempenho período a período é problemática. Este ponto é óbvio quando observamos os EVAs do nosso projeto ao longo do tempo. Por exemplo, no ano 1, o EVA começa em – \$599,23 e, então, aumenta a cada ano até que no ano 7 alcança \$772,20. Assim, os EVAs anuais emitem sinais confusos. Nos anos 1-3 concluiríamos que o projeto destrói valor, porém nos anos 4-7 concluiríamos que ele contribui positivamente para o valor da empresa. Somente ao considerar todos os EVAs ao longo do período de vida do projeto é que podemos saber se ele vale a pena.

O problema que estamos encontrando na interpretação dos EVAs ano a ano está diretamente relacionado às mudanças no retorno sobre o capital investido (ROIC) que observamos anteriormente na Tabela 7.1. Lembre-se de que os retornos aumentam ao longo do tempo como resultado direto da depreciação do capital investido. O elo entre o ROIC e o EVA é transparente na seguinte formulação do EVA (introduzido no Capítulo 5), isto é,

$$EVA_t = (ROIC_t - k_{WACC}) \times \text{Capital investido}_{t-1} \quad (7.1)$$

Lembre que o capital investido é igual ao valor de livro depreciado do investimento com base na depreciação contábil GAAP. Em nosso exemplo, o $ROIC_t$ (e correspondentemente o EVA) aumenta ao longo do tempo devido ao decréscimo no valor de livro do investimento. Conseqüentemente, embora os EVAs tomados todos de uma vez forneçam uma base apropriada para a avaliação do NPV do projeto, as medidas de período a período são distorcidas pela utilização da depreciação contábil GAAP.

Tabela 7.2
Analisando o Desempenho Período a Período Utilizando o EVA

	0	1	2	3	4	5	6	7
NOPAT		$1.200,78	$1.200,78	$1.200,78	$1.200,78	$1.200,78	$1.200,78	$1.200,78
Depreciação		2.285,71	2.285,71	2.285,71	2.285,71	2.285,71	2.285,71	2.285,71
Fábrica e equipamentos	($16.000,00)							(0,00)
Capital de giro	(2.000,00)							2.000,00
Capital investido	($18.000,00)							
Fluxo de caixa livre da empresa	($18.000,00)	$3.486,49	$3.486,49	$3.486,49	$3.486,49	$3.486,49	$3.486,49	$5.486,49
Valor de livro do capital	$18.000,00	$15.714,29	$13.428,57	$11.142,86	$8.857,14	$6.571,43	$4.285,71	$2.000,00
Custo de capital		1.800,00	1.571,43	1.342,86	1.114,29	885,71	657,14	428,57
EVA (NOPAT – Custo de capital)		($599,22)	($370,65)	($142,08)	$86,49	$315,07	$543,64	$772,21
MVA = PV (EVAs)	($0,00)							
IRR	10,00%							
NPV	($0,00)							

Consertando o Problema

Ehrbar (1998) traça de forma correta a raiz do problema com o uso de um EVA anual para a avaliação do desempenho período a período de novos investimentos, nos cálculos de depreciação GAAP. Ele descreve o problema da seguinte maneira:

> Para a maioria das empresas, a depreciação linear de fábricas e equipamentos utilizada na contabilidade GAAP funciona suficientemente bem. Enquanto a depreciação linear não busca se igualar à depreciação econômica real dos ativos fixos, o desvio da realidade geralmente tem conseqüências tão pequenas que não chegam a distorcer decisões. Isso não é verdade, entretanto, para empresas com montantes significativos de equipamentos já há muito em utilização. Nesses casos, utilizar a depreciação em linha reta no cálculo do EVA pode criar uma forte distorção contra os investimentos em novos equipamentos. Isso ocorre porque a despesa de capital do EVA declina em degraus juntamente com o valor depreciado do ativo ainda em uso, de modo que ativos antigos pareçam muito mais baratos do que os novos. Isso pode fazer com que os gestores relutem em substituir equipamentos antigos "baratos" por novos e "caros" equipamentos.

O Boston Consulting Group (BCG) refere-se a essa tendência de evitar investimentos em equipamentos novos e manter equipamentos antigos como a "armadilha da fábrica velha-fábrica nova".

A Stern Stewart recomenda uma abordagem heurística para resolver o problema descrito na citação anterior. Especificamente, Ehrbar descreveu o procedimento a nós em uma entrevista através do telefone do seguinte modo:

> Se os fluxos de caixa de um investimento demoram a entrar em seqüência, a Stern Stewart utiliza o tratamento contábil em suspenso ou tratamento estratégico. A abordagem é similar ao conceito da construção em andamento utilizada no setor de serviços públicos. Por exemplo, se fizermos um investimento que não entre em funcionamento por três anos, manteríamos o capital do investimento em uma conta em suspenso por aquele período. Entretanto, nós acumularíamos os juros sobre o capital à taxa do custo de capital médio ponderado da empresa enquanto ele estivesse em suspenso, uma vez que o capital não estaria disponível para a gestão. Então, utilizaremos o capital aumentado nos cálculos do EVA em anos futuros quando os fluxos de caixa estão sendo realizados. (Baseado em uma conversa por telefone em 15 de junho de 2000.)

Bierman (1998) e mais tarde O'Byrne (2000) propuseram uma solução analítica ao problema de medir o desempenho período a período utilizando o EVA. Eles sugerem a substituição da depreciação a valor presente pela depreciação tradicional GAAP. Especificamente, a depreciação a valor presente para o ano é definida como a mudança no valor presente dos fluxos de caixa futuros do projeto, onde os fluxos de caixa do projeto são descontados utilizando-se a taxa interna de retorno (IRR), isto é, para o ano t estimamos

$$\text{Depreciação a valor presente}_t = \sum_{T=t+2}^{7} \frac{FCF_T}{(1+IRR)^{T-1}} - \sum_{T=t+1}^{7} \frac{FCF_T}{(1+IRR)^T} \quad (7.2)$$

Ilustramos esse procedimento na Tabela 7.3 para o nosso exemplo de projeto. No ano 0, o valor presente dos fluxos de caixa livres do projeto é de $18.000 e declina para $16.314 no final do ano 1. Assim, a depreciação a valor presente para o ano 1 é a diferença entre esses dois valores presentes, ou – $1.686. Aplicamos o conceito de Bierman da depreciação a valor presente em nosso exemplo e relatamos os resultados na Tabela 7.4. Aqui descobrimos que os EVAs reconstituídos são todos iguais a zero, o que é consistente com o fato de que o projeto resulta em um NPV de zero. Além disso, o valor presente das estimativas do EVA revisado ainda é igual ao NPV do projeto de zero.

Utilizando o CVA e o CFROI para Avaliar a Geração de Valor de Projetos

O Boston Consulting Group (BCG) oferece a métrica do valor adicionado base caixa (CVA) como uma substituição para o EVA juntamente com a afirmação de que o CVA "remove as distorções contábeis inerentes ao EVA".[1] Lembre do Capítulo 6 onde calculamos o CVA para o período t como o fluxo de caixa operacional menos a depreciação econômica[2] menos uma despesa de capital sobre o caixa bruto investido no negócio, isto é,

$$CVA_t = NOPAT_t + \text{Depreciação contábil}_t - $$
$$- \text{Depreciação econômica}_t - \text{Despesa de capital sobre o} \quad (7.3)$$
$$\text{capital bruto (inicial) investido no negócio}$$

Utilizando o exemplo encontrado na Tabela 7.1, observamos que o NOPAT é igual a $1.200,78 para os anos 1-7. A seguir, calculamos a depreciação econômica, que é igual ao investimento anual que deve ser feito de modo a acumular um saldo de $16.000 no final do ano 7. A lógica por trás deste cálculo é

---

[1] Boston Consulting Group, "Shareholder Value Management (Book 2): Improved Measurement Drives Improved Value Creation" (29 de julho de 1994), p. 16.

[2] Embora o BCG utilize a expressão "depreciação econômica" ao avaliar o CVA anual de um projeto, nós não a utilizaremos. Ao invés disso, mostraremos o cálculo da depreciação como um fundo de amortização. Economistas financeiros tradicionalmente referem-se ao uso da expressão "depreciação econômica" como uma referência a mudanças no valor de mercado de um ativo de um período até o outro. Como verificamos anteriormente no Capítulo 6, o cálculo de depreciação do BCG é equivalente à estimativa de um fundo de amortização.

Tabela 7.3
Estimativa da Depreciação a Valor Presente

Depreciação a Valor Presente	Ano	Valor Presente dos Fluxos de Caixa Remanescentes	Fluxos de Caixa no Ano						
			1	2	3	4	5	6	7
	0	$18.000 ←	$3.486,49	$3.486,49	$3.486,49	$3.486,49	$3.486,49	$3.486,49	$5.486,49
$1.686,49	1	$16.314		3.486,49	3.486,49	3.486,49	3.486,49	3.486,49	5.486,49
1.855,14	2	$14.458			3.486,49	3.486,49	3.486,49	3.486,49	5.486,49
2.040,65	3	$12.418				3.486,49	3.486,49	3.486,49	5.486,49
2.244,72	4	$10.173					3.486,49	3.486,49	5.486,49
2.469,19	5	$7.704						3.486,49	5.486,49
2.716,11	6	$4.988							5.486,49
2.987,72	7	$2.000 ← Valor do capital de giro							
$16.000,00 ← Depreciação total									

Tabela 7.4
Cálculo Revisado do EVA Utilizando a Depreciação a Valor Presente

	0	1	2	3	4	5	6	7
Valor de livro do capital investido	$18.000,00	$16.313,51	$14.458,38	$12.417,72	$10.173,01	$7.703,82	$4.987,72	$2.000,00
Fluxo de caixa das operações		$3.486,49	$3.486,49	$3.486,49	$3.486,49	$3.486,49	$3.486,49	$3.486,49
Depreciação a valor presente		1.686,49	1.855,14	2.040,65	2.244,72	2.469,19	2.716,11	2.987,72
NOPAT (revisado)		$1.800,00	$1.631,35	$1.445,84	$1.241,77	$1.017,30	$770,38	$498,77
Custo de capital (revisado)		(1.800,00)	(1.631,35)	(1.445,84)	(1.241,77)	(1.017,30)	(770,38)	(498,77)
Retorno sobre o capital investido (revisado)		10,0%	10,0%	10,0%	10,0%	10,0%	10,0%	10,0%
EVA (revisado utilizando a depreciação a valor presente)		$0,00	$0,00	$0,00	$0,00	$0,00	$0,00	$0,00
IRR	10,00%							
MVA = PV (EVAs revisados)	$0,00							
NPV	$0,00							

que a depreciação anual acumulará um valor ao longo da vida do investimento igual ao investimento original e poderá ser utilizado para substituir fábrica e equipamentos desgastados. Verifique que este cálculo incorpora consideração pelo custo de oportunidade dos fundos da empresa de 10% ao calcular os investimentos periódicos, isto é,

$$\$16.000 = \text{Depreciação econômica} \sum_{t=0}^{6}(1 + 0{,}10)^{t} \tag{7.4}$$

A depreciação econômica resultante é $1.686,49. O elemento final do cálculo do CVA é a despesa pela utilização do capital investido. Este cálculo difere do EVA no sentido de que, para o CVA, baseamos o custo de capital no investimento cheio ou bruto do projeto ($18.000) para cada ano.

Na Tabela 7.5 observamos que para o nosso exemplo o CVA é zero para todos os sete anos. Uma vez que o CVA é igual ao NPV para cada ano da vida do projeto, ele proporciona (para esse exemplo) informações suficientes para avaliar a contribuição do projeto ao valor para o acionista. O BCG compara o CVA e o EVA para um exemplo muito similar ao utilizado aqui (isto é, um com fluxos de caixa nivelados e NPV zero) e faz as seguintes observações:

> O cálculo do CVA mostra um valor igual a zero para cada ano, o que reflete precisamente a realidade subjacente de que a fábrica está consistentemente gerando um retorno igual ao custo de capital. Os ajustes incorporados ao CVA evitam as distorções comportamentais inerentes ao cálculo do EVA tanto nos primeiros quanto nos últimos anos e proporcionam os sinais corretos à gestão operacional. (BCG 1994, p.16)

Entretanto, sua comparação é entre o CVA e o EVA calculados utilizando-se a depreciação linear GAAP. Como já observamos, o problema com o EVA pode ser resolvido quando utilizamos a noção de Bierman (1998) do valor presente em oposição à depreciação GAAP. No entanto, para o nosso exemplo de investimento e aquele utilizado pelo BCG, o CVA que utiliza a depreciação econômica produz os mesmos resultados que o EVA baseado na depreciação a valor presente.

Antes de deixar nossa discussão do CVA, elaboramos e calculamos uma contraparte de período múltiplo que chamamos de MCVA. Assim como o valor de mercado adicionado (MVA) é o valor presente de todos os EVAs futuros, definimos o MCVA como o valor presente de todos os CVAs futuros, isto é,[3]

---

[3] O MCVA não é um conceito do BCG e é utilizado aqui somente para ilustrar a conexão entre o CVA e o NPV de um projeto.

Tabela 7.5
Cálculo do CVA, CFROI e MCVA

	1	2	3	4	5	6	7
Fluxo de caixa das operações = NOPAT + Depreciação contábil	$3.486,49	$3.486,49	$3.486,49	$3.486,49	$3.486,49	$3.486,49	$5.486,49*
Depreciação econômica	(1.686,49)	(1.686,49)	(1.686,49)	(1.686,49)	(1.686,49)	(1.686,49)	(1.686,49)
Capital bruto investido	18.000,00	18.000,00	18.000,00	18.000,00	18.000,00	18.000,00	18.000,00
Custo de capital estimado	(1.800,00)	(1.800,00)	(1.800,00)	(1.800,00)	(1.800,00)	(1.800,00)	(1.800,00)
Valor adicionado base caixa (CVA)	$0,00	$0,00	$0,00	$0,00	$0,00	$0,00	$0,00
Retorno sobre o investimento base caixa (CFROI)	10%	10%	10%	10%	10%	10%	10%
Valor presente dos CVAs (MCVA)	$0,00						

* N.T.: Em valor incluído $2.000 do **capital de giro recuperado** no final da vida do projeto e não faz parte do fluxo de caixa das operações.

$$\text{MCVA} = \sum_{t=1}^{7} \frac{\text{CVA}_t}{(1+k_{\text{WACC}})^t} = \text{NPV} \qquad (7.5)$$

A equivalência do MCVA e NPV é ilustrada nos cálculos do exemplo encontrado na Tabela 7.5, onde ambos são iguais a $0,0.

O BCG também defende o uso de uma métrica de taxa de retorno que eles chamam de retorno sobre o investimento base caixa, ou CFROI. Eles definem o CFROI como "o fluxo de caixa sustentável que uma empresa gera em um determinado ano como uma porcentagem do caixa investido para financiar os ativos utilizados no negócio" (BCG 1994, p. 33). Para o ano t podemos calcular o CFROI como segue:

$$\text{CFROI}_t = \frac{\text{Fluxo de caixa das operações} - \text{Depreciação econômica}}{\text{Capital bruto investido}} \qquad (7.6)$$

A Tabela 7.5 contém os CFROIs para o nosso exemplo de projeto. O CFROI_t para cada um dos sete anos da vida do projeto é o mesmo e igual a 10%, isto é,

$$\text{CFROI}_t = \frac{\$3.486,49 - \$1.686,49}{\$16.000 + \$2.000} = \frac{\$1.800}{\$18.000} = 10\%$$

O CFROI_t é o mesmo para todos os anos e é igual ao custo de capital. Assim, para este exemplo em particular o CFROI_t também proporciona um sinal correto do valor criado pelo projeto ao longo de sua vida útil. É este sempre o caso?

Fluxos de Caixa Desiguais e NPV Positivo

Consideremos agora um projeto de investimento que é similar ao nosso exemplo anterior, exceto que os fluxos de caixa não são mais os mesmos ano a ano e o NPV é positivo. Temos o mesmo desembolso de investimento de $18.000 onde $16.000 são para fábrica e equipamentos e $2000 são para capital de giro que será recuperado no final da vida do projeto em sete anos. Entretanto, os fluxos de caixa livres do projeto são agora de $3.365,71 para os primeiros três anos, aumentando para $4.168,51 para os quatro anos remanescentes. O custo de capital permanece em 10%. A análise do valor presente para este projeto é mostrada no Painel A da Tabela 7.6, onde vemos que o projeto tem um IRR de 12% e um NPV positivo de $1.324.

No Painel B da Tabela 7.6, calculamos os EVAs do projeto para cada ano utilizando a depreciação a valor presente como proposto por Bierman (1988) e demonstrado anteriormente na Tabela 7.3. Estes EVAs são todos positivos, o que é consistente com o fato de que o projeto tem um NPV positivo. Além disso, o MVA do projeto é igual ao NPV do projeto e todas as sete estimativas do $ROIC_t$ são iguais ao IRR do projeto de 12%.[4]

Calculamos, a seguir, os CVAs para o projeto (Painel C da Tabela 7.6). O cálculo do CVA é idêntico ao que foi feito com o nosso projeto anterior que tinha um NPV de zero e fluxos de caixa iguais. Usamos até a mesma taxa de desconto, o custo de capital da empresa. Além disso, no Painel C observamos que o valor presente dos CVAs, isto é, MCVA, é novamente igual ao NPV do projeto. Entretanto, o CVA_t individual não proporciona mais uma indicação consistente do valor do projeto. Enquanto o projeto tem um NPV positivo e deve ser aceito, os CVAs são negativos para os primeiros dois anos, tornando-se positivos no ano 3. Um gestor cuja remuneração de incentivo é baseada no CVA pode sentir-se inclinado a rejeitar o projeto, particularmente se ele espera deixar a empresa nos próximos dois anos. Resumindo, a utilização da depreciação econômica, que funciona para um projeto com fluxos de caixa anuais iguais, nem sempre funciona para investimentos com fluxos de caixa desiguais. O problema com a depreciação econômica é que ela é uma constante (veja Equação 7.2) e quando os fluxos de caixa de um projeto variam de ano a ano, o CVA_t resultante pode proporcionar sinais enganosos com relação ao potencial de criação de valor período a período do projeto. Verifique também (como na Tabela 7.2) que o EVA calculado utilizando-se a depreciação GAAP tem o mesmo problema.

Finalmente, no Painel C da Tabela 7.6, calculamos o retorno sobre o investimento base caixa (CFROI) para cada ano de vida do projeto. O CFROI para os anos 1-3 é 9,33% e 13,79% para os anos 4-7. Durante os primeiros três anos, o CFROI indica que o projeto falha em obter o custo de capital de 10% enquanto obtém mais do que o custo de capital durante os anos 4-7. Assim, igual ao CVA, fluxos de caixa desiguais de um projeto podem levar a problemas para a métrica CFROI.[5]

Um EVA de Período Múltiplo para o Setor de Petróleo e Gás Natural

Os pontos que fazem surgir problemas para todas as métricas tradicionalmente definidas como VBM (fluxos de caixa desiguais e NPVs diferentes de zero) são particularmente bem adaptáveis para empresas de exploração e produção (E&P) de minérios e energia. Nesses setores geralmente há mui-

---

[4] Verifique que o $ROIC_t$ baseia-se no uso da depreciação a valor presente ao determinar o lucro operacional e o capital investido para o período.

[5] No Capítulo 6, verificamos que o BCG também calcula o CFROI utilizando o método IRR. Este método reconhece os fluxos de caixa gerados pelo projeto ao longo de múltiplos anos e produz uma medida de multianual em contraste com a medida de ano único discutida aqui.

Tabela 7.6
Exemplo com Fluxos de Caixa Desiguais

	0	1	2	3	4	5	6	7
Painel A. NPV e IRR do Projeto								
Fluxo de caixa livre	$(18.000,00)	$3.365,71	$3.365,71	$3.365,71	$4.168,51	$4.168,51	$4.168,51	$6.168,51
Custo de capital	10%							
NPV	$1.323,94							
IRR	12%							
Painel B. EVA Revisado Utilizando a Depreciação a Valor Presente								
Valor presente do capital investido	$18.000,00	$16.794,46	$15.444,24	$13.931,98	$11.435,43	$8.639,28	$5.507,56	$2.000,00
Fluxo de caixa livre		$3.365,71	$3.365,71	$3.365,71	$4.168,51	$4.168,51	$4.168,51	$4.168,51
Depreciação a valor presente		(1.205,54)	(1.350,22)	(1.512,26)	(2.496,55)	(2.796,15)	(3.131,72)	(3.507,56)
NOPAT		$2.160,17	$2.015,49	$1.853,45	$1.671,97	$1.372,36	$1.036,79	$660,96
Custos de capital		(1.800,00)	(1.679,45)	(1.544,42)	(1.393,20)	(1.143,54)	(863,93)	(550,76)
EVA		$360,17	$336,05	$309,03	$278,77	$228,82	$172,87	$110,20

Continua

Tabela 7.6 (Continuação)
Exemplo com Fluxos de Caixa Desiguais

		Anos						
	0	1	2	3	4	5	6	7
Retorno sobre o capital investido (NOPAT/Capital inicial)		12%	12%	12%	12%	12%	12%	12%
MVA = PV (EVAs revisados)	$1.323,94							
Painel C. CVA								
Capital bruto investido		$18.000,00	$18.000,00	$18.000,00	$18.000,00	$18.000,00	$18.000,00	$18.000,00
Fluxo de caixa operacional		$3.365,71	$3.365,71	$3.365,71	$4.168,51	$4.168,51	$4.168,51	$4.168,51
Depreciação econômica		(1.686,49)	(1.686,49)	(1.686,49)	(1.686,49)	(1.686,49)	(1.686,49)	(1.686,49)
Custo de capital		(1.800,00)	(1.800,00)	(1.800,00)	(1.800,00)	(1.800,00)	(1.800,00)	(1.800,00)
CVA		$(120,77)	$(120,77)	$(120,77)	$682,03	$682,03	$682,03	$682,03
CFROI		9,33%	9,33%	9,33%	13,79%	13,79%	13,79%	13,79%
MCVA = PV(CVA)	$1.323,94							

tos anos de investimentos antes que os projetos comecem a dar retorno para a empresa. Esta situação cria EVAs negativos para os primeiros anos (desenvolvimento) do projeto seguidos por EVAs positivos à medida que os frutos do investimento são colhidos.

Tentativas recentes de resolver o problema apresentado por projetos com fluxos de caixa desiguais e o uso de EVAs anuais para avaliar o desempenho período a período já envolveram a conversão do cálculo tradicional EVA de uma medida de desempenho de período único para múltiplos períodos. Por exemplo, Elliott (1997) descreveu ajustes ao EVA ao longo dessas linhas e McCormack e Vytheeswaran (1998, p. 117) descrevem a lógica por trás do EVA de período múltiplo como segue:

> Uma vez que a gestão precisa de uma medida do desempenho interno que seja um indicador contemporâneo da criação de riqueza, o remédio parece ser um tanto quanto direto. O aumento no NPV das reservas da empresa deve ser adicionado tanto ao seu NOPAT quanto ao seu capital, na verdade convertendo as reservas para o valor de mercado.

McCormack e Vytheeswaran (1998) desenvolveram uma versão revisada do EVA que captura todas as conseqüências ao cálculo de valor das descobertas de petróleo e gás natural no período em que estas descobertas foram feitas. Para ver como funciona seu modelo, considere um projeto de desenvolvimento E&P que tem expectativas de produzir 1.000 barris de petróleo ao longo de um período de cinco anos, o que implica um investimento de $10.000 e proporciona um NPV do projeto de $522,43. Detalhes adicionais são mostrados a seguir:

Custo de capital	10%
Reservas totais	1.000 barris
Volume de produção (ano 1)	300 barris
Declínio na produção	5% ao ano
Preço/barril	$20,00
Investimento inicial	$10.000,00
Taxa de exaustão/barril	$10,00
Custo operacional/barril	$5,00
Alíquota de imposto de renda	35%

A Tabela 7.7 mostra as estimativas para receitas, custos operacionais, fluxos de caixa e EVAs anuais para o cálculo tradicional do EVA e o EVA ajustado por McCormack e Vytheeswaran.

$$\text{EVA}_t \text{ ajustado} = \text{NOPAT}_t + (PV_t - PV_{t-1}) - (BV_t - BV_{t-1}) - k_{WACC} PV_{t-1} \qquad (7.7)$$

onde PV_t é o valor presente dos fluxos de caixa futuros das operações a partir do período t, BV_t é o valor de livro (custo histórico) do capital investido pela empresa a partir do período t e k_{WACC} é o custo de capital da empresa. Note que o custo do capital investido baseia-se no valor de mercado estimado, PV_{t-1}, e o valor incremental gerado em cada período é a mudança no valor presente líquido de reservas adicionais descobertas no período.

Tabela 7.7
EVA Ajustado de McCormack e Vytheeswaran para Empresas de Petróleo e Gás Natural

	0	1	2	3	4	5
Painel A. Cálculo do Fluxo de Caixa Livre						
Volumes líquidos (barris)		$300	$250	$200	$150	$100
Preço/barril		20	20	20	20	20
Receitas brutas		$6.000	$5.000	$4.000	$3.000	$2.000
Menos: Custo de exaustão		(3.000)	(2.500)	(2.000)	(1.500)	(1.000)
Menos: Custos operacionais base caixa		(1.500)	(1.250)	(1.000)	(750)	(500)
Lucro líquido operacional		$1.500	$1.250	$1.000	$750	$500
Menos: Impostos		(525)	(438)	(350)	(263)	(175)
Lucro líquido operacional após impostos (NOPAT)		$975	$813	$650	$488	$325
Fluxo de caixa livre = NOPAT + Custo de Exaustão	$(10.000)	$3.975	$3.313	$2.650	$1.988	$1.325
Painel B. Cálculo do EVA Tradicional e EVA Ajustado						
NOPAT	–	$975	$813	$650	$488	$325
Capital investido (ao custo ou valor de livro)	10.000	7.000	4.500	2.500	1.000	—
Despesa de capital (Capital investido × Custo de capital)		(1.000)	(700)	(450)	(250)	(100)
EVA = NOPAT – Despesa de capital	–	$(25)	$113	$200	$238	$225
MVA = PV (EVAs futuros)	$522,43					
PV(t) = Valor de mercado estimado das reservas	10.522	7.600	5.047	2.902	1.205	—
$\Delta PV(t) = PV(t) - PV(t-1)$ = ΔValor de mercado das reservas		(2.923)	(2.553)	(2.145)	(1.697)	(1.205)
Custo de capital CCPV (k_{WACC} × PV(t-1))		(1.052)	(760)	(505)	(290)	(120)
$\Delta BV(t) = BV(t) - BV(t-1) = \Delta$Valor de mercado das reservas		(3.000)	(2.500)	(2.000)	(1.500)	(1.000)
EVA Ajustado = NOPAT (t) + $\Delta PV(t) - \Delta BV(t) - CCPV(t-1)$	$522,43	—	—	—	—	—

O Painel B da Tabela 7.7 mostra que para o modo tradicional de calcular o EVA, um EVA negativo no primeiro ano de operação do projeto foi seguido por EVAs positivos nos anos 2-7. O valor presente de todos os EVAs é, claramente, o valor presente líquido do projeto, ou $522,43.

O EVA anual calculado da maneira tradicional representa um reflexo preciso da geração de riqueza para os acionistas ano após ano? McCormack e Vytheeswaran argumentam que esses EVAs são, na verdade, indicadores *lentos* da geração de valor uma vez que o valor presente líquido do projeto será refletido no preço da ação assim que a descoberta de 1.000 barris for anunciada. Olhando para o EVA ajustado no Painel B da Tabela 7.7 observamos que a conseqüência total sobre o cálculo de valor do projeto é refletida no ano do anúncio (ano 0) e os valores subseqüentes são zero. Este padrão de EVAs ajustados é totalmente consistente com as mudanças no valor do patrimônio líquido da empresa correspondentes à descoberta e ao anúncio subseqüente de novas reservas.

O que torna este tipo de ajuste difícil é a estimativa da mudança no valor das reservas da empresa (isto é, o valor presente dos fluxos de caixa futuros das operações da empresa). Entretanto, para empresas E&P o problema é amenizado em virtude da exigência do SEC de que tais empresas enviem uma estimativa desta quantia anualmente no relatório SEC-10.[6] O fato de que a estimativa é feita por engenheiros independentes também é importante, pois separa este componente significativo da métrica de desempenho, da gestão, cujos esforços estão sendo avaliados.

McCormack e Vytheeswaran concordam que a adição da mudança estimada no valor das reservas menos os custos de exploração é necessária. No entanto, eles argumentam que a estimativa do SEC-10 do valor das reservas é por demais arredondada e pode ser melhorada de forma importante. Primeiro, a mesma taxa de desconto (10%) é usada para todas as empresas independentemente do risco operacional associado com as propriedades ou os riscos financeiros enfrentados pela empresa que possui as reservas. Segundo, o cálculo de valor pelo fluxo de caixa descontado das reservas falha em reconhecer a flexibilidade da gestão em produzir e vender essas reservas. Essa flexibilidade cria opções reais que torna as reservas muito mais valiosas do que o valor descontado esperado da produção futura.[7]

---

[6] O SEC-10 refere-se ao valor estimado das reservas de uma empresa E&P de petróleo e gás natural onde os recursos da produção futura são descontados utilizando-se uma taxa de 10%. O padrão contábil SFAS-69 exige que empresas E&P relatem suas estimativas do SEC-10 em seus relatórios anuais.

[7] Para uma discussão do valor da flexibilidade gerencial no contexto de opções reais, veja Dixit and Pindyck (1994) e Trigeorgis (1996).

Resumo

O que aprendemos sobre a utilização das ferramentas VBM para a análise de novos projetos é que as medidas de desempenho de período único, popularizadas pelos defensores do VBM para a avaliação de desempenho das operações em andamento de uma empresa, podem facilmente ser mal interpretadas e mal utilizadas quando usadas para avaliar o desempenho período a período de novas oportunidades de investimento. Não há nada de errado com as medidas de desempenho de período único (tais como EVA, CVA e CFROI) em si; o problema está na utilização das medidas de período único como indicadores do potencial de criação de valor para projetos de vida longa. A resposta simples ao problema é utilizar o NPV do projeto. O NPV é completamente consistente com o EVA e CVA quando consideramos o valor presente de todos os EVAs e CVAs futuros do projeto.

Duas modificações do EVA (por McCormack/Vytheeswaran e por Bierman e O'Byrne) corrigem os problemas que surgem da utilização do EVA definido tradicionalmente na análise de projetos. Entretanto a "solução" tem um custo muito alto em termos de informações necessárias. A dificuldade com o modelo McCormack/Vytheeswaran é que ele depende da disponibilidade de dados verificáveis sobre o valor presente dos ativos da empresa que geralmente não estão disponíveis (com a possível exceção do setor de petróleo e gás natural, onde os relatórios da SEC servem como aproximações úteis). Isso é especialmente verdadeiro no nível divisional, onde o principal efeito da implementação de um sistema de incentivo EVA discutivelmente ocorreria. O problema com o uso da depreciação a valor presente, como recomendado por Bierman e O'Byrne, é que as estimativas necessárias à implementação do sistema provêm da gestão da empresa. Uma vez que a remuneração dos gestores depende dessas estimativas, os mesmos teriam um incentivo econômico para manipular suas estimativas de modo oportunista. Retornamos a discussão deste problema no Capítulo 8, onde revisamos questões de remuneração no contexto VBM.

Apêndice 7A

A Equivalência do MVA e NPV

Valor de mercado adicionado (MVA) é o termo utilizado pela Stern Stewart & Co. para medir o valor incremental que a gestão de uma empresa adicionou ao capital investido na empresa. A Stern Stewart calcula anualmente o MVA para as 1.000 maiores empresas e o utiliza para identificar os maiores criadores de riqueza. O cálculo envolve primeiramente achar o valor de mercado das ações de uma empresa e adicionar a isso o valor de seus passivos. Dessa somatória é subtraída uma estimativa do capital total investido (valor de livro dos ativos da empresa ajustados para um número de práticas contábeis que tendem a tornar o capital investido subestimado, por exemplo, baixa de despesas com P&D). Entretanto, o MVA tem outra interpretação, onde assumimos que o valor de mercado da empresa é igual ao valor presente descontado dos fluxos de caixa futuros da empresa. Demonstramos que o MVA é análogo ao valor presente líquido (NPV) da empresa como um todo.

Para ilustrar o relacionamento entre o MVA e o NPV considere um projeto de investimento de período único no qual uma empresa investe I_0 dólares em troca de um lucro operacional no final do período igual a NOI_1 (lucro líquido operacional). A empresa paga impostos a uma alíquota T, o ativo é totalmente depreciado em um período não deixando nenhum valor residual ou de sucateamento (isto é, despesa de depreciação para o período é igual a I_0) e a empresa tem um custo de oportunidade do capital de k_{WACC}. Neste cenário simples, o EVA_1 para o ano um pode ser definido como segue:

$$EVA_1 = NOI_1(1-T) - k_{WACC}I_0 \qquad (A.1)$$

O MVA é então igual a

$$MVA = \frac{NOI_1(1-T) - k_{WACC}I_0}{(1+k_{WACC})^1} \qquad (A.2)$$

Para observar a equivalência do MVA e NPV note que o fluxo de caixa livre do projeto (FCF) é definido como segue:

$$FCF_1 = NOI_1(1-T) + I_0 \qquad (A.3)$$

onde a despesa de depreciação é igual a I_0. Resolvendo (A.3) para $NOI_1(1-T)$ e substituindo o resultado em (A.2)

$$MVA = \frac{FCF_1 - I_0 - k_{WACC}I_0}{(1+k_{WACC})^1} = \frac{FCF_1 - I_0(1+k_{WACC})}{(1+k_{WACC})} = FCF_1 - I_0 = NPV$$

A equivalência do MVA e NPV pode ser estendida facilmente a períodos múltiplos futuros.

Referências

BCG (Boston Consulting Group). *Shareholder Value Management: Improved Measurement Drives Improved Value Creation.* Livro 2. 29 de julho de 1994.

Bierman, Harold. "Beyond Cash Flow ROI." *Midland Corporate Finance Journal.* 5, 4 (1988): 36-39.

Dixit, Avinash K. e Robert S. Pyndick. *Investment Under Uncertainty.* Princeton, N.J.: Princeton University Press, 1994.

Ehrbar, Al. *Stern Stewart's EVA: The Real Key to Creating Wealth.* New York: Wiley, 1998.

Elliot, Lisa. "Is EVA for Everyone?" *Oil & Gas Investor* 17, 2 (1997): 46-51.

Jensen, Michael e William Meckling. "Divisional Performance Measurement." Cap. 12 em *Foundations of Organizational Strategy.* Cambridge, Mass.: Harvard University Press, 1998.

McCormack, John e Jawanth Vytheeswaran. "How to Use EVA in the Oil and Gas Industry." *Journal of Applied Corporate Finance* 11 (1998): 109-131.

Hawawini, Gabriel e Claude Viallet. *Finance for Executives: Managing for Value Creation.* Cincinnati: South-Western College Publishing, 1999.

O'Byrne, Stephan. "Does Value Based Management Discourage Investment in Intangibles?" Em *Value Based Metrics: Foundations and Practice,* ed. James L. Grant and Frank J. Fabozzi. Frank J. Fabozzi & Associates (2000).

Trigeorgis, Lenos. *Real Options: Managerial Flexibility and Strategy in Resource Allocation.* Cambridge, Mass.: MIT Press, 1996.

Capítulo 8

——————— ··●●●·· ———————

Remuneração de Incentivo: O que se Mede e Recompensa é Feito

> *Acadêmicos e profissionais de uma grande variedade de áreas concordam que implementar mudanças produtivas e sustentáveis em uma organização é difícil. Eles discordam, no entanto, sobre porque isso acontece. Conseqüentemente, discordam sobre as abordagens mais eficientes para analisar e resolver problemas organizacionais e sobre as abordagens mais eficazes para implementar soluções. No centro da discórdia estão as diferenças nos fatores que motivam os indivíduos a mudar seu comportamento. As mudanças comportamentais por parte dos indivíduos são necessárias para a mudança organizacional e os sistemas de remuneração afetam o comportamento. Assim, é crítico considerar o papel que os sistemas de remuneração exercem no processo da mudança organizacional.*
>
> Karen Hopper Wruck, *"Compensation, Incentives, and Organizational Change"* (2000)

> *Quando os gestores se tornam proprietários, eles começam a pensar muito mais antes de retirar seu dinheiro de negócios maduros e investi-lo em áreas de crescimento. E eu acho que isso acontece como uma conseqüência razoavelmente natural do aumento na participação acionária. Certamente não está acontecendo porque de repente colocamos novos sistemas de controle na sede. De fato, atualmente, temos menos controladores do que tínhamos como parte da Kraft. O que é diferente é que as propostas para mudanças estão vindo de baixo para cima ao invés de de cima para baixo.*
>
> Robert Kidder, *CEO da Duracell* (1998)[1]

---

[1] Essa citação foi tirada de Roundtables da Stern Stewart, *Discussing the Revolution in Corporate Finance*, ed. Joel Stern e Donald Chew (1998).

Tínhamos um time transfuncional que por algum tempo vinha examinando o que considerávamos deficiências em nosso sistema de incentivos — que o pagamento de executivos estava ligado às vendas e ao lucro líquido. Simplesmente não havia uma boa correlação com o valor ao acionista.

Randall Tobias, *CEO da Eli Lilly (1996)*[2]

Todo negócio enfrenta o problema de motivar seus empregados a gerar valor para o(s) proprietário(s) da empresa. O problema é particularmente grave para empresas gerenciadas por não proprietários, pois os proprietários (isto é, os acionistas) não exercem controle direto sobre as operações da empresa. Duas abordagens fundamentais podem ser adotadas. A primeira envolve a monitoração cuidadosa, ou supervisão, do comportamento dos empregados. Embora essa abordagem possa ser eficiente, ela se torna muito embaraçosa e, conseqüentemente, muito cara para ser implementada em grandes organizações onde decisões descentralizadas são necessárias para tomadas de decisões em momento oportuno face à competição. Assim, a eficiência de "olhar por sobre os ombros do empregado" é limitada. A segunda abordagem envolve desenvolver uma política de remuneração que atraia, retenha e motive empregados de alto desempenho. Essa abordagem constitui a base para os sistemas de gestão baseada em valor e é o assunto deste capítulo.

Antes de prosseguir, devemos ressaltar que um sistema de remuneração não se limita aos pagamentos monetários. Wruck (2000) verifica o que os humanos valorizam ou menos mais que a remuneração monetária em uma organização e que as considerações monetárias não são capazes de capturar tudo o que afeta sua motivação e seu incentivo. Entretanto, para gestores que estão considerando a reestruturação do sistema de remuneração de suas empresas, as recompensas monetárias são particularmente importantes e proporcionam um ponto de partida produtivo. A importância do dinheiro não é que ele tem mais valor do que outros tipos de recompensas, mas o dinheiro é fungível, isto é, ele pode ser convertido em qualquer coisa que seja de maior valor para o empregado. Assim, juntamente com o aviso de que os sistemas de remuneração devem lidar com mais do que a alocação de recompensas monetárias,[3] concentramos nossa discussão no componente monetário do sistema de remuneração de uma empresa.

---

[2] Relatado em uma entrevista por Martin (1996).
[3] Exemplos simples de recompensas não monetárias que são importantes motivadoras do comportamento individual em uma organização incluem a participação nas atividades da empresa, ter um ambiente mais seguro e simplificado, reconhecimento público, interações agradáveis com os companheiros empregados e promoções. Todos esses são elementos importantes do sistema de remuneração geral da empresa.

O'Byrne (1997) identifica quatro objetivos básicos para a política de remuneração de uma empresa:

- *Alinhamento:* dar aos gestores um incentivo para escolher estratégias e investimentos que maximizem o valor ao acionista.
- *Alavancagem:* dar aos gestores remuneração de incentivo suficiente para motivá-los a trabalhar durante longos períodos, a aceitar riscos e tomar decisões desagradáveis, tal como o fechamento de uma fábrica ou a demissão de empregados, a fim de maximizar o valor ao acionista.
- *Retenção:* dar aos gestores remuneração total suficiente para retê-los, particularmente durante períodos de baixo desempenho devido a fatores de mercado e do setor.
- *Custo do acionista:* limitar a remuneração dos gestores a níveis que irão maximizar a riqueza dos atuais acionistas.

Embora cada empresa possa descrever seu objetivo de política de remuneração de maneira ligeiramente diferente, esses quatro objetivos são universais.[4] Todos esses quatro objetivos são importantes para a elaboração de uma política de remuneração eficiente; entretanto, os sistemas de gestão baseada em valor têm geralmente se concentrado em objetivos de alinhamento e alavancagem. Conseqüentemente, esses objetivos constituem a base para a nossa discussão.[5]

Planos de remuneração variam em complexidade entre empresas, setores e níveis dos empregados na hierarquia da empresa. Considere o típico pacote de remuneração de CEOs, que é descrito por Murphy (1999) como o salário básico, um bônus anual atrelado ao desempenho contábil, opções em ações e planos de incentivo de longo prazo (incluindo planos com restrições em ações e planos de desempenho contábil de vários anos). Em termos amplos, podemos considerar o salário básico como uma remuneração fixa já que ele não varia com o desempenho da empresa. Os componentes remanescentes do pacote de remuneração do CEO são variáveis ou sujeitos a risco, pois dependem, em alguma medida, do desempenho da empresa. Os sistemas de gestão baseada em valor concentram-se na elaboração de

---

[4] Por exemplo, a Boise Cascade Corporation (demonstração anual de regras de votação em 15 de abril de 1999, p. 11) declara que seu programa de remuneração de executivos foi elaborado para:
- atrair, motivar, recompensar e reter o talento gerencial em sua base mais ampla, que é crítico para alcançar os objetivos da empresa.
- ligar uma porção da remuneração de cada executivo ao desempenho tanto da empresa quanto do executivo individual.
- encorajar a participação em ações ordinárias da empresa pelos principais executivos.

[5] Wruck (2000) sugere que sistemas de remuneração eficientemente elaborados e implementados geram valor para as organizações ao: (1) melhorar a motivação e produtividade dos empregados; (2) promover o giro produtivo de seu pessoal; (3) mobilizar o valioso conhecimento específico ao permitir a descentralização eficiente; e (4) ajudar a superar a inércia organizacional e a oposição à mudança.

sistemas de medida e pagamento por desempenho que determinam os componentes variáveis.

A maior parte deste capítulo é devotada à utilização das medidas de desempenho anuais da gestão baseada em valor para determinar o componente bônus anual da remuneração dos gestores. Esse foco está diretamente relacionado à ênfase colocada sobre esse componente na literatura sobre gestão baseada em valor. Um dos principais pontos que ressaltamos é que os bônus anuais pagos por desempenho baseados nas ferramentas da gestão baseada em valor podem falhar em proporcionar uma perspectiva de valor a longo prazo. De fato, demonstramos que esses sistemas podem levar a decisões de investimentos míopes se outras formas de medidas e recompensas de longo prazo, tais como opções em ações e concessões, não os acompanharem.

Discutimos primeiramente as três questões fundamentais que todo programa de remuneração deve abordar. Em seguida, examinamos as práticas atuais de remuneração de executivos utilizando o trabalho de Murphy (1999). Descobrimos que os programas de remuneração por desempenho são muito menos predominantes do que achávamos.

Finalmente, discutimos algumas explicações possíveis para a relutância de muitas empresas em utilizar os programas de remuneração pelo desempenho.

Determinando a Política de Remuneração de uma Empresa

A política de remuneração de uma empresa deve responder a três questões fundamentais: (1) que nível de remuneração deve ser pago; (2) como a remuneração deve ser ligada ao desempenho (isto é, a forma funcional); e (3) como a remuneração deve ser paga (isto é, sua composição), incluindo pagamentos em caixa *versus* benefícios (seguros, condições de trabalho, tempo de lazer, e assim por diante) e o uso de caixa *versus* títulos negociáveis (opções em ações e concessões) para o pagamento de incentivo.[6]

Qual Deve Ser o Nível de Remuneração?

Um mercado de trabalho competitivo exige, no mínimo, que os executivos recebam o que poderiam obter em um emprego comparável em outro lugar. Em essência, o nível de remuneração que uma empresa paga determina a qualidade e a quantidade de trabalhadores que a empresa pode atrair. Além disso, as forças do mercado que estão fora do controle da empresa determi-

---

[6] Nossa discussão dos componentes da política de remuneração segue o mesmo rumo da de Baker, Jensen e Murphy (1988).

nam grandemente o nível de remuneração pago. É prática-padrão para empresas utilizarem dados de pesquisa de remuneração como base para determinar o nível da remuneração paga aos seus empregados. Por exemplo, a declaração de 1999 da Dana Corporation indica que a empresa "compara suas práticas de remuneração àquelas de um grupo de empresas comparáveis. O grupo de comparação... consiste atualmente de 22 empresas" (p. 11). De acordo com Murphy (1999), o uso de pesquisas de remuneração é praticamente universal como meio de determinar salários básicos.

Os proponentes da gestão baseada em valor argumentam que pagar um nível de remuneração competitivo não é suficiente para assegurar a geração de valor ao acionista. Especificamente, eles argumentam que deve se ligar o pagamento ao desempenho. A premissa fundamental por trás dos sistemas de gestão baseada em valor é simples: o que uma empresa mede e recompensa é feito. Portanto, se o objetivo é gerar valor para o acionista, deve-se selecionar uma medida de desempenho que seja consistente com esse objetivo e utilizá-la para determinar a remuneração.[7] Assim, os sistemas de gestão baseada em valor concentram-se na forma funcional de remuneração.

Como o Pagamento Deve Ser Ligado ao Desempenho?

A forma funcional refere-se ao relacionamento entre o pagamento e o desempenho. A sensibilidade do pagamento com relação ao desempenho depende de dois atributos do programa de remuneração da empresa: (1) a fração da remuneração total que é atrelada ao desempenho; e (2) a fórmula utilizada para relacionar o pagamento ao desempenho. Não existem regras rígidas e rápidas para determinar a combinação de remuneração fixa versus variável. Entretanto, observamos, na prática, que os empregados de nível mais alto na empresa têm uma fração maior de sua remuneração total em riscos e dependente do desempenho da empresa. Para a maioria das empresas isso simplesmente reflete as responsabilidades dos gestores de cúpula da empresa e sua habilidade em controlar o desempenho da mesma. Além disso, devido ao componente variável, ou a risco, da remuneração ser o elemento-chave para determinar a sensibilidade da remuneração com relação ao desempenho, concentramo-nos nesse fator à medida que ele influencia a remuneração de incentivo.

---

[7] Devemos reconhecer que o pagamento pelo desempenho não é aceito em alguns lugares. Alguns psicólogos e estudiosos do comportamento têm argumentado que o pagamento pelo incentivo ou a remuneração baseada em mérito pode criar resultados disfuncionais. Kohn (1988), por exemplo, argumenta que os sistemas de pagamento por mérito são contraprodutivos por três motivos: "Primeiro, as recompensas encorajam as pessoas a estreitar seu foco em uma tarefa, fazê-la o mais rápido possível e correr poucos riscos... Segundo, as recompensas extrínsecas podem erodir os interesses intrínsecos...[Finalmente], as pessoas passam a se ver como sendo controladas pela recompensa." De modo similar, Deci (1972) argumenta que o dinheiro de fato diminui a motivação dos empregados ao reduzir as "recompensas intrínsecas" que um empregado recebe por sua função.

Fórmula para Determinar o Pagamento de Incentivo

O procedimento utilizado para determinar o nível de remuneração de incentivo varia pouco independente da medida de desempenho específica escolhida.[8] Começamos observando uma fórmula de pagamento de remuneração de incentivo sem restrições:[9]

$$\text{Pagamento de incentivo} = \text{Salário básico} \times \text{Fração do pagamento em risco} \times \frac{\text{Desempenho atual}}{\text{Meta de desempenho}} \quad (8.1)$$

Como não há especificação de um nível mínimo ou máximo, o pagamento de incentivo não tem restrições. Além disso, observamos que a remuneração de incentivo na equação (8.1) é uma função do montante da remuneração dos empregados que está em risco ou sujeita ao desempenho da empresa (o produto do salário básico e a fração do pagamento em risco)[10] e do desempenho atual da empresa para o período com relação ao nível meta de desempenho. Na prática, esse sistema elementar pode ser igual para todos os empregados, porém pode diferir em termos do nível de salário básico do empregado e a porcentagem deste pagamento básico que está em risco ou sujeito à remuneração de incentivo.

---

[8] A discussão que se segue é muito básica, pois na maioria das empresas o pagamento de incentivo baseia-se em múltiplas métricas de desempenho. Por exemplo, os executivos podem receber 75% de seu pagamento de incentivo com base em resultados financeiros e 25% com base em objetivos pessoais. Em outros casos, o pagamento de incentivo pode se basear no desempenho individual, no desempenho financeiro e no desempenho estratégico.

[9] Essa fórmula de pagamento de incentivo pressupõe que o mesmo será igual a zero quando o desempenho atual for igual a zero. Muitas empresas (por exemplo, Briggs and Stratton e Eli Lilly) utilizam uma fórmula de bônus que lhes permite ou parar de pagar o bônus antes que a métrica de desempenho atinja zero, ou pagar um bônus mesmo quando a medida de desempenho for negativa. A fórmula modificada do pagamento de incentivo tem o seguinte formato geral:

$$(\text{Pagamento de incentivo})_t = (\text{Meta de bônus})_t \times \left[\frac{(\text{Desempenho atual})_t - (\text{Meta de desempenho})_t}{(\text{Fator de alavancagem})_t} \right]$$

Observe que onde (Fator de alavancagem)$_t$ = (Meta de desempenho)$_t$, esta expressão fica reduzida à equação (8.1).

[10] Por exemplo, em 1999, a Johnson & Johnson Medical utilizou o seguinte esquema para definir a porcentagem-meta do salário básico para seu conjunto de incentivos:

Salário básico	Percentual meta do salário básico
$64.000-$88.999	10
$89.000-$112.999	15
$113.000-$156.999	20

Por outro lado, em 1999 o Motel 6 estabeleceu seu pagamento de incentivo com base na posição e responsabilidade do empregado. A gerente tinha 10% de um salário básico sujeito à remuneração de incentivo e o vice-presidente tinha 25% sujeito à remuneração de incentivo.

Como funciona esse modelo elementar de pagamento de incentivo? Considere o caso de um empregado cujo salário básico é $50.000 com um adicional de 20% desse pagamento básico, ou $10.000, em risco (isto é, dependendo do desempenho da empresa). Por conveniência, definimos o pagamento básico como a remuneração fixa do empregado, o salário que é fixo e independente do desempenho da empresa.[11] Assim, a remuneração total do empregado é igual ao componente básico de $50.000, somado a alguma fração do pagamento em risco. Se pressupomos que o índice de desempenho atual com relação à meta for de 1,1, então seu incentivo, ou pagamento em risco, para o ano é de $11.000 e a remuneração total para o período é igual a $61.000.[12] Alternativamente, se o desempenho da empresa é exatamente igual à meta de desempenho, então a remuneração de incentivo é igual a $10.000 e a remuneração total é igual a $60.000.

A Figura 8.1 ilustra como a remuneração de incentivo varia com o desempenho da empresa. Nesse exemplo, a remuneração de incentivo não tem restrições, pois varia diretamente com o desempenho atual relativo a

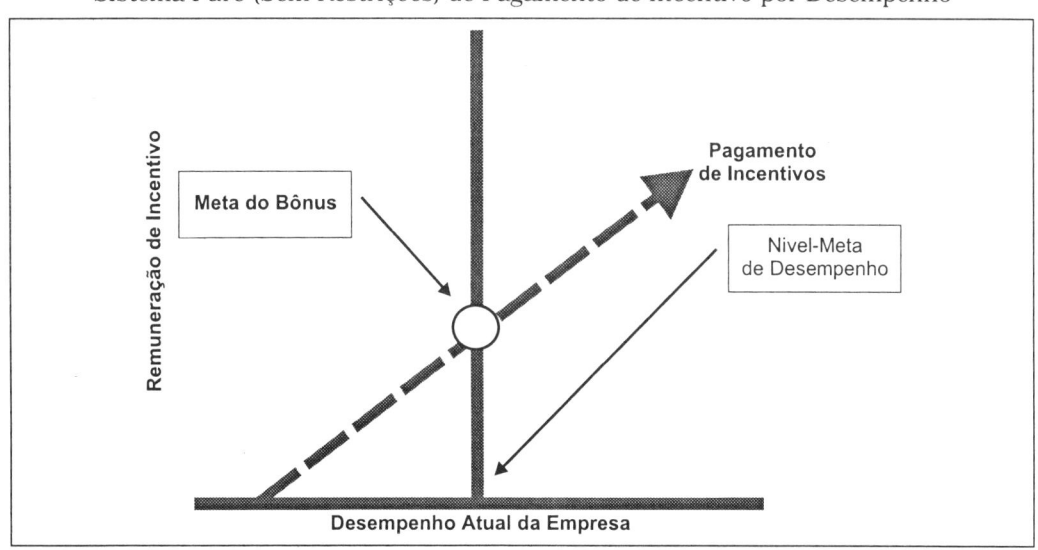

Figura 8.1
Sistema Puro (Sem Restrições) de Pagamento de Incentivo por Desempenho

---

[11] Uma alternativa teria sido definir o pagamento básico como salário somado ao nível-meta de remuneração de incentivo baseado no fato da empresa alcançar o nível-meta de desempenho. Utilizando essa última abordagem, o pagamento básico se torna o nível esperado de remuneração (salário somado ao pagamento em risco).

[12] Pagamento de incentivo = $50.000 × 0,20 × 1,10 = $11.000 e remuneração total = $50.000 + $11.000 = $61.000.

uma meta de desempenho sem piso (mínimo) ou teto (máximo).[13] Tal sistema proporciona aos empregados da empresa um incentivo para melhorar o desempenho independente do nível de desempenho da empresa.

A maioria das empresas, no entanto, não utiliza um programa de pagamento de incentivo sem restrições. Em vez disso, utiliza um sistema que exige um nível mínimo ou limiar de desempenho (em relação ao nível-meta) antes que o plano de incentivo entre em ação e um nível máximo de desempenho (novamente em relação à meta) acima do qual nenhum pagamento de incentivo é concedido. Esses níveis de desempenho mínimo e máximo são, às vezes referidos como "pontos de golfe" devido aos incentivos adversos que têm sobre o esforço de trabalho dos empregados.

A Figura 8.2 contém um exemplo de um plano 80/120 no qual o nível de desempenho mínimo ou limiar pelo qual a remuneração de incentivo é paga é igual a 80% do nível-meta de desempenho. O desempenho máximo para o qual o pagamento de incentivo é concedido é 120% da meta de desempenho. Consequentemente, a remuneração de incentivo é paga somente para níveis de desempenho que estão dentro da faixa 80/120. Adicional-

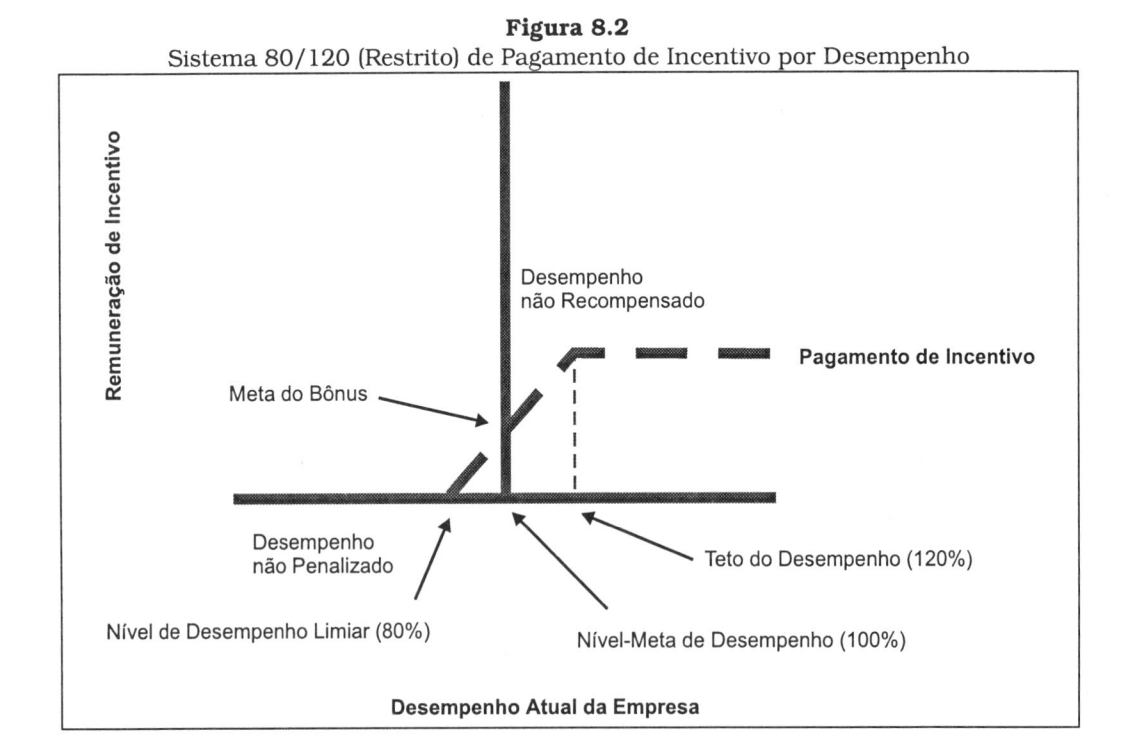

Figura 8.2
Sistema 80/120 (Restrito) de Pagamento de Incentivo por Desempenho

---

[13] Implícito em nossa discussão está o pressuposto de que a métrica de desempenho é restrita de baixo para cima em zero.

mente, existe uma grande amplitude no desempenho da empresa para o qual nenhum pagamento de incentivo é concedido (isto é, desempenho acima de 120% ou abaixo de 80% do nível-meta). Portanto, esse tipo de programa tem efeitos de incentivo que são limitados pela amplitude de desempenho para a qual o pagamento varia com o desempenho.

Planos restritos de remuneração de incentivo, argumentam Watts e Zimmerman (1986), podem proporcionar incentivos adversos aos gestores. Por exemplo, à medida que se torna óbvio que o desempenho da empresa para o período de avaliação (geralmente um trimestre ou um ano) ficará abaixo do limiar de 80%, os empregados não têm incentivo direto através do pagamento pelo desempenho para trabalhar duro de modo a elevar o desempenho da empresa durante o remanescente do período de avaliação. De fato, eles são incentivados a reduzir o desempenho do período atual ainda mais na esperança de que isso diminuirá o nível-meta para o próximo período. Adicionalmente, reduzir o desempenho do período atual pode permitir a transferência de parte ou de todo o desempenho perdido para o período seguinte de avaliação, quando então eles esperam ser recompensados por isso.

Um problema similar surge no limite superior do espectro de desempenho. Por exemplo, se aparentemente o desempenho da empresa irá superar o nível de pagamento máximo, então os empregados novamente perdem o incentivo para melhorar o desempenho. Primeiramente, eles não são pagos pelo desempenho acima do máximo e, em segundo lugar, eles podem ser capazes de postergar os negócios até o próximo período, quando isso pode contar para o pagamento de incentivo para aquele período.[14]

Cada vez mais as evidências sugerem que os gestores se comportam de modo oportunista ao reagir a planos de remuneração restritos. A evidência sugere que os gestores postergam os lucros quando é evidente que estes irão ultrapassar o teto de desempenho, mas não há evidências de que eles exageram os lucros quando o desempenho limiar é improvável de ser alcançado (Degeorge *et al.* 1998; Gaver *et al.* 1995; Healy 1985; Holthausen *et al.* 1995).[15]

---

[14] Art Knight, CEO da Morgan Products, descreve o problema da seguinte maneira: "Costumava ser que nossos planos de remuneração para os gestores seniores e divisionais eram atados, como tantos planos o são, aos orçamentos negociados – não ao aumento no valor para o acionista. Embora atingir os números do orçamento possa aumentar o valor ao acionista, isso pode não dar aos gestores incentivos para melhorar o valor ainda mais ao ir além dos números orçados." (Edwards 1993)

[15] A imprensa financeira reconhece a prática por alguns gestores de manipular os lucros para sustentarem seus próprios ganhos (Bruns e Merchant 1990; Rich, Smith e Mihalek 1990).

Medidas de Desempenho de Período Único e Incentivos para a Gestão

Até agora nos referimos ao desempenho da empresa sem especificar como ele deve ser medido. Uma grande variedade de métricas de desempenho pode ser utilizada, incluindo medidas baseadas na contabilidade, tal como lucros, crescimento em lucros e crescimento em receitas, além das métricas do sistema de gestão baseada em valor. Entretanto, praticamente todas essas medidas baseiam-se nos resultados de desempenho histórico de um único período. Esse fato faz surgir um problema muito sério que Jensen e Meckling (1986, p. 13) resumem da seguinte maneira:

> Pelo fato do EVA ser uma medida de fluxo, ele não resolve o problema do valor do capital. Isso significa que se os EVAs anuais futuros de um projeto forem suficientemente grandes, compensará para uma empresa adotar um projeto cujos EVAs dos primeiros anos forem negativos. O valor de mercado, o valor descontado dos fluxos de caixa líquidos menos o investimento requerido para gerá-los, é o valor apropriado a ser maximizado. Assim, enquanto o EVA é a melhor medida de desempenho do fluxo atualmente conhecida, ele não é a resposta universal à busca pela medida de desempenho perfeita.

O problema pode criar incentivos adversos para os gestores cujas decisões se baseiam em incentivos financeiros pessoais ao longo de um horizonte de decisão que é menor do que o período de vida dos projetos em consideração.

Horizontes de Decisão dos Gestores e Uso do EVA e CVA. Podemos ilustrar a natureza do problema "valor *versus* fluxo" apresentado na citação anterior utilizando o exemplo de projeto de investimento (similar àquele discutido no Capítulo 7) na Tabela 8.1. Pressupomos um investimento inicial de $18.000, consistindo de fábrica e equipamentos no valor de $16.000 a serem depreciados numa base linear ($2.285,71 por ano) ao longo de uma vida de sete anos e um capital de giro igual a $2.000 a ser recuperado no final da vida do projeto. O projeto tem uma taxa de retorno requerida de 10%.

Começamos nossa análise do fluxo de caixa do projeto e de seu valor na Tabela 8.1 com o lucro líquido operacional após impostos (NOPAT) esperado do projeto. Observe que o NOPAT é o mesmo ao longo dos primeiros três anos da vida do projeto, subindo para um nível mais alto pelos quatro anos finais. Nós, então, adicionamos de volta a depreciação para calcular o fluxo de caixa livre. Verifique que o capital a valor de livro declina ao longo do tempo à medida que a fábrica e equipamentos são depreciados e que o custo de capital a cada ano é o capital inicial a valor de livro (capital final no ano anterior) vezes o custo de capital (10%). Os resultados são os seguintes:

Tabela 8.1
Remuneração de Incentivo Baseada no EVA e CVA para um Projeto de NPV Positivo

	0	1	2	3	4	5	6	7
Lucro Líquido Operacional Após Impostos (NOPAT)		$1.140,00	$1.140,00	$1.140,00	$1.320,00	$1.320,00	$1.320,00	$1.320,00
Depreciação		2.285,71	2.285,71	2.285,71	2.285,71	2.285,71	2.285,71	2.285,71
Fábrica e Equipamentos	($16.000,00)							0,00
Capital de Giro	(2.000,00)							2.000,00
Capital Investido	$(18.000,00)							
Fluxo de Caixa Livre da Empresa	$(18.000,00)	$3.425,71	$3.425,71	$3.425,71	$3.605,71	$3.605,71	$3.605,71	$5.605,71
NPV	$132,81							
Capital a Valor de Livro	$18.000,00	$15.714,29	$13.428,57	$11.142,86	$8.857,14	$6.571,43	$4.285,71	$2.000,00
Custo de Capital		1.800,00	1.571,43	1.342,86	1.114,29	885,71	657,14	428,57
Retorno sobre o Capital Investido		6,33%	7,25%	8,49%	11,85%	14,90%	20,09%	30,80%
EVA		$(660,00)	$(431,43)	$(202,86)	$205,71	$434,29	$662,86	$891,43
Remuneração Baseada no EVA (1% do EVA)		(6,60)	(4,31)	(2,03)	2,06	4,34	6,63	8,91
PV Acumulado da Remuneração EVA		$(6,00)	$(9,57)	$(11,09)	$(9,68)	$(6,99)	$(3,25)	$1,33
CVA		$(60,77)	$(60,77)	$(60,77)	$119,23	$119,23	$119,23	$119,23
Remuneração Baseada no CVA (1% do CVA)		(0,61)	(0,61)	(0,61)	1,19	1,19	1,19	1,19

- O valor presente líquido do projeto (NPV) é $132,81.
- Retorno sobre o capital investido é igual a NOPAT dividido pelo capital inicial e cresce de 6,33% para 30,80% ao longo da vida do projeto.
- O valor econômico agregado (EVA) é o NOPAT menos o custo pelo capital. O EVA é negativo inicialmente, mas aumenta ao longo da vida do projeto desde – $660,00 até $891,43.
- Pressupõe-se que a remuneração baseada no EVA é igual a 1% do EVA para o período.
- O valor presente acumulado da remuneração é a soma dos valores presentes da remuneração EVA anual para os anos um, dois, e assim por diante. Se o horizonte da gestão fosse de quatro anos, então o valor presente acumulado sobre seu bônus pelo efeito de aceitar o projeto seria – $9,68, enquanto se elevaria a $1,33 para um horizonte de sete anos.
- O valor adicionado base caixa (CVA) é o fluxo de caixa livre do projeto menos a depreciação econômica menos a despesa de capital sobre o custo total do projeto.[16]
- A remuneração CVA e o valor presente acumulado da remuneração CVA são calculados da mesma maneira que a remuneração EVA.

Uma vez que o projeto tem um valor presente líquido positivo de $132,81, espera-se que ele gere valor para o acionista. Note, no entanto, que os EVAs e CVAs para o projeto são negativos para os anos 1 a 3. Conseqüentemente, independente da remuneração de incentivo basear-se no EVA ou no CVA, o projeto tem um impacto negativo sobre a remuneração da gestão. Esse fato é descrito graficamente na Figura 8.3, onde localizamos a soma dos valores presentes dos bônus anuais para cada ano.[17] Verifique, entretanto, que como a magnitude dos EVAs é muito maior do que aquela dos CVAs, leva-se sete anos para que o valor presente acumulado dos bônus EVA some um número positivo, enquanto leva somente cinco anos para que os bônus baseados em CVA produzam uma soma de valor presente positivo.

Considere o incentivo financeiro de um gestor que está considerando tal projeto, mas que não planeja permanecer com a empresa por mais do que,

---

[16] Para uma discussão do cálculo da depreciação econômica, veja o Capítulo 6.

[17] Utilizamos a taxa de retorno requerida da empresa de 10% para descontar os bônus dos gestores, pois os bônus dependem do desempenho do projeto. Adicionalmente, estabelecemos o bônus de pagamento por desempenho igual a 1% da métrica de desempenho escolhida (EVA ou CVA) para o período.

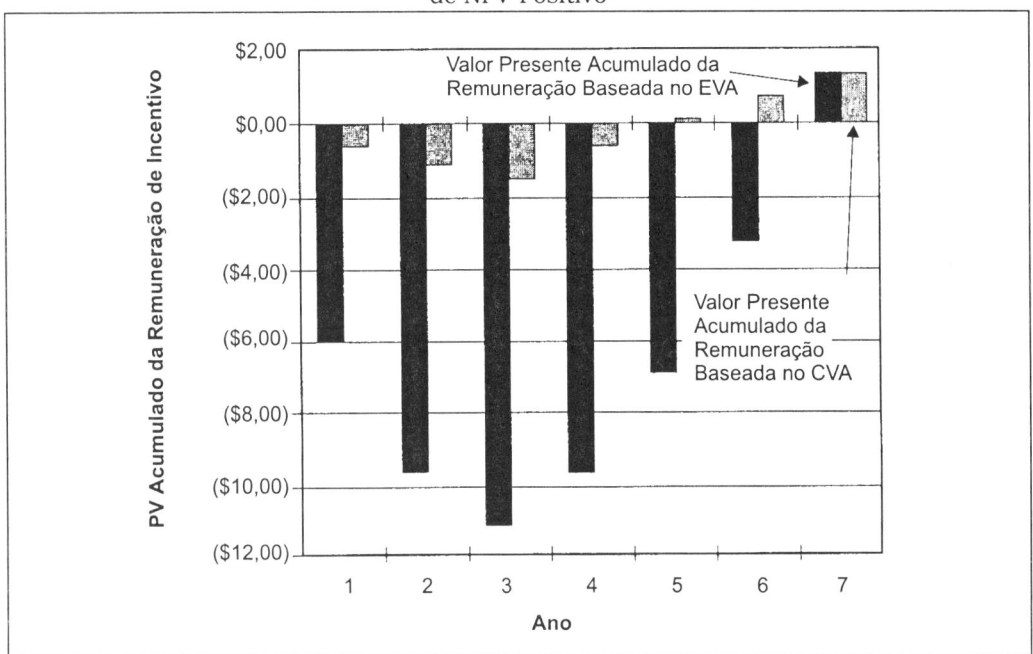

Figura 8.3
Valor Presente Acumulado da Remuneração Baseada no EVA para um Projeto de NPV Positivo

digamos, três ou quatro anos.[18] Esse indivíduo não desejará assumir o projeto embora ele ofereça um valor presente líquido positivo independentemente do EVA ou do CVA serem utilizados para avaliar o desempenho anual. Isso ocorre porque as métricas de desempenho anual do projeto em qualquer ano não refletem o valor do desempenho futuro. Como resultado, um gestor que é remunerado com base no EVA e com um horizonte de decisão menor do que seis anos rejeitará tal projeto ainda que este ofereça um NPV positivo.[19] O gestor CVA aceitará o projeto somente se tiver um horizonte de decisão de cinco anos ou mais.

É importante notar, no entanto, que quando o horizonte de decisão dos gestores é igual à vida do projeto sob consideração, ele será motivado a tomar decisões que são consistentes com o NPV. Isto é, o valor presente acumulado de seus bônus baseados tanto no EVA quanto no CVA é positivo

---

[18] O gestor não tem que deixar a empresa para que surja o problema de horizonte da gestão. Ele pode simplesmente mudar-se para outra unidade operacional ou divisão onde o desempenho de sua atual divisão não afeta sua remuneração de incentivo.

[19] Utilizamos o termo *horizonte de decisão* para nos referir ao período de tempo sobre o qual a remuneração do gestor será afetada por um projeto (ou empresa). Gibbons e Murphy (1992) referem-se a isso simplesmente como o horizonte da gestão.

para um gestor com um horizonte de sete anos, indicando que ele desejará aceitar o projeto com NPV positivo. Esse resultado não surpreende, uma vez que, como explicado no Capítulo 7, o valor presente dos EVAs ou dos CVAs de um projeto ao longo do período de vida completo do mesmo é igual ao NPV do projeto. Assim, o valor presente acumulado dos bônus futuros ao longo de toda a vida do projeto é simplesmente uma porcentagem (1% no nosso exemplo) do NPV. Correspondentemente, se o NPV é positivo (negativo) o valor presente acumulado dos bônus do gestor ao longo da vida do projeto também será positivo (negativo).

Considere agora os incentivos gerenciais associados a um investimento de NPV negativo que oferece retornos iniciais altos seguidos por retornos baixos. A Tabela 8.2 mostra tal exemplo. O projeto tem um NPV *negativo* de – $301,40, mas devido aos retornos mais altos sobre o capital investido obtidos nos primeiros anos de vida do projeto ele proporciona EVAs e CVAs positivos nesses primeiros anos. Como resultado, um gestor que é remunerado com base no EVA e tem um horizonte de decisão de três anos ou menos desejará aceitar o projeto mesmo tendo um NPV negativo. De modo similar, se o CVA for utilizado para determinar a remuneração, um gestor com um horizonte de decisão de até seis anos achará o projeto atraente. Novamente, se o horizonte de decisão do gestor for igual à vida do projeto, ele terá um incentivo de fazer escolhas que são consistentes com o NPV, independente de se for usado o EVA ou CVA como medida de desempenho anual. Esses resultados são mostrados graficamente na Figura 8.4.

Figura 8.4
Valor Presente Acumulado da Remuneração Baseada no EVA para um Projeto de NPV Negativo

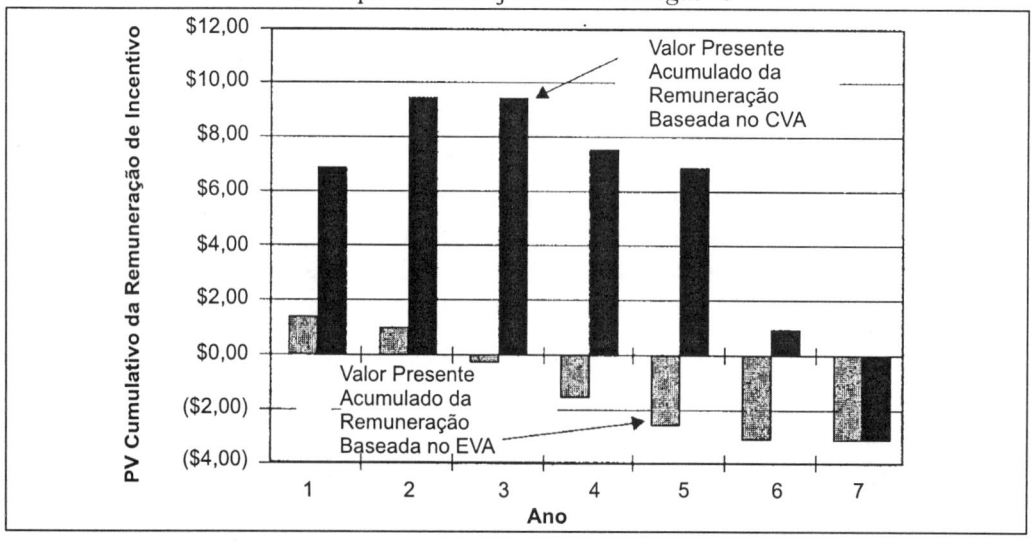

Tabela 8.2
Exemplo de Remuneração de Incentivo Baseada no EVA e no CVA para um Projeto de NPV Negativo

	0	1	2	3	4	5	6	7
Lucro Líquido Operacional Após Impostos (NOPAT)		$1.950,00	$1.521,00	$1.186,38	$925,38	$721,79	$563,00	$439,14
Depreciação		$2.285,71	$2.285,71	$2.285,71	$2.285,71	$2.285,71	$2.285,71	$2.285,71
Fábrica e Equipamentos	$(16.000,00)							0,00
Capital de Giro	(2.000,00)							2.000,00
Capital Investido	$(18.000,00)							
Fluxo de Caixa Livre da Empresa	$(18.000,00)	$4.235,71	$3.806,71	$3.472,09	$3.211,09	$3.007,51	$2.848,71	$4.724,85
NPV	($301,40)							
Capital a Valor de Livro	$18.000,00	$15.714,29	$13.428,57	$11.142,86	$8.857,14	$6.571,43	$4.285,71	$2.000,00
Custo de Capital		1.800,00	1.571,43	1.342,86	1.114,29	885,71	657,14	428,57
Retorno sobre o Capital Investido		10,83%	9,68%	8,83%	8,30%	8,15%	8,57%	10,25%
EVA		$150,00	$(50,43)	$(156,48)	$(188,91)	$(163,92)	$(94,14)	10,57
Remuneração Baseada no EVA (1% do EVA)		1,50	(0,50)	(1,56)	(1,89)	(1,64)	(0,94)	0,11
PV Acumulado da Remuneração EVA		$1,36	$0,95	$(0,23)	$(1,52)	$(2,54)	$(3,07)	$(3,01)
CVA		$749,23	$320,23	$(14,39)	$(275,40)	$(478,98)	$(637,77)	$(761,63)
Remuneração Baseada no CVA (1% do CVA)		7,49	3,20	(0,14)	(2,75)	(4,79)	(6,38)	(7,62)
PV Acumulado da Remuneração CVA		$6,81	$9,46	$9,35	$7,47	$4,49	$0,89	$(3,01)

Resumindo, tanto quando o EVA (calculado utilizando-se a depreciação GAAP) ou o CVA (ambas medidas de desempenho de período único) são utilizados para medir o desempenho, os gestores com horizontes mais curtos do que a vida do projeto podem ter um incentivo financeiro para se comportar de modo contraproducente. Especificamente, tal gestor será motivado a aceitar alguns projetos que tenham boas perspectivas de curto prazo, porém que possuam um NPV negativo (por exemplo, o projeto na Tabela 8.2) e rejeitar projetos com NPV positivo que tem perspectivas boas a longo prazo, mas não proporcionam muito caixa nos seus primeiros anos (por exemplo, o projeto encontrado na Tabela 8.1). A principal fonte do problema certamente é a extensão do horizonte de decisão do gestor. Além disso, a distribuição dos fluxos de caixa ao longo do tempo pode contribuir para o problema. Verifique que tanto na Tabela 8.1 quanto na 8.2 os retornos sobre o capital investido estão aumentando e declinando ao longo do tempo, respectivamente. Para o projeto de NPV positivo na Tabela 8.1, os retornos começam abaixo dos 10% do custo de capital e gradualmente sobem até excederem o custo de capital por uma ampla margem. Essa relação é invertida na Tabela 8.2 para o projeto de NPV negativo. Assim, sempre que o retorno sobre o capital investido varia de ano a ano e está, às vezes, acima do custo de capital e, às vezes, abaixo dele, temos o potencial para conflitos entre medidas de período único (medidas de fluxo) e o valor presente líquido do projeto (uma medida de valor).

Estendendo o Horizonte dos Gestores Através do Uso de um Banco de Bônus

Um método que foi sugerido para abordar o problema dos horizontes de decisão dos gestores e a natureza de período único das medidas EVA e CVA é utilizar um sistema de banco de bônus.[20] Um banco de bônus implica o pagamento de bônus aos empregados ao longo de um período extenso de tempo. Por exemplo, com um banco de bônus de três anos o bônus obtido esse ano seria pago um terço esse ano, um terço no próximo ano e um terço no ano seguinte.[21] Um sistema de banco de bônus empurra o horizonte de decisão dos

---

[20] Quando questionado se havia o perigo de que os gestores tornariam decisões de investimento visando o curto prazo a fim de elevar seus bônus EVA, o CEO Tobias da Eli Lilly respondeu: "Sim. Uma das coisas que você nunca deseja estabelecer é um sistema em que há um grande incentivo para fazer algo estúpido a curto prazo. Teoricamente, você poderia diminuir sua base de ativos e melhorar o EVA ao exaurir todo o seu estoque. Mas, então, chega o primeiro dia do próximo ano e você não teria nada para vender.... Para certificar-se de que esse tipo de tomada de decisão que visa o curto prazo não aconteça, montamos algo chamado de banco de bônus que encoraja os gestores a adotarem a perspectiva de prazo mais longo." (Martin 1996)

[21] Algumas vezes, o conceito de banco de bônus pode ser utilizado em combinação com outra medida. Por exemplo, se o crescimento em receitas é importante (porém secundário à principal medida), um sistema de remuneração pode ser elaborado em que uma porção do bônus obtido (em uma escala decrescente) é retida se os objetivos de crescimento em receitas não forem atingidos.

gestores ao período do banco de bônus, pois o baixo desempenho no futuro reduzirá o saldo no banco de bônus dos empregados. Entretanto, para ser totalmente eficiente o banco de bônus deve estender o horizonte de decisão dos gestores ao longo de toda a vida dos projetos que estão sendo analisados. Na prática, os bancos de bônus raramente se estendem além de cinco anos.[22]

Estabelecendo as Metas de EVA com Base nos Melhoramentos Ano a Ano

Os planos de bônus com base em medidas do tipo lucro residual (do qual o EVA é um caso especial) existem há muitos anos. Por exemplo, em 1922, a General Motors adotou um plano de bônus que oferecia um bônus total igual 10% dos lucros que excedesse a um retorno de 7% sobre o capital. Esse plano sobreviveu com poucas modificações por vinte e cinco anos (Sloan 1963). A Walt Disney utilizou um plano de remuneração similar para Michael Eisner começando em 1983, quando concedeu um bônus anual de 2% do lucro líquido em excesso de um retorno sobre o patrimônio líquido de 9%. Esse plano foi usado por quase quinze anos com somente modificações mínimas. Ambos os planos proporcionaram uma taxa percentual fixa sobre o lucro residual, o que pode ser problemático.

Especificamente, O'Byrne (2000) encontra quatro motivos pelos quais esse plano simples de bônus baseado numa porcentagem fixa do desempenho da empresa é raramente utilizado hoje em dia: (1) Pagar um percentual do nível de lucro residual não permite o pagamento de bônus quando a empresa está sofrendo de um desempenho negativo. (2) Se nenhum bônus for pago nos anos com desempenho negativo, os gestores têm um incentivo de diferir seus lucros e receitas para períodos futuros quando um bônus será obtido. Esse é o problema ao qual nos referimos anteriormente com relação à Figura 8.2. (3) Dar aos gestores um bônus com base no primeiro dólar de lucro oferece uma troca ineficiente entre a força do incentivo ao gestor e o custo ao acionista. Para níveis muito baixos da métrica de desempenho, o bônus é muito pequeno e pode oferecer um incentivo muito limitado à gestão; entretanto, em anos de muito sucesso o mesmo bônus percentual pode levar a pagamentos que são considerados pelos acionistas em excesso do necessário para atrair gestores capazes. Isso sugere um tipo de pagamento de bônus que oferece um bônus percentual cada vez menor à medida que aumenta o desempenho. Por exemplo, o pagamento de bônus pode ser de, digamos, 5% do EVA até um determinado nível de EVA e, então, 4% para uma segunda faixa de desempenho, e assim por diante. (4) Pagar bônus com base no nível da medida de desempe-

---

[22] Martin, Petty e Rich (2000) mostram que, ao postergar o pagamento de bônus, um sistema de banco de bônus pode, na verdade, exacerbar o problema associado com horizontes curtos de decisão gerencial.

nho falha em levar em conta a falta de melhoramentos. Essa crítica baseia-se na noção de que continuar obtendo um EVA positivo não justifica uma recompensa. No entanto, onde o EVA de fato mede excesso ou lucro econômico, pode-se concluir que para gestores que têm de operar em mercados concorridos, apenas manter o nível atual do EVA pode ser um feito significativo.

Em resposta ao problema associado com o pagamento de um percentual fixo do EVA em bônus para os gestores, a Stern Stewart & Co. recomenda que os bônus sejam pagos com base nas mudanças no EVA em vez de no nível do EVA para o período (Stern, Stewart e Chew 1998). Entretanto, isso deixa sem resposta a questão de qual deve ser o nível-alvo do EVA da empresa ou a mudança-alvo no EVA? A recomendação da Stern Stewart de que a empresa pague por melhorias parece razoável na ausência de qualquer informação com relação ao que é plausível ou alcançável. Entretanto, devemos reconhecer que embora um EVA crescente seja geralmente melhor do que um decrescente, existem circunstâncias onde o EVA para um determinado ano tem expectativa de declínio (por exemplo, imediatamente após um grande comprometimento de capital a um projeto que não começará a produzir fluxos de caixa por muitos anos). Esse é o mesmo problema que discutimos anteriormente no Capítulo 7. Isto é, métricas de desempenho históricas de período único podem ser indicadores insuficientes da geração de valor, onde o valor para o acionista baseia-se no desempenho da empresa em todos os períodos futuros. Assim, resta-nos a conclusão de que as medidas de desempenho de período único são necessárias, mas não devemos achar que elas podem ser aplicadas mecanicamente sem qualquer julgamento — nem mesmo aquelas mais aclamadas recentemente, tal como o EVA e o CVA.

Utilizando Ações para Aumentar os Horizontes de Decisão dos Gestores

Se os gestores acreditam que os preços das ações são dirigidos pelo valor presente dos fluxos de caixa futuros, então um modo natural de esticar seus horizontes de decisão é pagá-los com ações ou opções em ações.[23] Isso é de fato o que muitas empresas estão fazendo cada vez mais. Por exemplo, opções em ações atualmente representam mais do que a metade da remuneração total dos CEOs nas maiores empresas norte-americanas e cerca de 30% dos pagamentos a gestores operacionais seniores. Além disso, as opções e concessões de ações constituem atualmente quase metade do pagamento aos diretores. Esses fatos refletem a noção de que o pagamento baseado em ações pode ser um comple-

---

[23] Dizemos "se os gestores acreditam" porque existem muitas pessoas no mundo de negócios que acham que os preços da ação são dirigidos principalmente pelos lucros atuais (como discutimos no Capítulo 3).

mento natural aos bônus baseados no desempenho de curto prazo. Vista dessa maneira, a remuneração em ações, assim como a gestão baseada em valor, é ainda uma outra abordagem que pode ser utilizada para tentar alinhar os interesses dos acionistas e dos gestores.

Em princípio, o preço da ação parece ser uma medida correta se o objetivo é ligar o desempenho com o que os acionistas realmente se importam. Entretanto, a remuneração baseada em ações tem suas limitações. Baker, Jensen e Murphy (1988) descrevem as questões que surgem da utilização da remuneração com base em ações da seguinte maneira:

> *Os profissionais na área de remuneração argumentam que mudanças fundamentais na "cultura da empresa" ocorrem quando os empregados se tornam proprietários parciais da empresa. Os efeitos desses planos incluem "vestir a camisa do time" e uma maior consciência e interesse pelo resultado final da empresa. Não compreendemos como esses efeitos se traduzem em aumento de produtividade, nem temos uma teoria econômica bem desenvolvida da geração e dos efeitos da cultura de uma empresa.*

A questão prática aqui é o que os *experts* em remuneração chamam de *linha de visão* e o problema teórico associado é o que os economistas chamam de *problema free rider*. A linha de visão refere-se à crença dos gestores de que suas atitudes têm o poder de afetar o preço da ação. Se um gestor não consegue enxergar o efeito de suas atitudes sobre o preço da ação da empresa, é questionável se a participação em ações levará a qualquer mudança no comportamento que aumente o valor para o acionista. O problema associado *free rider* surge quando os empregados que possuem ações ou opções em ações se beneficiam das atitudes de outros que elevam o preço da ação. Esses empregados pegam carona gratuita, pois não fizeram nada a não ser pegar uma carona nas costas de outros cujas atitudes empurraram para cima o preço da ação.[24]

---

[24] A utilização apropriada de opções em ações é uma tarefa difícil e um tratamento completo do assunto está além do escopo deste livro. Entretanto, Rappaport (1999) oferece uma visão geral interessante do problema. Ele argumenta que os interesses dos acionistas são mais bem servidos quando os gestores são recompensados por alcançar retornos superiores (isto é, desempenho superior), tal como retornos melhores do que dos principais concorrentes da empresa no setor. Assim, se opções com preço de exercício fixo são utilizadas, os gestores são recompensados quando o preço da ação sobe devido ao desempenho superior ou simplesmente devido a uma alta no mercado. Utilizar opções com preços altos, onde o exercício do preço é estabelecido acima do preço atual da ação, não elimina esse problema. As opções em ações com preços "premium" podem servir como incentivo para empurrar o preço a níveis mais altos, mas o gestor é recompensado caso o preço da ação eventualmente suba acima do preço de exercício mesmo que sua empresa tenha um desempenho pobre e cujo valor das ações simplesmente seguiu um mercado em alta. Para resolver esse problema, uma empresa pode atar o preço de exercício a um índice que reflita o desempenho do retorno "esperado". Por exemplo, se um índice escolhido subir de valor em 15% durante o ano, então o preço de exercício da opção é restabelecido 15% mais alto. Os executivos, provavelmente, resistirão ao uso de opções em ações indexadas, pois torna mais difícil para eles realizarem um ganho sobre suas opções.

As questões que Baker, Jensen e Murphy (1988) levantaram na citação anterior são de menor importância para os gestores de cúpula da empresa. Por esse motivo, achamos que o uso de opções em ações e concessões é mais predominante entre os executivos de cúpula da empresa e membros de seu conselho de administração do que entre outros níveis de empregados. Concluímos que a remuneração baseada em ações não é substituta para planos de bônus que recompensam o desempenho do período atual, mas que os complementam ajudando a estender os horizontes de decisão dos gestores de cúpula da empresa.

Qual Deve Ser a Composição da Remuneração do Empregado?

O montante do pagamento de incentivo é determinado pelo desempenho da empresa e pelas características do plano de remuneração (por exemplo, se tem restrições ou não e se a empresa utiliza um banco de bônus).[25] Entretanto, a forma da remuneração também é um importante componente do programa de incentivos de uma empresa. Especificamente, a empresa pode pagar em dinheiro, ações/opções em ações ou alguma mistura dos dois. Se a empresa escolhe ações, os empregados são recompensados pelo desempenho atual e podem também receber um incentivo adicional para melhorar o desempenho de longo prazo da empresa.

As questões levantadas por nós com relação à utilização da remuneração baseada em ações ou opções em ações não vão contra seu uso como substituto para o pagamento em dinheiro em um programa de remuneração de incentivo. Isto é, $100 em dinheiro equivalem a $100 em ações ou opções com resgate imediato que valem $100. A questão é se a remuneração baseada em ações oferece quaisquer incentivos positivos *adicionais* aos gestores além dos efeitos positivos associados à remuneração de incentivo que fez surgir o uso da remuneração baseada em ações em primeiro lugar.

Os programas de remuneração baseados em ações são amplamente apoiados na prática empresarial. Além disso, essa forma de remuneração de incentivo é particularmente eficiente nos níveis mais altos da gestão. Para esses gestores, a linha de visão a partir de suas atitudes com relação ao preço da ação é visível (mesmo que enevoada). Assim, as questões que levantamos com relação aos efeitos de incentivo da remuneração baseada em ações relacionam-se ao seu uso nos níveis organizacionais mais baixos da empresa, onde a linha de visão entre as decisões dos gestores e o preço da ação pode ser obscurecida com maior facilidade. Para os níveis mais

---

[25] Até esse ponto ignoramos os pagamentos de remuneração ligados a ações ou opções. Para sistemas de incentivo baseados nesses tipos de pagamentos de incentivo, a métrica de desempenho é o preço da ação. Voltaremos a esta questão mais adiante.

baixos da gestão da empresa algum tipo de pagamento de incentivo baseado em medidas de desempenho operacional, que estão sob o controle dos gestores sendo remunerados, é mais apropriado. Assim, concluímos que a composição do pacote de remuneração da empresa irá variar entre os níveis de gestores, com os níveis mais altos recebendo mais participações em ações e os níveis mais baixos recebendo mais em dinheiro.

Como os Executivos são Pagos?

Murphy (1999) documenta a heterogeneidade dos planos de pagamento de incentivo em uso, baseado nos planos anuais de incentivo de 177 grandes empresas norte-americanas que se encontram no Towers Perrin Annual Incentive Plan Design Survey de 1997. Por exemplo, 68 das 177 empresas pesquisadas baseiam sua avaliação de desempenho em uma única medida, com os lucros constituindo a medida de desempenho mais amplamente utilizada. Ademais, somente 6 das 68 empresas com medidas únicas e 4 das 109 empresas que utilizam duas ou mais medidas de desempenho, mencionaram especificamente o EVA.[26] Murphy também resume o padrão de desempenho (isto é, a base para a meta ou desempenho planejado) utilizado pelas mesmas 177 empresas. Um aspecto fundamental é a disseminação do uso de orçamentos no estabelecimento do limite mínimo de desempenho para o pagamento da remuneração de incentivo. Por exemplo, para empresas que utilizam um único critério para julgar o desempenho, mais da metade das empresas industriais baseiam seus padrões de desempenho em orçamentos, enquanto 28% e 35% das empresas financeiras e seguros e de utilidade pública, respectivamente, seguem essa prática. Quando observamos empresas que utilizam critérios múltiplos para avaliar o desempenho, os orçamentos são o padrão de desempenho mais comumente utilizado.

O padrão baseado no orçamento é problemático, pois cria uma situação na qual a habilidade de negociação pode afetar o nível de remuneração obtida. Isto é, o padrão de orçamento utilizado para se comparar o desempenho realizado da empresa quando se determina a base para a remuneração de incentivo, geralmente, resulta de um processo de negociação entre os empregados, cujo desempenho está sendo avaliado, e os gestores, que fazem essa avaliação. Claramente, existe um incentivo para os empregados que

---

[26] Kole (1997) pesquisa os contratos de remuneração usados em 371 das 500 empresas da *Fortune* de 1980. Ela argumenta que os prazos das opções em ações e planos restritos de ações e a flexibilidade concedida ao conselho de administração na negociação com os gestores variam sistematicamente com as características dos ativos sendo administrados. Essa avaliação, argumenta ela, desafia pesquisadores a incorporar todos os detalhes dos contratos gerenciais em seus estudos da relação desempenho/pagamento de incentivo.

estão sendo avaliados negociarem um nível mínimo mais baixo de desempenho orçamentário. Assim, as habilidades de negociação dos empregados entram no estabelecimento de metas ou padrões utilizados na determinação de quando a remuneração de incentivo é paga. Uma das principais atrações dos sistemas de gestão baseada em valor é sua utilização de um padrão de desempenho externo, tal como o custo de capital para estabelecer as expectativas de desempenho. Isso remove ao menos uma fonte de política interna do programa de remuneração.

Murphy (1999) descobriu que o plano de incentivo do tipo restrito 80/120 é o plano mais comum em utilização. Além disso, a forma mais comum de pagamento na "zona de incentivo" (por exemplo, 80-120% da meta de desempenho) é discricionário, seguido em popularidade pelas funções linear (como nas Figuras 8.1 e 8.2) e convexa. O bônus é geralmente pago a partir de algum nível de desempenho mínimo e restringido acima de um nível determinado.

Para concluir, a maioria das 177 empresas na pesquisa não utiliza os sistemas de gestão baseada em valor. A maioria, na verdade, baseia sua remuneração em medidas de desempenho baseadas na contabilidade, onde as metas de desempenho são estabelecidas no processo de orçamento. Ademais, a maioria das empresas não faz pagamentos de incentivo até que um nível limiar mínimo de desempenho tenha sido atingido e pára de pagar quando o nível máximo de desempenho é alcançado.

Por que o Pagamento pelo Desempenho não é a Norma?

Acabamos de observar que os sistemas de gestão baseada em valor não são a forma predominante na remuneração de incentivo. Entretanto, ainda há mais com respeito a essa questão. Baker, Jensen e Murphy (1988, p. 607) caracterizam os sistemas de remuneração que são amplamente utilizados nas empresas norte-americanas em termos da "utilização maciça de sistemas de incentivo baseados em promoções, sistemas de pagamento igualitários aparentemente motivados por considerações de distribuição acionária horizontal, efeitos assimétricos de recompensas e punições, sistemas de promoções por tempo de serviço e a ascensão ou demissão, sistemas de pagamento com base em pesquisas e com base na hierarquia, participação nos lucros, bônus de férias... e a relutância geral dos empregadores em despedir, punir ou dar avaliações negativas de desempenho aos empregados".

Há um sem-número de explicações possíveis para o uso de sistemas de remuneração que não são diretamente ligados ao desempenho individual. Por exemplo, seria muito fácil apontar o dedo para gestores que buscam proteger-se de pressões para melhorar o desempenho e isso pode ser parte do problema em alguns casos. Entretanto, gostaríamos de ressaltar um problema real que pode limitar a eficiência de qualquer sistema de gestão baseada em valor. Esse problema relaciona-se à precisão da medida de desempenho. Se não pudermos fazer avaliações precisas das contribuições do desempenho dos empregados ou unidades de negócios, isso pode levar frustração aos gestores que estão se engajando no processo de avaliação e pode ter efeitos contraprodutivos sobre aqueles que estão sendo avaliados, que podem sentir que seus esforços e aqueles de seus companheiros não são apropriadamente recompensados.

A precisão da medida também é relevante da perspectiva do acionista da empresa. Por exemplo, demonstramos no Capítulo 7 que o desempenho de um período único pode ser um indicador insuficiente (distorcido) da geração de valor durante o período. Esse problema é menos severo em alguns setores do que em outros. Assim, a precisão da medida ou o elo entre o desempenho de um único período e a geração de valor para o acionista pode explicar a preponderância da utilização de sistemas de gestão baseada em valor entre empresas estacionárias ou de baixo crescimento, tal como na indústria básica e sua ausência em empresas de alto crescimento que operam nos mercados em constante mudança.

Resumo

A política de remuneração de uma empresa é um componente crítico de seu sistema de controles internos. Isto é, onde os proprietários (acionistas) não dirigem as empresas que possuem, é essencial que a empresa tenha um sistema de controles internos em atividade para monitorar o desempenho dos empregados e recompensar aqueles esforços que aumentam a riqueza do acionista. Neste capítulo, discutimos um componente fundamental do sistema de controles internos de todas as empresas, seu programa de remuneração. O paradigma básico exposto pelos proponentes da gestão baseada em valor é que, o que uma empresa mede e recompensa é feito. Conseqüentemente, se a empresa deve ser operada de forma a maximizar o valor para o acionista, o programa de remuneração deve medir as atividades dos empregados que contribuem na direção desse objetivo e recompensá-las. O elemento medida concentra-se na discussão de capítulos anteriores, quando falamos sobre EVA, CVA, CFROI e similares. O componente recompensa foi o ponto principal deste capítulo.

A remuneração de empregados na maioria das empresas consiste tanto do componente fixo como do variável. O componente variável é geralmente atado a alguma medida do desempenho da empresa que está conectada ao principal objetivo dela (maximizar o valor para o acionista, nesse caso). Assim, a remuneração baseada no incentivo, o pagamento pelo desempenho, ou o pagamento em risco, é o componente de remuneração que interessa quando se está estabelecendo um sistema de gestão baseada em valor.

O nível de remuneração de incentivo pago é geralmente ligado a uma comparação do desempenho real *versus* a meta (planejado). Entretanto, muitas empresas limitam a faixa de desempenho sobre o qual o pagamento de incentivo é concedido. Isso pode ter efeitos adversos sobre a motivação dos empregados à medida que os mesmos respondem a circunstâncias onde o desempenho atual da empresa fica abaixo ou acima da faixa de desempenho para o qual o pagamento de incentivo será concedido. Uma solução aos efeitos adversos dos pisos e tetos sobre a remuneração de incentivo é removê-los e criar um banco de bônus de longo prazo no qual é colocado o pagamento de incentivo do empregado e então pago ao longo de um período de três a cinco anos. O propósito do banco de bônus é inibir o incentivo dos empregados em se concentrar no desempenho de curto prazo às custas do desempenho de prazo mais longo.

Uma vez que o nível do pagamento de incentivo foi determinado, existe ainda uma questão com relação a se ele deve ser pago em dinheiro ou em participação (ações ou opções em ações). Pagar com ações tem o potencial de motivar os empregados a se comportarem como proprietários, pois agora eles participam dos benefícios das riquezas que ajudaram a criar. Além disso, onde os valores em ações se baseiam no valor presente dos fluxos de caixa futuros ao longo de um horizonte indefinido, os gestores que mantêm ações têm um incentivo para otimizar o desempenho de longo prazo. Entretanto, o ponto fraco é que todos os empregados não são capazes de ver o impacto de suas atitudes sobre os preços da ação. De fato, somente os níveis mais altos da gestão podem sentir que suas atitudes são os direcionadores para o sucesso das ações da empresa no mercado de capitais. Assim, esperar-se-ia que o pagamento baseado em ações prevalecesse para os níveis mais altos da gestão e a remuneração baseada em caixa seria usada com mais freqüência para os níveis mais baixos de empregados. Portanto, a remuneração em dinheiro e as ações são formas complementares de pagamento em vez de substitutas, e a maioria das empresas acabará utilizando ambas para distribuir sua remuneração de incentivo.

Referências

Baker, George P., Michael C. Jensen e Kevin J. Murphy. "Compensation and Incentives: Practice vs. Theory." *Journal of Finance* 43, 3 (1988): 593-616. Reimpresso em *Foundations of Organizational Strategy*, ed. Michael C. Jensen. Cambridge, Mass.: Harvard University Press, 1998.

Bruns, William J. e Kenneth A. Merchant. "The Dangerous Morality of Managing Earnings." *Management Accounting* (agosto, 22-25, 1990).

Deci, Edward. "The Effects of Contingent and Noncontingent Rewards and Controls on Intrinsic Motivation." *Organizational Behavior and Human Performance*, 8 (1992).

Degeorge, Francois, Jayendu Patel e Richard Zeckhauser. "Earnings Management to Exceed Thresholds." *Journal of Business* 72, 1 (1999): 1-33.

Edwards, Laurie. "You Can't Beat Cash." *Across the Board* 30, 7 (1993): 20-22.

Gaver, Jennifer J., Kenneth M. Gaver e Jeffrey R. Austin. "Additional Evidence on Bonus Plans and Income Management." *Journal of Accounting and Economics* 19 (1995): 3-28.

Gibbons, Robert e Kevin J. Murphy. "Does Executive Compensation Affect Investment?" *Continental Bank Journal of Applied Corporate Finance* 5, 2 (1992): 99-109.

Healy, Paul M. "The Effect of Bonus Schemes on Accounting Decisions." *Journal of Accounting and Economics* 7 (1985): 85-107.

Holthausen, Robert W., David F. Larcker e Richard G. Sloan. "Annual Bonus Schemes and the Manipulation of Earnings." *Journal of Accounting and Economics* 19 (1995): 29-74.

Jensen, Michael C., ed. *Foundations of Organizational Strategy*. Cambridge, Mass.: Harvard University Press, 1998.

Jensen, M. C. e W. Meckling. "Divisional Performance Measurement." Apresentado no Harvard Colloquium on Field Studies in Accounting, junho 18-20, 1986. Trabalho não publicado, University of Rochester, Rochester, N.Y. Reimpresso em *Foundations of Organizational Strategy*, ed. M. C. Jensen.

Kohn, Alfie. "Incentives Can Be Bad for Business." *INC* (janeiro 1988), 93-94.

Kole, Stacey R. "The Complexity of Compensation Contracts." *Journal of Financial Economics* 43 (1997): 79-104.

Martin, John, J. William Petty e Steve Rich. "Managerial Horizons, EVA – Based Compensation, and Shareholder Wealth." Manuscrito não publicado, Hankamer School of Business, Baylor University, janeiro 2000.

Martin, Justin. "Eli Lilly Is Making Shareholders Rich. How? By Linking Pay to EVA." *Fortune*, 9 de setembro de 1996.

Murphy, Kevin. "Executive Compensation." Em *Handbook of Labor Economics*, ed. Orley Ashenfelter and David Card. Vol. 3. Nova York: North Holland, 1999.

O'Byrne, Stephen F. "Executive Compensation." Cap. E9 em *Handbook of Modern Finance*, ed. Denis Logue. Nova York: Warren, Gorham & Lamont, 1997.

———. "Does Value Based Management Discourage Investment in Intangibles?" Em *Value-based Metrics: Foundations and Practice,* ed. Frank J. Fabozzi and James L. Grant. Frank J. Fabozzi & Associates (2000).

Rappaport, Alfred. "New Thinking on How to Link Executive Pay with Performance." *Harvard Business Review* (março-abril 1999): 91-101.

Rich, Anne J., Carl S. Smith e Paul Mihalek. "Are Corporate Codes of Conduct Effective?" *Management Accounting* (setembro 1990): 34-35.

Sloan, Alfred P., Jr. *My Years with General Motors.* Nova York: Doubleday, 1963.

Stern, Joel, Bennett Stewart e Donald Chew. "The EVA Financial Management System." Em *The Revolution in Corporate Finance,* ed. Joel Stern and Donald Chew, 474-489. 3ª ed. Malden, Mass.: Blackwell, 1998.

Watts, Ross L. e Jerold L. Zimmerman. *Positive Accounting Theory.* Englewood Cliffs, N.J.: Prentice Hall, 1986.

Wruck, Karen Hopper. "Compensation, Incentives and Organizational Change: Ideas and Evidence from Theory and Practice." Em *Breaking the Code of Change,* ed. Michael Beer and Nitin Nohria. Boston: Harvard Business School Press, 2000.

Zimmerman, J. "EVA and Divisional Performance Measurement: Capturing Synergies and Other Issues." *Bank of America Journal of Applied Corporate Finance* 10, 2 (1997): 98-109.

Parte III

O Quão Bem Funciona a Gestão Baseada em Valor?

Já faz mais de dez anos que as empresas vêm utilizando os sistemas de gestão baseada em valor. As empresas adotaram, modificaram, abandonaram e readotaram vários sistemas e há, cada vez mais, evidências de que o VBM, de fato, leva à geração de valor para o acionista. As empresas que adotaram o VBM cortaram custos, reduziram o investimento em ativos e aumentaram os fluxos de caixa. Entretanto, a evidência também mostra que o VBM pode não ser certo para toda e qualquer empresa. Aparentemente, o VBM funciona melhor para empresas que precisam reduzir ativos em vez de para aquelas diante de oportunidades de crescimento. No entanto, ainda estamos por ver se o VBM pode ser mais do que uma ferramenta para motivar os gestores a se concentrar em ativos subutilizados. Na Parte III, revisamos a evidência. Grande parte dessa pesquisa testa a ligação entre uma ou mais métricas VBM e o preço da ação de uma empresa (retornos). Essa linha de pesquisa é conceitualmente falha e oferece somente informações limitadas para empresas que estão interessadas em adotar um sistema VBM. Achamos que os estudos do desempenho de empresas que adotaram um sistema VBM são muito informativos. Esses estudos indicam que o VBM de fato leva os gestores a tomar decisões significativas que afetam o desempenho operacional da empresa. Além disso, relatamos as lições aprendidas a partir de um estudo das melhores práticas de um grupo de empresas que adotaram o VBM.

Capítulo 9

••●•·

A Evidência Empírica: A Gestão Baseada em Valor Realmente Funciona?

> *Acreditamos, na Goldman Sachs, que uma análise do retorno sobre o capital e o seu custo são ingredientes importantes na avaliação do mérito de investimento das empresas.*
>
> Steve Einhorn, *Chefe da Global Investment Research na Goldman Sachs (1997)*

> *O EVA, uma medida de período único, pode ser uma das melhores maneiras de representar o que uma empresa alcançou no passado, mas é deficiente ao quantificar as expectativas para o futuro.*
>
> Michael J. Mauboussin, *CS First Boston (1994)*

A imprensa financeira está repleta de estórias que exaltam os benefícios dos programas de gestão baseada em valor (VBM). De fato, a publicação deste livro atesta o nível de interesse sobre o VBM na comunidade de negócios. Mas os programas realmente funcionam? Os sistemas VBM ajudam as empresas a gerar valor para o acionista e melhoram os métodos de medida de desempenho tradicionais? Em última instância, essas são as questões empíricas que exigem observações e testes empíricos. Nesse capítulo, consideramos a evidência existente sobre essas importantes questões. Especificamente, revisamos a evidência que aborda as seguintes questões:

- A teoria do cálculo de valor pelo fluxo de caixa descontado (DCF) proporciona estimativas confiáveis dos preços das ações? Ao longo deste livro, destacamos que a teoria DCF para o cálculo de valor proporciona sustentação a todas as ferramentas do VBM. Assim, é imperativo que a teoria DCF seja capaz de proporcionar guias de ação razoáveis se o VBM é para ser utilizado para a geração de valor ao acionista.

- As métricas VBM proporcionam previsões razoáveis dos preços das ações ordinárias no mercado? A questão aqui gira em torno de quão proximamente ligadas estão as ferramentas de desempenho da gestão aos preços da ação. Isto é, mesmo se a resposta à primeira questão for afirmativa, ainda não sabemos se nossas medidas de desempenho são ligadas suficientemente aos preços dos títulos para torná-las ferramentas úteis na gestão de valor para o acionista.

- O VBM afeta o desempenho daqueles que o adotam? Em última instância, gostaríamos de ver as empresas que adotam um sistema VBM mudarem o comportamento da gestão de modo a levar melhorias no desempenho operacional, que são recompensadas pelos investidores no mercado.

- O VBM traz melhoras com relação às medidas contábeis tradicionais de desempenho, tais como retorno sobre ativos, lucros e crescimento em lucros? Embora os proponentes do VBM gastem bastante tempo destacando as deficiências das medidas tradicionais de retornos contábeis, o leitor astuto sem dúvida compreendeu que as ferramentas do VBM são construídas sobre o sistema de informações contábeis da empresa (embora às vezes com grandes modificações).

A primeira dessas questões foi abordada por estudos que testam a previsibilidade dos preços de mercado das ações ordinárias utilizando o valor presente dos fluxos de caixa futuros. Esses estudos constituem testes indiretos da conexão entre o VBM e os preços das ações no sentido de que não testam diretamente a associação entre uma métrica VBM em particular e o preço de uma ação. A segunda questão foi abordada por estudos que testam diretamente a associação entre as métricas VBM e os preços da ação. A terceira questão gira em torno dos efeitos da adoção de um sistema VBM sobre várias medidas de desempenho operacional de uma empresa e seu desempenho baseado em mercado. A última questão é mais difícil de abordar, pois exige uma comparação da eficiência dos sistemas VBM com relação aos sistemas mais tradicionais baseados na contabilidade. No entanto, surgiram algumas evidências sobre esse último assunto na literatura de contabilidade.

Este capítulo examina os estudos que testaram a utilidade dos modelos de fluxo de caixa descontado na previsão dos preços das ações ordinárias observados no mercado, estudos que testaram o poder de previsão de várias métricas VBM para estimar preços de mercado e estudos que buscaram documentar os efeitos da adoção do VBM sobre o comportamento do desempenho de uma empresa.

A Teoria do Fluxo de Caixa Descontado Proporciona Previsões Confiáveis dos Preços das Ações?

Alguns economistas financeiros e muitos investidores afirmam que o mercado de ações é muito volátil e errático para ser consistente com o cálculo de valor de uma empresa pelo modelo de fluxo de caixa descontado.[1] Alega-se, muitas vezes, que os investidores dão importância demais às flutuações nos lucros de curto prazo e que essa preocupação pelo curto prazo resulta em excessos nos preços de mercado das ações, causando excessiva volatilidade de preço. Essa preocupação não é nova. Em 1936, J. M. Keynes declarou: "As flutuações do dia-a-dia nos lucros dos investimentos existentes, que são obviamente de característica efêmera e pouco significativa, têm tendências geralmente excessivas e até absurdas sobre o mercado." Logo após, em 1938, John B. Williams citou: "Os preços têm se baseado demasiadamente sobre o lucro atual e muito pouco sobre o poder do pagamento de dividendos de longo prazo."

Uma visão diferente é adotada por muitos economistas financeiros, que acreditam que o mercado de ações adota uma visão de longo prazo do potencial de geração de fluxos de caixa futuros de uma empresa. Eles afirmam ainda que quando os investidores reagem a um anúncio de lucros atuais eles estão respondendo a informações sobre o futuro que acreditam estar embutido no relatório de lucros correntes. Em última instância, a resposta pode ser encontrada somente nos dados. As estimativas do valor da ação pelo fluxo de caixa descontado proporcionam estimativas razoáveis e confiáveis dos preços observados no mercado? Através disso, questionamos se as estimativas são *boas o suficiente* para que possamos utilizar os determinantes dos valores DCF (direcionadores de fluxo de caixa e taxas de desconto) como base para a gestão voltada ao valor para o acionista.

Para abordar essa questão, revisamos dois estudos que testam a eficiência dos modelos DCF na previsão dos preços das ações. Ambos os estudos utilizam o modelo de Kaplan e Ruback (1995), que é apenas uma variante do modelo de cálculo de valor DCF. Escolhemos estes estudos como representativos desse conjunto de pesquisas, pois são recentes e foram feitos cuidadosamente. Além disso, revisamos os achados de um estudo recente da literatura contábil que testa o modelo de cálculo de valor com base no lucro residual, que pode demonstrar ser consistente com o modelo de dividendos DCF do valor das ações. Finalmente, apresentamos algumas evidências diretas sobre a utilidade dos modelos de dividendos descontados para explicar os preços

---

[1] Os argumentos formais que dão suporte a essa linha de raciocínio têm suas raízes traçadas ao trabalho de Roberto Schiller (1981), que argumentou que os preços das ações eram muito voláteis para refletir mudanças nos fundamentos subjacentes a um modelo de fluxo de caixa descontado dos preços de uma ação. Esse artigo desencadeou um longo debate entre os economistas financeiros.

observados das ações. A evidência sugere que o preço de uma ação em qualquer ponto no tempo é de fato relacionado de modo confiável ao valor presente dos fluxos de caixa futuros esperados. Entretanto, esse relacionamento está longe de ser exato. Concluímos que a evidência sustenta a utilização dos métodos VBM direcionados à melhoria dos determinantes do valor presente dos fluxos de caixa futuros, ainda que com cuidado.

Calculando o Valor de Empresas que se Engajam em Transações Altamente Alavancadas

Kaplan e Ruback (1995) forneceram um teste bem conhecido da robustez das previsões, baseadas no fluxo de caixa descontado, dos preços de mercado das ações ao analisar os valores de mercado de transações altamente alavancadas (compras alavancadas e recapitalizações alavancadas) ao valor presente das previsões correspondentes de fluxo de caixa. Esse estudo serve como um protótipo para esse tipo de pesquisa e demonstra as dificuldades encontradas na tentativa de testar a utilidade do modelo de fluxo de caixa descontado para o cálculo de valor de uma empresa.

O Plano de Pesquisa

O objetivo do estudo de Kaplan e Ruback (1995) foi comparar o valor descontado das previsões de fluxo de caixa (valores DCF) para um conjunto de cinqüenta e uma transações altamente alavancadas aos seus valores reais de transação. Na linguagem da estatística, a variável dependente que estamos tentando prever é "o valor da transação" (que corresponde mais ou menos ao valor de mercado da empresa) e a variável independente que estamos usando para fazer a previsão é o valor DCF dos fluxos de caixa esperados.[2]

A estimativa DCF do valor da transação é calculada utilizando-se o que os autores chamam de Modelo do Valor Presente Ajustado e Comprimido (CAPV) que é uma versão simplificada do modelo de cálculo de valor de uma empresa tributariamente ajustada de Modigliani e Miller (1963). Muito simplesmente, esse modelo de cálculo de valor calcula o valor da empresa como o valor dos fluxos de caixa como se esta não tivesse alavancagem financeira, somado ao valor presente das economias fiscais com juros resultantes do uso do financiamento com dívida da empresa.[3]

---

[2] Veja Kaplan e Ruback (1995) para as especificações da metodologia de pesquisa.

[3] O CAPV – Compressed Adjusted Present Value Model, difere do modelo de cálculo de valor de Modigliani e Miller (1963) somente no sentido em que as economias fiscais com juros no primeiro são descontadas utilizando o custo do capital próprio não-alavancado, enquanto que no último a taxa de empréstimo da empresa é utilizada.

Os Dados

A amostra consistiu de cinqüenta e uma transações altamente alavancadas (grandes "management buyouts" e recapitalizações alavancadas) que aconteceram entre 1983 e 1989. A razão para a seleção deste grupo de empresas foi a disponibilidade suficiente de informações financeiras para executar um cálculo de valor completo (dos arquivos do SEC). Essa informação incluía pelo menos quatro anos de projeções pós-transnacionais do: (1) lucro operacional antes de juros, depreciação, amortização e impostos; (2) depreciação e amortização; (3) investimentos de capital planejados e (4) mudanças antecipadas no capital de giro líquido.

Os Resultados

A Tabela 9.1 fornece um resumo dos resultados do estudo utilizando três estatísticas de acuracidade de previsão para três diferentes previsões DCF. As três medidas de precisão das previsões são encontradas na primeira coluna. A primeira linha contém a porcentagem das previsões que ficaram entre ±15% do valor de transação (mercado). As duas últimas medidas de precisão das previsões são o erro médio ao quadrado e o erro médio absoluto.[4] O motivo pelo qual nós simplesmente não relatamos o erro médio de uma previsão é que os erros positivos seriam compensados pelos erros negativos, resultando em uma medida de erro com distorção para baixo. Conseqüentemente, ou calculamos a média dos valores absolutos dos erros de previsão para estimar a média absoluta do erro ou elevamos ao quadrado os erros de previsão antes de tirar a média para calcular o erro médio ao quadrado. As três previsões DCF (colunas 2-4) diferem em termos de como o coeficiente beta utilizado no modelo de precificação de ativos (CAPM) é determinado. A previsão do beta da empresa utiliza o próprio coeficiente beta da empresa; a previsão do beta do setor utiliza um beta médio do setor; e a previsão do beta de mercado utiliza um beta de 1.

Os resultados sugerem que os métodos DCF funcionam razoavelmente bem na previsão dos valores reais da transação, porém com um erro subs-

---

[4] Erro médio ao quadrado é definido da seguinte maneira:

$$\frac{1}{n}\sum_{t=1}^{n} \text{abs } (\text{Previsão}_t - \text{Realização}_t)$$

e o erro médio absoluto é simplesmente a diferença média absoluta nos valores previstos e realizados:

$$\frac{1}{n}\sum_{t=1}^{n} \text{abs } (\text{Previsão}_t - \text{Realização}_t)^2$$

Ambas as medidas de erro de previsão evitam o problema do cancelamento dos erros de previsão positivos e negativos que ocorrem quando este está na forma de uma média simples.

tancial. Por exemplo, aproximadamente 60% das previsões DCF feitas utilizando-se os betas do setor ou de mercado estavam entre ±15% do valor da transação. Note, no entanto, que o erro médio absoluto da previsão foi de aproximadamente 20% para cada um dos modelos DCF. De modo similar, se convertermos os erros médios ao quadrado à sua raiz quadrada de erro médio e (ao tomar as raízes quadradas) observamos que o erro médio de previsão fica na faixa de 22,5% até 29%. Portanto, parece que as estimativas DCF são razoáveis (isto é, 60 porcento das previsões estão dentro da faixa de 15% do valor real das transações), mas as estimativas DCF diferem dos valores de transação por uma média de erro de aproximadamente 20%.

Tabela 9.1
Acuracidade de Previsão das Estimativas dos Preços de Mercado pelo Fluxo de Caixa Descontado

Medidas de Acuracidade de Previsão	Previsão do Beta da Empresa	Previsão do Beta do Setor	Previsão do Beta de Mercado
Porcentagem entre ± 15%	47,1%	62,7%	58,5%
Erro médio absoluto	21,1%	18,1%	16,7%
Erro médio ao quadrado	8,4%	6,7%	5,1%

Fonte: Kaplan e Ruback (1995), utilizado com permissão.

Calculando o Valor de Empresas em Concordata

Gilson, Hotchkiss e Ruback (2000) aplicaram o modelo CAPV de Kaplan e Ruback (1995) ao cálculo de valor de sessenta e três empresas negociadas publicamente que ressurgiram do Capítulo 11 e os valores implícitos pelas previsões de fluxo de caixa em seus planos de reorganização. O estudo indica somente um sucesso limitado para uso do modelo CAPV nessa aplicação.

Amostra

Com qualquer estudo empírico é sempre importante revisar o método utilizado para selecionar uma amostra de empresas de modo que possamos avaliar a generalização dos achados no estudo. Nesse estudo, os autores começaram com uma lista de 1.342 aplicações ao Capítulo 11 entre 1979 e 1993. Deste conjunto, eles determinaram que 377 empresas emergiram do Capítulo 11 até dezembro de 1993 como empresas publicamente negociadas. Desse grupo, 134 empresas tinham suas ações listada na NYSE, AMEX ou Nasdaq e os pesquisadores foram capazes de obter demonstrações para os planos finais confirmados de reorganização de 104 empresas. A amostra final de 63 empresas contém todas aquelas empresas para as quais ao menos dois anos de projeções de fluxo de caixa pós-reestruturação estavam disponíveis.

Métodos de Cálculo de Valor e Acuracidade de Previsão

O valor de uma empresa foi estimado utilizando-se o modelo CAPV de Kaplan e Ruback bem como múltiplos de empresas comparáveis baseados no índice de capital total com relação ao EBITDA no primeiro ano de previsão.[5] A Tabela 9.2 indica que os erros de cálculo de valor encontrados pelos autores para ambos os métodos são substanciais e muito maiores do que para o estudo de Kaplan e Ruback (1995) sobre transações altamente alavancadas. Entretanto, o estudo oferece algum suporte para o uso do cálculo de valor pelo fluxo de caixa descontado no sentido em que as avaliações do CAPV forneceram erros de previsão menores do que os métodos comparáveis de cálculo de valor.[6]

Tabela 9.2
Acuracidade de Previsão do Fluxo de Caixa Descontado versus Cálculo de Valor Múltiplo de Empresas em Concordata

	Cálculo de Valor pelo Fluxo de Caixa Descontado	*Cálculo de Valor pelo Múltiplo de Empresas Comparáveis*
Porcentagem entre ± 15%	25,4%	21,0%
Erro médio absoluto	37,7%	47,0%
Erro médio ao quadrado	23,3%	36,9%
Tamanho da amostra	63	62

Fonte: Gibson, Hotchkiss e Ruback (2000). Utilizado com permissão.

Infelizmente, os erros de previsão para ambos os métodos foram na verdade um tanto quanto substanciais. Por exemplo, somente 25,4% das previsões do modelo de fluxo de caixa descontado ficaram na faixa de ±15% comparado aos 50-60% para o estudo de Kaplan e Ruback (1995) sobre transações altamente alavancadas. Adicionalmente, o erro médio absoluto e o erro médio ao quadrado para as previsões das empresas em concordata foram substancialmente maiores do que para as transações altamente alavancadas.

---

[5] EBITDA significa lucros antes de juros, impostos e despesas de depreciação e amortização. EBITDA serve como uma aproximação do fluxo de caixa da empresa para o período.
[6] Kim e Ritter (1999) calculam o valor das IPOs utilizando comparáveis e encontram uma acuracidade de previsão muito similar.

Testando o Modelo do Lucro Residual de Edwards-Bell-Ohlson

A literatura contábil tem contribuído recentemente com o debate sobre quão bem os modelos DCF prevêem os preços da ação. Comentamos sobre o estudo Dechow et al. (1999) ao mesmo tempo em que reconhecemos que existem muitos outros. Essa literatura faz uso de uma variante particular do modelo DCF referida como lucro residual por motivos que se tornarão evidentes.[7] O modelo baseia-se em três pressupostos básicos. Primeiro, o preço da ação no tempo t, P_t, é igual ao valor presente dos dividendos futuros esperados,

$$P_t = \sum_{t=1}^{\infty} \frac{E_t \, (dividendo_{t+\tau})}{(1+r)^\tau} \quad (9.1)$$

onde o numerador no lado direito representa os dividendos futuros esperados aos acionistas da empresa ao longo do futuro indefinido a partir da data t e r é a taxa de retorno ajustada pelo risco exigida pelos investidores da empresa (pressupondo que seja uma constante para todos períodos futuros). O segundo pressuposto é referido como "relação contábil do 'clean surplus'", que exige que todos os itens de receita e despesas que afetam o valor de livro do patrimônio líquido de uma empresa passem pela demonstração de resultados da empresa. Isto é,

$$b_t = b_{t-1} + x_t - d_t \quad (9.2)$$

onde b é o valor de livro do patrimônio líquido, x é o lucro da empresa e d é seu dividendo. Substituindo a equação (9.2) na equação (9.1) e executando algumas manipulações algébricas resulta em

$$P_t = \sum_{\tau=1}^{\infty} \frac{E_t \, (x_{t+\tau} - rb_{t+\tau-1})}{(1+r)^\tau} - \frac{E_t(b_{t+\infty})}{(1+r)^\infty} \quad (9.3)$$

o último termo na equação (9.3) está tão distante no futuro que assumimos ter um valor de 0. Definindo os lucros anormais da empresa como $x_t^a = x_t - rb_{t-1}$ e substituindo na equação (9.3) produz a versão lucro residual do modelo de dividendos descontados encontrada na equação (9.1):

$$P_t = b_t + \sum_{t=1}^{\infty} \frac{E_t(x^a{}_{t+\tau})}{(1+r)} \quad (9.4)$$

---

[7] Bernard (1994) recebeu o crédito de cunhar o acrônimo EBO para a abordagem de cálculo de valor pelo lucro residual de Edwards-Bell-Ohlson (1990; 1995) com discussões anteriores encontradas em Preinreich (1938) e Edwards e Bell (1961). Discutimos a relação entre esse modelo e o modelo padrão DCF no Apêndice 5A.

A atratividade dessa formulação para a literatura contábil tem relação com sua inclusão explícita dos lucros e do valor de livro do patrimônio líquido.[8]

Dechow, Hutton e Sloan (1999) avaliam o poder de previsão de várias versões da equação (9.4); elas diferem em termos da maneira em que a série de ocorrências dos lucros anormais, $x^a_{t+\tau}$, evolui ao longo do tempo. A Tabela 9.3 contém o erro de previsão médio absoluto relativo para duas variantes de quatro modelos investigados pelos autores. Os quatro modelos variam em termos do parâmetro de valores utilizado para estimar o processo de lucros anormais (relacionados à persistência) e o primeiro conjunto de modelos ignora as fontes de informação fora daquelas contidas na série de ocorrências dos lucros anormais enquanto o segundo conjunto incorpora outras fontes de informação.

Os resultados dos testes indicam que em média o valor absoluto dos erros de previsão é de aproximadamente 50% para os preços das ações sob previsão. Os autores declaram ainda que seus modelos tenderam a subavaliar as ações com relação ao valor de mercado. Finalmente, eles afirmam que suas estimativas proporcionam somente melhorias modestas em termos de poder explanatório sobre pesquisas empíricas passadas que utilizavam as previsões de lucros de analistas em conjunto com o modelo tradicional de dividendos descontados.

Tabela 9.3
Acuracidade de Previsão do Modelo de Lucro Residual para o Valor das Ações

Erro de Previsão Médio Absoluto Relativo*		
	Estimativas do Preço Ignorando Outras Informações	*Estimativas do Preço Incorporando Outras Informações*
Modelo 1	46,1%	44,5%
Modelo 2	51,9%	40,2%
Modelo 3	46,1%	42,7%
Modelo 4	46,5%	41,9%

* O erro de previsão absoluto relativo é calculado como o valor absoluto da diferença entre o preço de mercado e o valor estimado da ação dividido pelo preço de mercado.
Fonte: Dechow, Hutton e Sloan (1999). Utilizado com permissão.

---

[8] Dechow et.al (1999, p. 6) nota que a fórmula do lucro residual do modelo de dividendos descontados é atraente para os contadores, pois se concentra nos números contábeis; entretanto, não proporciona novas implicações empíricas em si ou sobre si mesma. Essa equivalência serve aos nossos propósitos, pois estamos interessados em se os fluxos de caixa futuros descontados podem ser usados para prever os preços observados das ações.

Estimativa dos Lucros e o Modelo de Dividendos Descontados

A Tabela 9.4 fornece exemplos de cálculos de valor pelo dividendo futuro descontado para um conjunto de dez empresas do setor de telecomunicações. A análise busca calcular o valor das ações de cada uma das empresas no exemplo utilizando-se o seguinte modelo:

$$P = \sum_{t=1}^{10} \frac{\text{Dividendo}_0(1+g)^t}{(1+k)^t} + \frac{\text{Dividendo}_{10}(1+g_T)}{(k-g_T)(1+k)^{10}} \qquad (9.5)$$

Os cálculos baseiam-se nos dividendos do final do ano de 1997, estimativas de crescimento e de taxas de retorno. Especificamente, as estimativas de crescimento em lucros para cinco anos da ValueLine são utilizadas para o período de planejamento de dez anos para cada empresa (g) e uma taxa de crescimento terminal (g_T) de 4% é utilizada para todas as empresas. A taxa de retorno requerida pelos investidores (k) é estimada para cada empresa utilizando-se o modelo de precificação de ativos (CAPM) baseado na taxa livre de risco sobre títulos de dívida de longo prazo do governo de 7,22% para o final do ano de 1997, um prêmio pelo risco de mercado de 7,5% e o coeficiente beta para o final do ano de 1997 da ValueLine.

Os erros de previsão na Tabela 9.4 mostram que esse exercício de cálculo de valor subestima constantemente os preços de mercado das ações [análogo aos achados de Dechow et al. (1999), utilizando o modelo de lucro residual]. Entretanto, o erro de previsão médio absoluto como uma porcentagem do preço da ação é de somente 22%.[9] Esse resultado é muito similar aos achados de Kaplan e Ruback (1995). O posicionamento do valor real e previsto da ação na Figura 9.1 ilustra que os valores previstos consistentemente ficam aquém dos preços reais de mercado, porém são altamente correlacionados (R^2 é igual a 0,78).[10] A linha pontilhada corresponde a uma regressão dos valores reais da ação a valores estimados da ação e a flecha representa a linha de previsão perfeita que prevaleceria se as estimativas do dividendo descontado fossem exatamente iguais aos preços de mercado observados. O fato de que os preços reais de mercado geralmente ficam acima da linha de previsão perfeita significa que os valores estimados são tendenciosos (isto é, muito baixos).

---

[9] Erro de previsão médio absoluto relativo = $\dfrac{1}{10}\sum_{t=1}^{10}\dfrac{(\text{Preço de mercado}) - (\text{Estimativa DCF})_t}{\text{Preço de mercado}}$

[10] R^2 representa a porcentagem de variância nos preços reais da ação que é explicado pelos preços previstos.

A Figura 9.2 contém os resultados de uma análise das estimativas do dividendo futuro descontado para o total das ações da S&P 500 a partir do final do ano de 1997 utilizando a mesma metodologia delineada anteriormente para as empresas de telecomunicações. Esses resultados indicam que, embora o modelo de dividendos descontados continue a proporcionar estimativas razoáveis dos preços das ações, a associação não é tão forte (o R^2 declina para 59%) como foi para o setor de telecomunicações. O erro de previsão médio absoluto com relação ao preço de mercado para o conjunto total das empresas S&P 500 é de 35%, que é mais alto do que os observados nas dez empresas de telecomunicações, mas ainda é substancialmente menor do que o estudo de Dechow et al. (1999) que utilizou o modelo do lucro residual.

Tabela 9.4
Cálculo de Valor pelo Dividendo Descontado para Uma Amostra de Empresas do Setor de Telecomunicações

	Custo do Capital Próprio (%)	Valor Presente do Dividendo do Período de Planejamento ($)	Valor Terminal ($)	Valor DCF ($)	Preço da Ação ($)	Erro de Previsão ($)
AT&T	13,60	12,83	32,19	45,02	54,00	(8,98)
All Tell Corp	13,60	8,55	17,20	25,75	26,00	(0,25)
Ameritech	12,47	19,70	23,99	43,69	44,00	(0,31)
Bell Atlantic	13,22	27,11	24,84	51,94	57,00	(5,06)
BellSouth	12,47	28,33	29,96	58,29	64,00	(5,71)
Cincinnati Bell	13,60	7,77	20,88	28,65	25,00	3,65
GTE	13,22	18,60	13,89	32,49	35,00	(2,51)
HKTelecom-ADR	13,22	3,56	8,76	12,32	20,00	(7,68)
MCI	16,22	0,43	8,64	9,07	22,00	(12,93)
Vodafone ADR	16,97	4,32	8,32	12,64	38,00	(25,36)

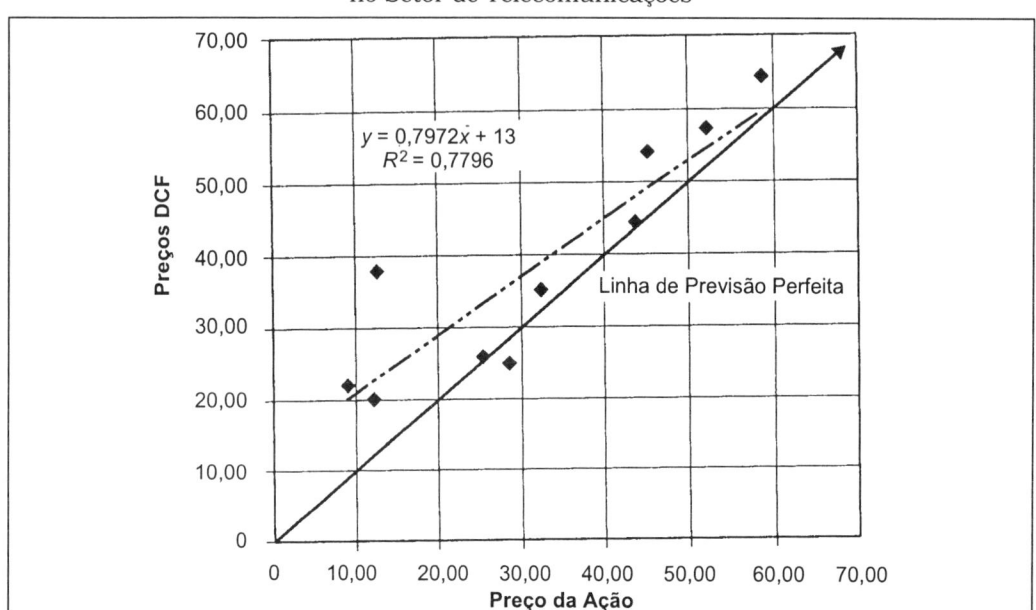

Figura 9.1
Preços de Mercado e Estimativas pelo Dividendo Descontado para Empresas no Setor de Telecomunicações

[Gráfico: Preços DCF vs Preço da Ação; $y = 0{,}7972x + 13$; $R^2 = 0{,}7796$; Linha de Previsão Perfeita]

Resumo da Evidência

As premissas por trás de todos os sistemas de gestão baseada em valor discutidas neste livro são as seguintes:

1. As empresas implementam os sistemas VBM em um esforço de aumentar o valor para o acionista.

2. O valor de uma ação é determinado pelas expectativas dos investidores com relação aos fluxos de caixa futuros e taxas de retorno requeridas (o custo de capital).

3. As empresas que concentram sua atenção sobre a gestão das métricas que estão ligadas aos fluxos de caixa futuros esperados e às taxas de retorno requeridas pelo investidor podem gerenciar em direção à geração de valor.

A finalidade de nossa discussão sobre a ligação empírica entre os fluxos de caixa futuros descontados e o valor da empresa tem sido avaliar a razoabilidade da segunda premissa. Obviamente, se os preços das ações não são ligados ao valor descontado dos fluxos de caixa futuros da empresa com confiabilidade, então os sistemas VBM que se concentram nos determinantes dos fluxos de caixa futuros e nos custos de capital não podem ser confiáveis para aumentar o valor da ação.

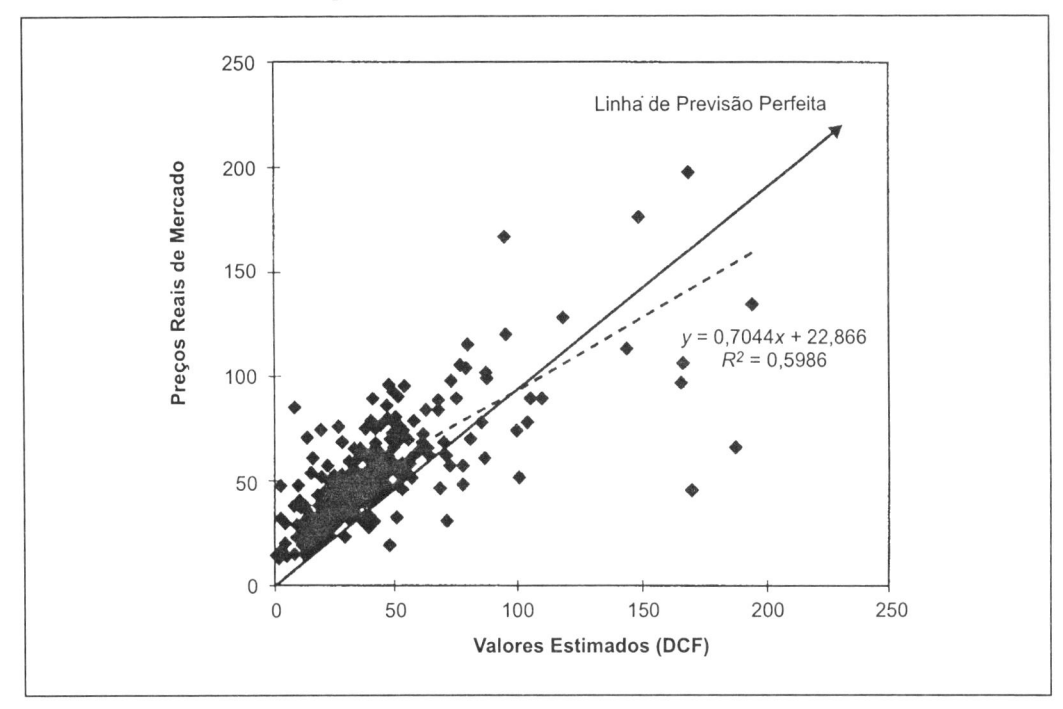

Figura 9.2
Cálculos de Valor pelo Dividendo Descontado para as Ações da S&P 500

[Gráfico de dispersão: eixo X "Valores Estimados (DCF)" de 0 a 250; eixo Y "Preços Reais de Mercado" de 0 a 250; "Linha de Previsão Perfeita"; $y = 0{,}7044x + 22{,}866$; $R^2 = 0{,}5986$]

O que aprendemos dos estudos revisados aqui? Poderia parecer que o valor descontado dos fluxos de caixa futuros da empresa de fato se relaciona aos preços observados da ação. Entretanto, a conexão envolve um alto nível de erro de previsão e, isso é, as previsões DCF fornecem estimativas exacerbadas dos preços de mercado. Isso sugere que o desenvolvimento de sistemas VBM muito bem afinados, baseados nos direcionadores dos modelos de cálculo de valor pelo fluxo de caixa descontado, é somente uma possibilidade remota. Alternativamente, mesmo previsões simples podem ser úteis em situações de "turnaround" onde o desempenho da empresa tem sido muito pobre historicamente. De fato, quando revisamos a prática corporativa com relação à aplicação do VBM no Capítulo 10, observamos que muitas das empresas que são atualmente consideradas histórias de sucesso com o VBM são casos nos quais a empresa sofreu dificuldades financeiras pouco antes da adoção de um sistema VBM. Embora o VBM possa ter funcionado bem para elas, poderia ser que o sistema VBM simplesmente empurrou a empresa na direção de um melhoramento (como um rebocador direciona um petroleiro ao cais) em vez de ter fornecido uma ferramenta para a gestão precisa dos detalhes da maximização de valor para o acionista. Daí, os sistemas VBM podem funcionar melhor para algumas empresas do que para outras.

Métricas VBM, Valores das Ações e Retornos das Ações

Os lucros contábeis GAAP e o fluxo de caixa vêm sendo criticados recentemente por consultores, membros da imprensa financeira e até mesmo alguns membros da profissão contábil. A base para suas críticas sobre os números dos lucros demonstrados e do fluxo de caixa é o argumento de que essas medidas são insuficientes para análises de valor por investidores em ações ordinárias. Por exemplo, a Stern Stewart & Co. tem argumentado que a noção dos lucros contábeis deve ser abandonada (Stewart 1991, p. 2). Esse tema também já foi abordado na profissão contábil. Como observado no Capítulo 5, participantes de uma conferência do American Institute of Certified Public Accountants sobre o futuro da gestão financeira previram que o EVA substituiria os lucros por ação nos relatórios regulares sobre lucros e ações no *The Wall Street Journal*.

Argumentos e Contra-Argumentos

Os trabalhos empíricos que buscam dar suporte a um método em comparação a outro provêm principalmente das mesmas empresas que estão vendendo suas próprias metodologias aos clientes. O potencial para conflito de interesses é claro. Por exemplo, a Stern Stewart (1995) afirma que o EVA é que direciona os preços das ações e não os lucros por ações, retorno sobre patrimônio líquido ou retorno sobre o investimento. Stewart (1994) cita uma pesquisa sua que indica que "o EVA se sobressai na multidão como a melhor medida da geração de valor em uma base contemporânea" e "o EVA é quase que 50% melhor do que seu concorrente mais próximo baseado na contabilidade para explicar as mudanças no valor para o acionista" (p. 75).

Além disso, o BCG afirma que seu modelo de cálculo de valor apresenta 50-60% mais poder explanatório para os retornos totais ao acionista do que um modelo momentâneo de lucros por ação, um modelo de fluxo de caixa e o modelo EVA de perpetuidade da Stern Stewart.[11] Consideremos a evidência da comunidade acadêmica.

A Evidência Acadêmica

Estudos acadêmicos recentes começaram a investigar as reivindicações das empresas de consultoria que utilizam a crítica aos métodos dos concorrentes para promover seu próprio tipo de gestão baseada em valor. O problema potencial com a pesquisa fornecida pelas empresas de consultoria é, clara-

---

[11] O modelo EVA na perpetuidade é exclusivamente definido para propósitos de análise e define-se como segue, onde c é o custo de capital médio ponderado da empresa:

Modelo de precificação da Stern Stewart = $\dfrac{(EVA/c - \text{Dívida})}{\text{Número de ações}}$.

mente, o desejo natural dessas empresas não somente de encontrar suporte para suas próprias métricas, mas destacar as deficiências dos métodos dos concorrentes. Dada a suscetibilidade das empresas de consultoria à crítica, nós concentraremos nossa pesquisa da evidência empírica em trabalhos feitos por pesquisadores acadêmicos ou trabalhos que passaram por algum tipo de revisão comparativa. O leitor que desejar verificar a pesquisa profissional sobre o tópico deve se referir à página da Web das empresas individuais de consultoria que oferecem práticas de gestão baseada em valor. A Tabela 9.5 resume uma porção da evidência acadêmica referente à relação entre as várias medidas de desempenho VBM e retornos ou preços das ações. Concentramos nossa discussão no artigo de Biddle, Bowen e Wallace (1997) como um exemplo desse tipo de pesquisa e direcionamos o leitor que deseja uma apreciação completa da evidência aos estudos listados na Tabela 9.5.

Biddle, Bowen e Wallace (1997) comparam o poder de previsão do EVA ao lucro contábil e ao lucro residual quando utilizados para prever os retornos atuais de uma ação. Especificamente, eles abordam as seguintes questões:

- O EVA ou lucro residual são dominantes às atuais medidas mandatárias de desempenho, lucros e fluxo de caixa das operações ao explicar os retornos anuais contemporâneos da ação?
- Os componentes exclusivos ao EVA ou lucro residual ajudam a explicar os retornos contemporâneos da ação além daqueles explicados pelos fluxos de caixa das operações e lucros?

A primeira questão pergunta se ajustar as medidas de lucros contábeis e fluxo de caixa para os custos de capital irá melhorar o poder de previsão das métricas de desempenho baseadas na contabilidade quando se estima os retornos da ação. Segunda, os autores questionam se os ajustes à contabilidade GAAP recomendadas pela Stern-Stewart adicionam de modo incremental à inclusão dos custos de capital com a utilização do lucro residual. Colocado de maneira um pouco diferente, o EVA ou lucro residual complementa as medidas de desempenho notórias e atuais como lucros e fluxo de caixa das operações?

Utilizando uma amostra de 6.174 dados a mais de empresas que representam tanto aquelas que adotaram o EVA como aquelas que não o adotaram ao longo do período de 1974 a 1993, Biddle et al. descobriram que os lucros contábeis têm uma relação mais próxima com os retornos anuais da ação ajustados pelo mercado (R^2 = 12,8%) do que o lucro residual (R^2 = 7,3%) ou o EVA (R^2 = 6,5%).[12] Além disso, eles descobriram que o fluxo de caixa das operações apresentava o menor poder de previsão (R^2 = 2,8%).

---

[12] Os retornos ajustados pelo mercado são calculados a partir de dados da CRSP como o retorno composto da ação da empresa para doze meses menos o retorno médio composto para doze meses do mercado em geral. Para permitir que haja tempo para que as informações contidas no relatório anual da empresa sejam totalmente refletidas nos preços de mercado, um período completo de doze meses findos três meses após o fim do ano fiscal da empresa é utilizado.

Tabela 9.5 Correlação Entre Medidas de Desempenho e Retornos das Ações		
Autor(es)	Correlação Entre	Variação Explicada
Bacidore et al. (1997)	EVA atual e retornos em excesso da ação	1,14
	"EVA refinado" e retornos da ação ajustados pelo mercado	3,93
	EVA atual e passado e retornos ajustados pelo mercado	2,05
	"EVA refinado" atual e passado e retornos ajustados pelo mercado	3,96
Biddle, Bowen e Wallace (1997)	Lucros e retornos ajustados pelo mercado	12,8
	Lucro residual e retornos ajustados pelo mercado	7,3
	EVA e retornos ajustados pelo mercado	6,5
	Fluxos de caixa das operações e retornos ajustados pelo mercado	2,8
Chen e Dodd (1998)	Lucro operacional e retornos da ação	6,2 e 9,4
	Lucro residual e retornos da ação	5,0 e 7,8
	EVA e retornos da ação	2,3 e 6,6
Dodd e Chen (1996)	EVA e retornos da ação	20,2
	Retorno sobre ativos e retornos da ação	24,5
Mauboussin-CS First Boston (1995)	Valor de mercado/capital (retorno sobre o capital — custo de capital) para o setor de embalagens para alimentos	55-88
Stern, Stewart e Chew (1995)	EVA e MVA para os agrupamentos de empresas	60
	Mudança de cinco anos no EVA e mudança de cinco anos no MVA	50
Thomas (1993)	EVA e MVA	4 e 27
Kramer e Pushner (1997)	EVA e MVA	9,9
	NOPAT e MVA	18
	EVA padronizado e MVA padronizado	4,8
	EVA e mudanças no MVA	0,3

Em seguida, eles testaram se os ajustes adicionais necessários à mudança do lucro residual para o EVA adicionam poder explanatório significativo quando tenta prever os retornos contemporâneos da ação. Para executar essa análise, eles decompuseram o EVA em componentes representando o fluxo de caixa das operações, diferidos operacionais, despesa de capital e ajustes contábeis. Os componentes despesa de capital e ajuste contábil são únicos ao EVA e proporcionam uma oportunidade de testar seu valor incremental na previsão dos retornos da ação. Os autores descobriram que ao passo em que cada componente está significativamente associado aos retornos ajustados pelo mercado, os componentes do EVA não aparentam ser economicamente significativos.

Combinando todos os seus resultados, os autores concluíram que nem o EVA nem o lucro residual dominam os lucros na explicação dos retornos contemporâneos da ação.[13] Assim, se o analista deseja prever mudanças anormais no preço da ação (retornos), então os lucros contábeis parecem funcionar tão bem, ou melhor, do que o EVA ou o lucro residual com seus ajustes adicionais aos lucros relatados.

A Correlação Métrica de Desempenho-Preço da Ação é Relevante?

O que, então, o gestor deve achar da baixa correlação relatada na Tabela 9.5? Não muito, de acordo com Zimmerman (1997). Ele verifica que o desejo de selecionar uma medida de desempenho que esteja proximamente alinhada com as mudanças ano a ano no preço da ação é natural. Embora essa abordagem pareça ser atraente, argumenta Zimmerman, a lógica é falha em dois aspectos. Primeiro, os preços da ação são voltados ao futuro e os retornos da ação para qualquer período determinado têm probabilidade de refletir não somente o desempenho operacional da empresa ao longo desse período, mas também mudanças nas expectativas do mercado com relação ao desempenho futuro e também mudanças nas variáveis macroeconômicas. Ele argumenta essencialmente, de modo correto, que nenhuma medida de desempenho operacional de um único ano — seja ela o EVA, CVA ou qualquer outra métrica de desempenho de período único — provavelmente terá uma forte correlação com os retornos do mesmo ano da ação.[14] Além disso, ele verifica que esta falha no bom alinhamento dos retornos anuais da ação com o desempenho real pode criar problemas sérios na utilização dos retornos da

---

[13] Chen e Dodd (1998) chegam a conclusões similares. Eles descobrem que o lucro operacional contábil exibe um R^2 (0,062) mais alto com os retornos da ação do que o lucro residual (R^2 = 0,05), que por sua vez tem um R^2 mais alto (0,023) do que o EVA.

[14] Acima de períodos de dez anos, as medidas de desempenho baseadas na contabilidade, incluindo os lucros GAAP, explicam até 60% ou mais dos retornos das ações (veja Easton, Harris e Ohlson 1992).

ação como base para a remuneração de incentivo. Para ilustrar a natureza do problema, ele fornece as seguintes explicações:

> Considere o caso da Amazon.com que em maio de 1997 tinha vendas de $15,7 milhões nos últimos doze meses e nenhum lucro. A empresa abriu seu capital a $18 por ação e levantou $54 milhões. As ações fecharam em $23, dando à empresa uma capitalização inicial de mercado de $572 milhões. Para o nosso exemplo, vamos assumir que o mercado está avaliando a empresa em 30 vezes o lucro esperado em dois anos, ou $19 milhões. A gestão deve, então, produzir lucros de $19 milhões em dois anos apenas para manter o preço da ação em $23. A questão é que as expectativas do desempenho operacional "extraordinário" estão embutidas no preço corrente da ação. Assim, mesmo se a gestão tiver sucesso em obter um desempenho extraordinário no retorno da ação, esses resultados representarão somente um retorno normal. Conseqüentemente, recompensar a gestão por retornos extraordinários da ação não é o mesmo que recompensá-la pelo desempenho operacional extraordinário (pp. 105-106).

A Adoção do VBM Afeta o Comportamento dos Gestores?

Ao longo deste livro, notamos que um dos objetivos básicos da adoção de um sistema VBM é alterar o comportamento gerencial ao focalizar os esforços da gestão mais estreitamente com a maximização de valor para o acionista. Assim, um importante assunto de pesquisa é se a adoção de um sistema VBM de fato muda o comportamento dos gestores de modo que possa contribuir para a geração de valor para o acionista.

Wallace (1998) estudou as atitudes de uma mostra de quarenta empresas que adotaram planos de remuneração baseados no lucro residual (definidos como lucros antes de juros menos uma despesa de capital sobre o capital total-exigível e patrimônio líquido). As atitudes dessas empresas foram, então, comparadas àquelas de um grupo de empresas-controle onde a remuneração de incentivo continuava a se basear nos lucros contábeis tradicionais — lucros por ação ou lucros operacionais. Ele descobriu que o velho ditado "o que se mede e recompensa é feito" era de fato verdadeiro. Quando comparadas à amostra-controle, as empresas adotantes do VBM: (1) diminuíram seus novos investimentos e aumentaram a baixa de ativos; (2) aumentaram seus pagamentos aos acionistas através da recompra de ações e (3) utilizaram seus ativos mais intensamente. Todas essas três respostas são consistentes com a geração de valor, onde os adotantes do VBM e as empresas-controle enfrentaram cada uma oportunidades de investimento similares. Isto é, todo o mais permanecendo constante, livrando-se de ativos não produtivos (ativos que não produzem um retorno igual ou maior do que o custo de capital da empresa), devolvendo aos acionistas o fluxo de caixa que não é necessário para suportar as oportunidades de investimento que geram valor (isto é, dispensando o fluxo de caixa livre) e obtendo uma maior utilização dos ativos existentes são todas maneiras de aumentar o valor para o acionista.

A Adoção do VBM Altera o Desempenho da Empresa?

A prova máxima do valor de adotar um sistema VBM repousa na questão de se o desempenho da empresa melhora após a adoção. A evidência com relação ao efeito do VBM sobre os valores das ações das adotantes está crescendo, porém tem produzido resultados ambíguos. Além disso, a evidência até agora tem se concentrado sobre o EVA excluindo outros sistemas VBM e, portanto, está longe de ser completa.

Reações de Curto Prazo à Adoção de um Sistema VBM. Se o VBM leva à geração de valor, deveríamos esperar que a adoção de um programa VBM fosse reconhecida pelos investidores e recompensada no mercado. Wallace (1998) estudou a resposta do mercado de ações à adoção por quarenta empresas de um sistema de remuneração baseado no lucro residual. Ele analisou os retornos mensais das adotantes no mercado de ações ao longo de doze meses anteriores ao ano de adoção e os doze meses do ano da adoção. Ele observou essa grande amplitude de meses devido a incertezas acerca de quando exatamente a comunidade de investimentos ficou sabendo da adoção do programa VBM. Ele descobriu que os retornos obtidos pelas empresas adotantes ao longo do período de vinte e quatro meses foram em média 4% mais altos do que o retorno de mercado, porém não significativamente maiores.[15] Esse resultado põe em xeque o valor que os investidores atribuem aos programas VBM; no entanto, Wallace verifica várias limitações de seu estudo que poderiam explicar a fraca evidência que suporta o VBM. A principal delas relaciona-se com a ambigüidade dos dados sobre a reação do mercado à notícia da adoção de um programa VBM. Em muitas ocasiões, a primeira vez que os investidores ficam sabendo da adoção do programa VBM é através do relatório da administração que sai três meses após o final de ano fiscal. Em outras ocasiões, um anúncio na imprensa pode revelar o evento. Como resultado da incerteza quanto à data do anúncio, não surpreende que as conseqüências sobre o valor das ações sejam inundadas pelo barulho dos movimentos dos preços no mercado.

---

[15] Especificamente, ele calculou os retornos anormais para cada empresa como a diferença entre o retorno mensal e o retorno CRSP do mercado com valor ponderado.

O VBM e o Desempenho de Longo Prazo. Kleiman (1999) testou se a adoção de um programa EVA melhora o desempenho da empresa, medido em termos tanto de desempenho operacional quanto de desempenho do mercado de ações. Ao longo dos três anos seguintes à adoção do EVA, o desempenho operacional (medido utilizando-se a margem operacional antes da depreciação e o lucro operacional antes da depreciação por empregado) melhora. De modo similar, os retornos anormais (retorno médio de mercado da adotante menos o retorno de um grupo dos principais concorrentes) aumentam ao longo dos três anos seguintes à adoção do EVA. Ele conclui que seus achados "constituem forte evidência de que o desempenho de empresas EVA no mercado de ações é significativamente melhor do que aquele de seus concorrentes no setor" (p. 86).

Hogan e Lewis (2000) examinaram o desempenho de empresas que adotaram planos de remuneração baseados em medidas do tipo lucro econômico ou lucro residual em uma tentativa de discernir se os argumentos a favor desses planos se confirmaram no desempenho a longo prazo. Especificamente, os proponentes dos planos VBM afirmam que seus métodos para medir e recompensar o desempenho superam as deficiências dos planos de bônus baseados em ações ou nos lucros e correspondentemente alinham melhor o interesse dos gestores e dos acionistas. Os pesquisadores examinaram o desempenho de uma mostra de cinquenta e uma empresas que adotaram planos baseados no lucro econômico entre 1986 e 1994.[16] Eles descobriram que as novas adotantes exibiram melhorias significativas no desempenho operacional subseqüentemente à adoção dos planos de remuneração. Entretanto, quando o desempenho de uma amostra de empresas similares não adotantes foi examinado, eles descobriram melhorias similares. Além disso, não houve diferenças significativas no desempenho do preço da ação dos dois grupos no período de quatro anos seguintes à adoção do plano de remuneração baseado no lucro econômico.[17]

Hogan e Lewis também observaram que, tanto nas empresas adotantes quanto nas não adotantes, os níveis de bônus e remuneração com ação aumentaram em um montante similar. Eles concluíram que seus achados

---

[16] Os pesquisadores identificam sua amostra inicial de adotantes de planos baseados em lucro econômico utilizando uma busca por palavra-chave na base de dados da LEXIS/NEXIS. As palavras-chave utilizadas foram valor econômico agregado, EVA, lucro residual, gestão de valor econômico, lucro econômico, gestão baseada em valor e valor de mercado adicionado. Eles então eliminaram as empresas de utilidade pública regulamentadas e as instituições financeiras e suas empresas holding. Restringindo ainda mais a amostra às empresas contidas na base de dados da Compustat Annual Research Database no ano da adoção do plano reduziram o conjunto de empresas a cinqüenta e uma.

[17] As empresas similares não adotantes foram selecionadas de forma a se equipararem às empresas adotantes com base na afiliação industrial, quantidade de ativos e similaridades normalizadas de lucro operacional.

são consistentes com as mudanças feitas pelos gestores em ambos os conjuntos de empresas para melhor alinhar os incentivos, porém com métodos diferentes. Entretanto, seus achados não sugerem que os planos de bônus baseados no lucro econômico sejam superiores a planos mais tradicionais que combinam bônus sobre lucros e participações em ação.

O VBM é uma Ferramenta Útil para a Seleção de Ações?

A gestão baseada em valor é geralmente encarada como uma ferramenta para gerenciar as operações internas de uma empresa de maneira que se imagine gerar valor ao acionista. Não é particularmente surpreendente, então, que também os analistas de ações tenham adotado os preceitos básicos da gestão baseada em valor. Por exemplo, a Goldman Sachs organizou uma conferência em 6 de maio de 1997, intitulada "EVA e Retorno Sobre o Capital: Os Caminhos que Levam ao Valor para o Acionista", onde foi relatado que o EVA para o S&P Industrials foi maior do que em qualquer momento nos últimos vinte e cinco anos. Essa observação é sustentada pelo aumento observado no *spread* entre o retorno obtido sobre o capital investido e o custo de capital 0% em 1986 a 4,1% em 1997.

O CS First Boston publicou uma *Cartilha do EVA (EVA Primer)* feita por Jackson, Mauboussin e Wolf (1996) que exalta as descobertas sobre a criação e destruição de valor que podem resultar da utilização do EVA como base para análise. Eles sugerem ainda que a metodologia EVA pode abordar explicitamente os riscos do negócio e financeiro de tal maneira que permite que o investidor avalie tanto a magnitude quanto a sustentabilidade dos retornos. Eles concluem ao citar: "O CS First Boston Equity Research Department está cada vez mais utilizando o EVA em suas análises" (p. 2).

Esse interesse sobre a gestão baseada em valor que parte de dentro do setor de bancos de investimento sugere que as empresas que adotam esses sistemas são vistas sob uma luz positiva pelos investidores. A questão encarada por um investidor é se seguir uma estratégia de seleção de ações baseada em empresas que utilizam um sistema VBM produzirá retornos superiores. Por superiores queremos dizer retornos maiores do que seriam realizados ao selecionar uma carteira de empresas similares (de empresas não-adotantes). A evidência que revisamos sugere que o júri ainda não se decidiu com relação a se tal estratégia funciona. No entanto, como destacamos em nossa discussão, os testes para essa proposta são muito difíceis de serem executados, de modo que a ambigüidade dos resultados relatados até agora pode ser conseqüência de problemas metodológicos.

Resumo

O crescimento contínuo em popularidade dos sistemas de gestão baseada em valor sugere que o VBM deve funcionar. A aceitação dos usuários industriais e as incontáveis páginas de publicações financeiras devotadas ao assunto constituem evidência poderosa de suporte. Afinal, alguns dos líderes em seus setores estão entre os mais devotados proponentes do VBM. Entretanto, destacamos que há três questões fundamentais que são relevantes ao debate, para as quais as respostas não são óbvias. Um breve resumo da evidência com relação a cada uma é encontrado na lista a seguir.

- A teoria do fluxo de caixa descontado para o cálculo de valor oferece estimativas confiáveis dos preços da ação? Todas as metodologias VBM que revisamos neste livro se apóiam na crença de que a resposta a essa questão é positiva e de que há evidências para sustentar essa resposta. Entretanto, a evidência "sugere" que a teoria proporciona previsões muito distorcidas. Isto é, o modelo do fluxo de caixa descontado fornece estimativas do valor da ação que são razoavelmente precisas, porém com grandes erros de previsão. Isso levanta uma questão com relação a se os nossos modelos de fluxo de caixa descontado do valor das ações são suficientemente precisos. Isto é, os métodos VBM baseados nos direcionadores de valor derivados de um modelo de fluxo de caixa descontado são úteis para gerenciar com foco no valor para o acionista?

- As métricas VBM proporcionam previsões razoáveis dos preços de mercado das ações ordinárias? Nossa revisão da evidência disponível mostra que grande parte da pesquisa fornecida pelas empresas de consultoria sobre esse assunto pode ser confusa. Muitas vezes, medidas de período único do desempenho financeiro são utilizadas como o único determinante do preço da ação, embora isso seja inconsistente com os preceitos fundamentais do modelo do fluxo de caixa descontado. De fato, seria surpreendente se o desempenho de um período único (como quer que seja medido) fosse suficiente para prever o valor da empresa. A teoria do fluxo de caixa descontado, sobre o qual os métodos VBM se baseiam, postula que o valor da empresa é igual ao valor presente de todos os fluxos de caixa futuros esperados.

- O VBM afeta o desempenho das adotantes? Há alguma evidência que sugere que as empresas que adotam um sistema VBM de fato mudam a maneira pela qual gerenciam seus ativos. Especificamente, as empresas que adotam os sistemas baseados no lucro residual ou EVA tendem a vender ou então baixar ativos subutilizados em um esforço de aumentar o EVA. Esse tipo de atitude pode, certamente, ter um efeito benéfico sobre o valor da ação quando a empresa tem investimentos excessivos. No entanto, surge uma questão do que uma empresa deve fazer uma vez que essas oportunidades tenham sido totalmente exauridas. Também houve algumas tentativas de abordar a questão do desempenho ao estudar o resultado de empresas que adotaram a gestão baseada em valor. Esses estudos revelaram que o ato de adotar um sistema do tipo lucro residual ou EVA de fato leva a melhores medidas de desempenho baseadas no mercado e na contabilidade.

Entretanto, estudos recentes do resultado de longo prazo das empresas que adotaram o VBM não documentam diferenças significativas no desempenho das empresas adotantes e similares não-adotantes. Por mais frustrante que esse resultado possa ser para os proponentes do VBM, esse tipo de comparação não pode capturar o desempenho daqueles que adotaram o VBM caso não tivessem escolhido utilizá-lo. Em outras palavras, as coisas poderiam ter sido piores se as empresas não tivessem adotado o VBM.

Referências

Bernard, V.L. "Accounting Based Valuation Methods, Determinants of Book-to-Market Ratios, and Implications for Financial Statement Analysis." Trabalho, University of Michigan, Ann Arbor, janeiro, 1994.

Biddle, Gary C., Robert M. Bowen e James S. Wallace. "Does EVA Beat Earnings? Evidence on Associations with Stock Returns and Firm Value." *Journal of Accounting and Economics* 24, 3 (1997): 275-300.

Chen, Shimin e James L. Dodd. "Usefulness of Accounting Earnings, Residual Income and EVA: A Value-Relevance Perspective." Trabalho, Drake University, Des Moines, Iowa, 1998.

Dechow, P. M., A. P. Hutton e R. G. Sloan. "An Empirical Assessment of the Residual Income Valuation Model." *Journal of Accounting and Economics* 26 (1999): 1-34.

Easton, P., T. Harris e J. Ohlson. "Aggregate Earnings Can Explain Most Security Returns." *Journal of Accounting and Earnings* 15 (junho/setembro 1992): 119-142.

Edwards, E., e P. Bell. *The Theory and Measurement of Business Income.* Berkeley: University of California Press, 1961.

Gilson, Stewart, Edith S. Hotchkiss e Richard S. Ruback. "Valuation of Bankrupt Firms." *Review of Financial Studies* 13, 1 (2000).

Hogan, Chris e Craig Lewis. "The Long-Run Performance of Firms Adopting Compensation Plans Based on Economic Profits." Manuscrito não publicado, Owen Graduate School of Management, Vanderbilt University, Nashville Tennessee, 2000.

Jackson, Al Michael J. Mauboussin e Charles R. Wolf. *EVA Primer*. Rev. ed. Boston: CS First Boston, 1996.

Kaplan, Steven N. e Richard S. Ruback. "The Valuation of Cash Flow Forecasts: An Empirical Analysis." *Journal of Finance* 50 (setembro 1995): 1059-1093.

Kim, Moonchul, e Jay R. Ritter. "Valuing IPOs." *Journal of Financial Economics* 53 (1999): 409-437.

Kleiman, Robert T. "Some New Evidence on EVA Companies." *Journal of Applied Corporate Finance* 12 (1999): 80-91.

Modigliani, Franco e Merton Miller. "Corporate Income Taxes and the Cost of Capital: A Correction." *American Economic Review* 53 (1963): 433-443.

O'Byrne, Stephen. "EVA and Market Value." *Journal of Applied Corporate Finance* 9 (1996): 116-125.

Ohlson, J. A. "A Synthesis of Security Valuation Theory and the Role of Dividends, Cash Flows, and Earnings." *Contemporary Accounting Research* 7 (1990): 1-19.

------. "Earnings, Book Values, and Dividends in Security Valuation." *Contemporary Accounting Research* 7 (1995): 1-19.

Preinreich G. "Annual Survey of Economic Theory: The Theory of Depreciation." *Econometrica* 6 (1938): 219-241.

Shiller, Robert "Do Stock Prices Move Too Much to Be Justified by Subsequent Changes in Dividends?" *American Economic Review* (junho de 1981): 421-436.

Stern Stewart & Co. advertisement. *Harvard Business Review* (novembro-dezembro de 1995): 20.

Stewart G. Bennett III. *The Quest for Value*. New York: Harper, 1991.

------. "EVA: Fact or Fantasy?" *Journal of Applied Corporate Finance* 7 (1994): 71-84.

Thomas, Rawley. *Total Shareholder Return Empirical Evidence: BCG/HOLT Valuation Model versus Cash Flow Model, E. P. S. Model, and Stern Stewart Perpetuity EVA Model*. Boston: Boston Consulting Group, 1993.

Wallace, James. "Adopting Residual Income-Based Compensation Plans: Do You Get What You Pay For?" *Journal of Accounting and Economics* 24 (1998).

Zimmerman, Jerold L. "EVA and Divisional Performance Measurement: Capturing Synergies and Other Issues." Journal of Applied Corporate Finance 10 (1997): 98-109.

Capítulo 10

·•●•·

O que as Empresas que Adotaram a Gestão Baseada em Valor Têm a Dizer?

> *Nunca estivemos confusos sobre o motivo pelo qual existimos. Embora o crescimento em volume, lucros, retornos e fluxo de caixa seja prioridade crítica, nosso pessoal compreende que essas medidas são simplesmente o meio para a finalidade de longo prazo de gerar valor para os nossos acionistas... Penso constantemente em como aumentar o valor para o acionista do momento em que me levanto de manhã à hora em que vou dormir. Eu penso nisso até mesmo quando estou me barbeando.*
>
> Roberto Goizueta, *antigo Presidente e CEO, Coca-Cola (1997)*

Quando tudo foi dito e feito, a utilidade da gestão baseada em valor deve ser julgada pelas experiências das empresas que a experimentaram. Neste capítulo, compartilhamos o conhecimento e a experiência de algumas empresas de destaque que adotaram o VBM. A maioria, *mas não todas* essas experiências, tem sido positiva. Dessas experiências, obtemos entendimentos importantes sobre como fazer a gestão baseada em valor funcionar.

Duas Empresas Experimentam o VBM

Herman Miller, um fabricante nacionalmente conhecido de móveis para escritório, e a AT&T proporcionam exemplos dignos de empresas que adotaram a gestão baseada em valor com resultados muito diferentes.

Para a Herman Miller o VBM Foi a Resposta

Em 1995, Herman Miller contratou um novo time de gestores. Michael Volkema, presidente e CEO da empresa, descreveu a situação naquele momento:[1]

---

[1] Como relatado na home page da Stern Stewart & Co. (www.sternstewart.com).

> *Quando nosso time de liderança entrou em ação, a Herman Miller tinha uma história e cultura rica, ótimos produtos e empregados de talento. A economia estava forte, nosso setor estava em crescimento e nossas vendas estavam crescendo ainda mais rapidamente. Mas algo estava faltando. Os resultados não apareciam no lucro líquido.*

Como conseqüência, a gestão decidiu desenvolver um sistema de gestão baseada em valor na empresa, escolhendo o EVA. Dois anos mais tarde, Volkema descreveu o resultado daquela decisão.

> *Em dois anos, viramos uma página. Empregando o mesmo montante de capital que em 1995, nossas vendas subiram de $1 bilhão para 1,5 bilhão. Em 1997, nosso EVA foi de $40 milhões — um aumento de aproximadamente 300% acima dos $10 milhões gerados em 1996. A análise EVA nos possibilitou identificar desperdícios tanto em nossos custos quanto na utilização de nosso capital. Os estoques foram reduzidos em 24% ou $17,2 milhões com relação a dois anos atrás. As contas a receber foram reduzidas em 22%, de 55 dias em 1995 para 43 dias no final de 1997. Ao longo dos dois últimos anos, nossas vendas aumentaram 38%. Nossa margem operacional de 13% melhorou muito em relação à de cinco anos atrás. Ao mesmo tempo, reduzimos nossa metragem quadrada total de área construída em mais de 15%.*
>
> *Utilizando o EVA, observamos o crescimento do nosso negócio e vimos crescer a contribuição e o compromisso do nosso pessoal para com a Herman Miller. O EVA é o alicerce de nosso sistema de bônus de incentivos em toda a empresa e nos últimos dois anos aumentamos a riqueza de nossos empregados-proprietários em mais de $100 milhões. Se fosse perguntado a eles, concordariam que o EVA funciona na Herman Miller.*

Até 1999, o EVA da Herman Miller havia aumentado para mais de $90 milhões, desde $40 milhões em 1997. A história continua, como demonstrado no relatório anual de 1999 da Herman Miller:

> *O ano fiscal de 1999 marcou o terceiro ano de utilização do EVA como a ferramenta de gestão do nosso negócio. Acreditamos que houve numerosos benefícios desse programa, com o mais significativo sendo o conhecimento de nossos empregados-proprietários sobre o negócio. Praticamente todos os nossos 8.185 empregados em todo o mundo receberam treinamento no EVA. Nossos empregados-proprietários sabem que o capital não é gratuito e que o valor sustentável é criado através do melhoramento e crescimento contínuos. Eles também compreendem que sua remuneração é diretamente ligada aos resultados do EVA.*

Histórias similares às da Herman Miller poderiam ser contadas por um sem-número de empresas. No entanto, nem todas tiveram resultados positivos quando implementaram o VBM.

AT&T e o VBM: A Escolha Errada

Em um artigo popular da *Fortune* de 1993 que despertou a atenção da comunidade empresarial, a AT&T foi incluída em uma lista de "grandes empresas altamente conceituadas" que estavam "aderindo ao conceito" do EVA (Tully 1993). O artigo citou William H. Kurtz, um executivo da AT&T, que dizia: "O EVA teve um papel significativo na decisão da empresa de comprar a McCaw Cellular." Kurtz continuou: "A AT&T nesse ano tornará o EVA a principal medida do desempenho de suas unidades de negócios e gestores." No relatório anual de 1992 da empresa, a gestão também era a favor do EVA.

> *Em 1992, começamos a medir o desempenho de cada uma de nossas unidades com uma nova e importante ferramenta gerencial chamada "Valor Econômico Agregado" — ou "EVA"... O EVA proporciona aos nossos gestores uma maneira de acompanhar a geração de valor ao acionista em unidades individuais da AT&T... nós a tornamos o ponto central de nosso processo de "planejamento baseado em valor". Além disso, estamos ligando uma porção da remuneração de incentivo de nossos gestores ao desempenho face às metas EVA para 1993... Resumindo, nossos programas de planejamento, avaliação de desempenho e de recompensas são, agora, totalmente alinhados com os interesses dos acionistas.*

Nos dois anos seguintes, a AT&T mais do que alcançou as metas EVA que haviam sido estabelecidas. Então, em 1995, a empresa anunciou a venda da Lucent Technologies e NCR. Com a reestruturação, a empresa anunciou que os planos de bônus seriam

> *ajustados com o propósito de proporcionar 50% do incentivo sobre o nível de EVA atingido e 50% baseados no sucesso alcançado nos trabalhos de transição da reestruturação, incluindo o impacto sobre o PVA [valor adicionado da pessoa] e CVA [valor adicionado ao cliente]... Devido aos ajustes feitos pela venda da NCR, a meta EVA de 1995 não foi atingida e a porção do bônus anual do Presidente que tinha relação com essa meta foi reduzida de acordo. Os resultados de 1995 para as medidas PVA, CVA e transição da reestruturação foram alcançados. (Declaração de 1996 da AT&T.)*

No mesmo ano, o comitê de remuneração da AT&T relatou:

> *O comitê reconhece que a reestruturação pendente da empresa tornará obsoleto o critério de desempenho estabelecido para os ciclos de longo prazo de 1994-96 e 1995-97. Para abordar esse período de transição e a dificuldade no estabelecimento de metas financeiras a longo prazo, enquanto a reestruturação está em processo, o Comitê recomendou e aprovou que o critério para o desempenho dos períodos 1994-96 e 1995-97 fosse considerado como atingido em seus níveis meta. (Declaração de 1996 da AT&T.)*

Em 1996, a empresa começou a abandonar o EVA. Lendo os comentários do comitê de remuneração,

> A empresa alcançou sua meta EVA, mas o comitê notou que ela o fez, em parte, ao modificar os planos de investimentos, resultando em capital médio empregado menor. O comitê, portanto, determinou que, com respeito ao desempenho financeiro, os resultados da medida adicional de lucros por ação (EPS) seriam considerados... A empresa alcançou sua meta, porém... os acionistas experimentaram um decréscimo de 9% no valor de suas participações relativas à AT&T durante 1996, embora o mercado como um todo tenha se elevado em 20%. Em 1997, a empresa irá reinstituir um programa de desempenho ligado ao retorno total do acionista ("TSR") de três anos medido em relação a um grupo dos principais concorrentes no setor. (Declaração de 1996 da AT&T.)

Em 1997, a empresa descontinuou completamente o uso do EVA e escolheu, em vez disso, utilizar os lucros por ação e o índice despesa com relação a receitas como suas medidas de desempenho financeiro.

De acordo com alguns relatórios, a AT&T abandonou o EVA como medida de desempenho, pois a gestão foi incapaz ou não mostrou vontade de resolver dois problemas que podem surgir quando da utilização do EVA: (1) inconsistências entre o EVA e a geração de valor ao acionista que podem ocorrer pela utilização da depreciação contábil GAAP, especialmente quando há "oscilações" nos investimentos da empresa e (2) dificuldades em estabelecer as metas EVA de incentivo para a gestão. O primeiro problema foi explicado e demonstrado no Capítulo 7, onde discutimos os modelos VBM como aplicados à avaliação de projetos; a segunda questão foi considerada no Capítulo 8. A questão subjacente é a dificuldade que ocorre, às vezes, em tornar uma medida de gestão baseada em valor consistente com o valor ao acionista a despeito das afirmações de que o valor para o acionista é somente uma questão de "gerar caixa". Algumas empresas podem não estar preparadas para o esforço e a complexidade contábil necessários para fazer os cálculos consistentes com a geração de valor para o acionista.

Ao distinguir empresas que continuam a utilizar o EVA daquelas que abandonaram seu uso, O'Byrne (1999) faz as seguintes observações:

> Em meu julgamento, com base nos casos estudados e minha ampla experiência, empresas que assumem uma abordagem contratual com relação à remuneração da gestão, ao se comprometerem por vários anos com a distribuição de porcentagens e metas de desempenho, estão muito mais dispostas a investir tempo e esforço necessários para abordar questões contábeis que devem ser resolvidas a fim de tornar o lucro econômico consistente com o valor ao acionista. Para essas empresas, as questões contábeis têm importantes conseqüências de compensatórias. As empresas que propor-

> *cionam a base para os exemplos de ajustes contábeis que reconciliam lucros econômicos ao valor para o acionista utilizam o plano de bônus EVA da Stern Stewart elaborado com compromissos de vários anos com a distribuição de porcentagens e melhorias esperadas no EVA. Várias delas também firmam compromissos de anos múltiplos com diretrizes de concessões de opções em ações de valor fixo. As empresas que abandonaram o EVA, por outro lado, adotam uma abordagem muito discricionária com relação à remuneração executiva.*

Assim, O'Byrne sugere que as empresas deveriam estar mais bem preparadas para empreender as exigências contábeis adicionais e assumir uma abordagem contratual forte para com a remuneração de executivos se a gestão baseada em valor deve sobreviver e prosperar na empresa.

Iniciar a utilização da gestão baseada em valor, somente para abandonar seu uso mais tarde, sugere que mesmo com as melhores intenções a realidade pode não se equiparar às expectativas. Certamente, nenhuma iniciativa significativa, tal como a adoção do VBM, pode ter sucesso sem a presença de problemas não antecipados. A integração de qualquer técnica de gestão baseada em valor se adapta melhor a algumas empresas do que a outras, portanto esse sucesso pode ser função da companhia em si, ou pode ser o resultado de erros feitos ao longo de sua implementação.

Embora os exemplos anteriores nos ofereçam alguma idéia a respeito de duas empresas e suas experiências com a gestão baseada em valor, é impossível generalizar a partir deles. Assim, voltamo-nos agora para um estudo das melhores práticas do VBM, no qual os autores foram membros do time investigativo.

A Visão Daqueles que Adotaram com Sucesso o VBM

Em 1996, éramos membros de um grupo patrocinado pela American Productivity and Quality Center's International Benchmarking Clearinghouse para estudar empresas que tinham adotado e implementado com sucesso sistemas VBM.[2] O objetivo daquele estudo era documentar as melhores práticas da utilização do VBM nos diferentes setores. Nós, juntamente com os patrocinadores do estudo, trabalhamos para identificar e documentar as histórias de empresas que não somente tinham adotado o VBM, mas o tinham feito com sucesso.

---

[2] A International Benchmarking Clearinghouse é um componente da American Productivity and Quality Center (APQC) que se localiza em Houston, Texas. O centro foi fundado em 1977 como uma organização sem fins lucrativos 501-C3 cuja missão era melhorar a produtividade e qualidade nos setores público e privado. O centro tem um *staff* de aproximadamente 100, um conselho de administração e um orçamento de cerca de $16 milhões. A Benchmarking Clearinghouse organiza e executa estudos de "benchmarking" onde grupos de corporações independentes são juntados para dividir os custos e benefícios dos esforços de "benchmarking".

Seguimos um processo de quatro estágios para documentar o histórico dos casos de sucesso do VBM. Primeiro, enviamos um questionário pelo correio para mais de noventa candidatos em potencial como um peneiramento para qualificação. Nós, então, telefonamos para cada uma das empresas que responderam para confirmar a extensão de suas experiências na utilização do VBM e verificar sua disponibilidade em participar nas fases subseqüentes do estudo. Com essa informação em mãos, selecionamos cinco empresas para um estudo contínuo e visitas no local. As empresas selecionadas foram escolhidas também para representar uma amostra das metodologias primárias do VBM até então em uso. A lista final incluía três empresas EVA (Briggs & Stratton, CSX Transportation e Harnischfeger Industries); uma empresa da Boston Consulting Group (National Semiconductor); e uma empresa que havia elaborado seu próprio programa a partir de componentes de um sem-número de sistemas (Shell Oil). O fato de que as empresas selecionadas são muito capital-intensivas não é acidente. Observamos que muitas empresas que adotam os sistemas VBM são indústrias ou empresas que têm ativos tangíveis razoavelmente grandes para gerenciar. (Um perfil para cada uma das empresas da amostra é encontrado no Apêndice 10A.)

Os gestores das empresas visitadas foram solicitados a completar um questionário compreensivo antes que fizéssemos uma visita, ao escritório central da empresa. Durante nossa visita, utilizamos um dia inteiro investigando o processo de adoção e implementação do VBM e as questões organizacionais relacionadas que surgiram a partir do momento da implementação até o momento da visita. Após completar todas as visitas, tivemos uma sessão de um dia para que os patrocinadores corporativos do estudo se encontrassem com representantes de cada uma das cinco empresas que receberam visitas no local. Os resultados desse processo inteiro são resumidos na próxima seção.

Alguns dos principais achados do estudo são os seguintes:

- A adoção do VBM deve ter o suporte da cúpula da organização.
- A decisão de adotar o VBM é freqüentemente precedida por uma necessidade de mudança, tal como a erosão do valor econômico ou uma mudança na liderança.
- Nem toda empresa se beneficia do mesmo modo da utilização do VBM.
- As organizações diferem na profundidade pela qual utilizam o sistema VBM.
- O VBM é mais do que um exercício financeiro, se o desejo é mudar o comportamento.

- A educação é o ponto inicial quando da integração do sistema VBM na empresa e é um processo perpétuo e contínuo.
- As organizações adaptam a ferramenta VBM às suas circunstâncias particulares.
- A simplicidade é preferível à complexidade.
- Um sistema VBM não é estático. Está em desenvolvimento contínuo. Não há "reparos rápidos".

Compartilhando Experiências

Acreditamos que os achados listados previamente serão benéficos a qualquer um que deseje implementar um novo sistema VBM. Assim, oferecemos esclarecimento e expansão desses achados nessa seção.

O Apoio dos Gestores de Cúpula é Essencial

A importância do apoio da gestão não pode ser superenfatizada. De modo ideal, o CEO e o CFO são os comandantes do programa VBM. Nas palavras de um gestor: "Se um programa VBM não tem o apoio dos gestores seniores, ele está fadado ao fracasso." Outro disse: "Se o CEO não veste a camisa do VBM, você está desperdiçando seu tempo."

A gestão de cúpula da organização deve não somente aprovar o VBM, mas também estar ativamente envolvida na promoção de sua utilização ao longo da organização. Todas as empresas entrevistadas demonstraram um comprometimento dos principais gestores. Esse comprometimento cria uma reação em cadeia, causando o alinhamento do valor ao acionista com a missão da empresa, sua visão e valores e seu plano estratégico.

Deve Haver a Necessidade por Mudanças

As empresas que adotam a gestão baseada em valor o fazem como parte de uma estratégia para proporcionar o foco necessário sobre o que realmente importa na geração de valor para o acionista. Um executivo usou as seguintes palavras para capturar a necessidade por mudanças quando da adoção do VBM:

> *Nossa companhia era uma empresa dirigida em função da demonstração de resultados. A gestão da empresa concentrava-se em vendas e os empregados operacionais concentravam-se em seus orçamentos. A empresa era dirigida como uma operação tradicional de manufatura onde a remuneração de incentivo era atada ao orçamento; conseqüentemente, os orçamentos eram direcionados por negociações. Orçamentos menores eram recompensa-*

dos e isso diminuía a motivação do pessoal em utilizar os orçamentos de modo eficiente. A gestão dos recursos também era um problema. O investimento de capital era muito alto. Os desembolsos de capital eram alocadas de acordo com o tamanho da divisão e o dinheiro no orçamento era geralmente gasto no último mês do ano. Em vez de serem usados para a tomada de decisões estratégicas a longo prazo, os investimentos de capital eram direcionados ao curto prazo.

Entretanto, as decisões também eram freqüentemente direcionadas por alguma circunstância dentro da empresa. Deveria haver um catalisador que levasse a gestão às decisões corretas. Nas palavras de um gestor: "Descobrimos que nosso retorno sobre o patrimônio líquido era menor do que nosso custo de capital;... tornou-se claro que uma mudança era necessária."

A Briggs & Stratton, por exemplo, adotou seu programa VBM após um trimestre no qual sofreu uma perda, a primeira em sua longa história. Similarmente, a National Semiconductor percebeu que estava com excesso de capacidade durante um movimento de caixa no setor de semicondutores. A CSX Transportation e a Shell Oil haviam recrutado novos CEOs que exigiram um foco no valor ao acionista. Além disso, a CSX Transportation era uma empresa concentrada em volume, onde o objetivo era ter mais locomotivas para "manter uma posição competitiva". O capital era racionalizado, mas era utilizado de forma errada. O VBM ofereceu a essas organizações uma métrica de desempenho alternativa que elas acreditavam estar diretamente ligada ao valor das ações de suas empresas.

Os Benefícios Não São Uniformes Entre Todas as Empresas

Tornou-se claro para nós que nem todas as empresas são iguais no que diz respeito a colher benefícios de um sistema VBM. Enquanto todos os gestores acreditam que se beneficiaram da utilização do VBM, alguns aparentemente se beneficiaram mais do que outros. O mais aparente foi o benefício do VBM para empresas que tinham espaço para melhorias significativas na gestão dos ativos de suas empresas. Variety, o sucessor da Massey Ferguson, estava experimentando EVAs bastante negativos – 140 milhões para ser exato. Como resultado da adoção de um sistema VBM, ela eliminou um grande número de ativos de baixo desempenho em um único ano. A melhoria no retorno sobre o capital investido e também no preço da ação foi inevitável.

No Capítulo 7, argumentamos que os benefícios do VBM serão menores em cenários onde os resultados das atitudes da gestão demoram a aparecer. Por exemplo, quando a Boeing tem sucesso em obter um grande pedido por novas aeronaves, esse sucesso pode não aparecer de maneira mensurável pelos próximos cinco ou dez anos. Por esse motivo, a Boeing utiliza uma métrica que visa o futuro com base nos fluxos de caixa projetados. Entretanto, como notamos no Capítulo 8, inserir projeções nas medidas de desempenho que direcionam a remuneração de incentivo é problemático.

As Empresas Diferem na Extensão da Aplicação do VBM

Algumas empresas estendem o VBM aos empregados de nível mais baixo, tornando-os responsáveis por decisões que poderiam afetar o valor do acionista, enquanto outras utilizam o VBM somente dentro da cúpula administrativa. Um gestor, onde o VBM é direcionado aos níveis mais baixos da empresa, descreve o uso do VBM como segue:

> *Nossa divisão tem tido muito sucesso em direcionar o VBM até o mais baixo escalão da organização. Através do pacote de remuneração, o processo de geração de valor afeta praticamente todos os níveis: O VBM oferece um cálculo definitivo utilizado como um padrão para o desempenho e liga o impacto de várias decisões de investimento ao EVA da unidade de negócios. Existe a responsabilidade pelos retornos do investimento em todos os níveis da organização. Temos times que proporcionam o alicerce do sistema VBM em nossa empresa. Uma grande porcentagem dos empregados se envolveu direta ou indiretamente nesses times. Hoje em dia, os empregados de vários departamentos trabalham em questões que previamente eram solucionadas somente no departamento afetado. Essa nova abordagem transfuncional resultou em mais trabalho de equipe ao longo da empresa e em um grande montante de economias com custos e melhorias operacionais.*

Porém, em outras empresas, o VBM foi utilizado somente em suas cúpulas administrativas para avaliar estratégias alternativas de negócios. A gestão começou com a visão de que a gestão baseada em valor seria utilizada ao longo da organização. No entanto, após algum tempo, eles decidiram utilizar o VBM somente como uma ferramenta de tomada de decisão em vez de como uma medida de desempenho.

O VBM é Mais do que um Exercício Financeiro

A razão mais atraente para adotar o VBM é a de mudar o comportamento, principalmente ao encorajar os gestores e empregados a pensarem como proprietários. Quando as empresas consideram a adoção do VBM, geralmente estão buscando mais do que uma métrica financeira. Em vez disso, estão procurando uma maneira de motivar o comportamento que adiciona valor ao longo de toda a empresa. Wallace (1998) colocou isso da seguinte maneira: "A adoção dos incentivos com base no lucro residual altera as decisões gerenciais de forma a contribuir ao valor para o acionista." Mas para que isso aconteça, a ferramenta VBM deve ser traduzida com facilidade em termos que os empregados de alto e baixo escalão possam compreender e confiar cada vez mais. Como disse um executivo: "Os empregados devem sentir que estão tendo um incentivo honesto do sistema."

O elemento essencial de qualquer sistema VBM é a ligação entre o desempenho e a remuneração. Sem essa conexão, o VBM torna-se somente um outro exercício contábil ou financeiro e não mudará o comportamento. Embora as práticas empresariais variem, todas as empresas entrevistadas, de uma forma ou de outra, ligaram sua remuneração baseada no desempenho às métricas VBM. Um executivo descreveu o comprometimento de sua empresa em basear a remuneração sobre o desempenho VBM da seguinte maneira:

> *Nossa divisão está direcionando com sucesso a remuneração até os níveis operacionais mais baixos. Praticamente todos os empregados estão ligados ao valor para o acionista de uma maneira ou de outra. Os gestores vêem o resultado de ligar a remuneração dos empregados ao processo de geração de valor. Os empregados começaram a pensar e agir como proprietários e, portanto, os interesses dos empregados e acionistas se alinharam. Em adição ao seu pagamento de remuneração de incentivo, os 150 principais gestores deveriam comprar ações no montante igual a dois anos de salários como maneira de alinhar seus interesses mais proximamente com os dos acionistas.*

Outro deles observou:

> *Em nossa empresa o plano de remuneração de incentivo é o mesmo para o presidente e para cada pessoa assalariada no escritório. Após a implementação do plano de remuneração, houve uma mudança comportamental/cultural imediata. Como exemplo, a qualidade dos lucros melhorou; as pessoas não estavam mais tentando demonstrar lucros através da alteração de métodos contábeis. Os orçamentos não eram mais negociados. Houve uma perspectiva de longo prazo nas operações. Os empregados não tomam mais decisões em uma base trimestral e têm responsabilidade perante suas decisões. O plano de incentivo encoraja os gestores a pensar a longo prazo.*

Outro gestor, no entanto, demonstrou ceticismo com respeito à ligação direta da remuneração e a geração de valor ao longo da empresa como um todo. Nas palavras de um executivo:

> *Os 150 principais executivos de nossa empresa são remunerados com base no valor ao acionista. O programa de remuneração não é um programa do tipo "uma medida cabe a todos". A proporção da remuneração de incentivo é decidida no nível apropriado da unida-*

> *de. Os executivos recebem opções em ações ou opções-fantasma em ações baseadas nos fluxos de caixa gerados pela empresa. No entanto, a empresa não utiliza o VBM para remunerar os níveis mais baixos da organização. Não estamos totalmente convencidos de que o valor ao acionista é a medida apropriada para a remuneração nos níveis mais baixos da organização. O desempenho frente aos direcionadores de valor é uma medida melhor para a remuneração no baixo escalão.*

Embora tenha havido diferenças na maneira em que o pagamento de incentivo é gerenciado entre as empresas, a necessidade clara de fazê-lo jamais foi questionada em qualquer uma delas. Todas, sem exceção, acreditavam que o que uma empresa mede e recompensa é feito. A única pergunta é como. Também notamos que o esforço em ligar o pagamento ao desempenho entre as empresas era mais predominante em empresas que utilizavam o EVA como sua métrica.

Esse achado certamente não é surpreendente no sentido de que a Stern Stewart & Co. está muito focada em ligar o desempenho e incentivos em suas atividades de consultoria e na maior parte do que eles apresentam. Por exemplo, em seu seminário sobre o EVA, Stewart descreve várias qualidades para um bom plano de incentivo:

1. Objetividade, em que os gestores não têm permissão para negociar o resultado.
2. Simplicidade, a ponto de poder ser compreendido pelos empregados que não são educados financeiramente.
3. Variabilidade, em que uma porção significativa da remuneração dos empregados está ligada ao desempenho, em oposição a valores fixos.
4. Definição, em que não há mudanças no tamanho do gol quando o jogo já está em andamento.

Educar, Educar, Educar

Para transformar o comportamento, os empregados devem entender seu papel na geração de valor, caso contrário o aumento no valor será extremamente superficial. Isso exige um programa de treinamento contínuo dos empregados para que eles possam continuamente pensar no efeito de suas atitudes sobre o valor ao acionista. Treinar também é importante para incitar a filosofia de responsabilidade, "sem mais desculpas".

Um executivo explicou que em sua empresa a educação incluía aumentar a consciência de cada empregado com relação à importância do capital e dos fluxos de caixa livres. Cada empregado compreendeu que ele era responsável por aumentar a utilização dos ativos à medida que há custos de capital relacionados à subutilização dos ativos. Além disso, os gestores ajudaram seus empregados a atingir um equilíbrio, dizendo a eles que "o serviço é importante, mas não a qualquer custo".

Descobrimos que o treinamento e a educação nas organizações que visitamos começaram antes da implementação do sistema VBM. Esse treinamento continuou ao longo do lançamento do sistema na organização e além dele.

Um Tamanho não Serve para Todos

A maioria das empresas em nosso estudo revisou cuidadosamente as ferramentas VBM de todos os principais proponentes e customizou suas próprias aplicações. Mesmo aqueles que haviam começado com uma metodologia de um proponente em particular estavam cientes dos sistemas alternativos e geralmente conheciam suas similaridades. Em sua maioria, os gestores tinham razões específicas para preferir o método que adotaram. Entretanto, na maioria dos casos, a escolha foi atrelada a uma percepção com relação à habilidade do método em ajudar a gestão a concentrar-se tanto na eficiência quanto na lucratividade do capital. O seguinte comentário era típico:

> *A utilização do EVA e do fluxo de caixa livre é muito bem alinhada em nossa empresa e possibilita à organização exercer mais disciplina nos seus investimentos. Escolhemos o EVA em vez do CFROI, pois acreditávamos que ele era um sistema compreensivo da gestão baseada em valor e economicamente correto. Entretanto, nós entendemos que tanto o EVA quanto o CFROI da HOLT Value Associates têm como premissa a crença de que o valor da empresa é o NPV (valor presente líquido) dos fluxos de caixa esperadas.*

Porém, outro gestor viu isso de maneira diferente:

> *Nossa gestão examinou todas as opções cuidadosamente. Recebemos a Stern Stewart para algumas sessões, porém não achamos que seu programa funcionaria para nós. Também examinamos o método do fluxo de caixa livre da McKinsey e decidimos que ele não atingia nossos propósitos — embora venhamos a utilizá-lo para outras finalidades. Mas nós adotamos a metodologia do BCG através de um consultor independente. Para nós, ela colocou todas as peças de volta no lugar.*

Finalmente, descobrimos que muitos gestores não aceitam, sem contestações, o que os proponentes dizem. Eles aprendem dos consultores, mas então adaptam os métodos para se encaixar em suas próprias situações. De fato, em muitos casos, as empresas desenvolvem seus sistemas internamente em vez de contratar uma empresa de consultoria. Por exemplo, muitas das empresas que utilizam o EVA não dependem da Stern Stewart & Co. para elaborar ou operar o sistema.

A Simplicidade é Preferível

Praticamente todos os participantes do estudo concordaram que uma empresa deve manter um sistema VBM o mais simples possível. A principal razão para a simplicidade relaciona-se ao fato de que para ser eficiente o programa deve ser compreendido e ter a confiança dos empregados. No entanto, a maior parte sentiu que o empregado precisa entender somente a porção do cálculo pelo qual é responsável. Além disso, a simplicidade, de acordo com alguns, exige consistência das métricas em toda a empresa; caso contrário, haverá somente uma adesão limitada.

Duas das opiniões de gestores sobre a questão da simplicidade são as seguintes:

> *Os gestores acreditam que devemos nos concentrar em três ou quatro conceitos simples, porém essenciais, e aplicá-los às operações financeiras. Mantemos o treinamento em um nível simples para alcançar um maior entendimento do VBM. Grande parte do tempo é gasto assegurando que os empregados fora de finanças entendam os conceitos do VBM. Os gestores percebem que nem todos os detalhes são relevantes, que os empregados precisam saber somente o que é importante às suas situações.*

> *Os gestores simplificaram a estrutura das medidas financeiras para comunicar a informação necessária que identifica os direcionadores de valor. Os empregados agora compreendem como esses direcionadores afetam os preços da ação.*

Praticamente todas as empresas expressaram a necessidade clara de manter o uso do VBM o mais simples possível. A simplicidade é considerada uma virtude quando chega a hora de explicar o VBM aos empregados e evitar a "embolação". Eles acham que se a ferramenta for muito complexa ficará conhecida simplesmente como outro exercício financeiro e falhará em alcançar as mudanças desejadas na tomada de decisões operacionais dentro da empresa. Um gestor disse:

> *Nossa empresa utiliza o Value Discovery, um exercício prático para identificar direcionadores do negócio. No processo de descoberta, os gestores em cada divisão aprendem como maximizar as escolhas que fazem para aumentar o valor ao acionista ao longo do tempo. Também simplificamos a ferramenta VBM para o propósito de explicá-la a nossos empregados. A simplificação foi essencial para que os empregados não achassem que o sistema VBM fosse simplesmente outro programa financeiro que tinha pouco ou nada a ver com o desempenho operacional.*

Em resumo, as empresas da amostra tiveram sucesso em tornar o VBM simples o suficiente para ser utilizado como uma ferramenta para a tomada de uma variedade de decisões — em vez de ser somente um exercício financeiro complexo que o departamento de finanças impõe aos gestores operacionais.

Não Espere Reparos Imediatos

Como um achado conclusivo e de importância, descobrimos ser improvável que a implementação de um sistema VBM atenderá imediatamente todas as necessidades da organização. De fato, foi estimado que, para empresas menores, digamos com vendas de $250 milhões ou menos, adotar um sistema VBM leva de quatro a cinco meses só para começar, comparado a mais de um ano para grandes empresas. Em todos os casos, é necessário um tempo para que um plano se desenvolva e cresça dentro da empresa. Além disso, implementar o VBM muito provavelmente exigirá mudança de outros sistemas, incluindo áreas tais como as da remuneração e sistemas de informação da empresa.

Em outras palavras, adotar um sistema VBM não é um remendo rápido aos problemas de uma empresa, mas freqüentemente exige mudanças ao longo de toda a empresa. E essas mudanças serão contínuas.

Eles Fariam Tudo de Novo

Perguntamos a cada um dos participantes do estudo: "Se você pudesse começar de novo, adotaria o VBM?" A resposta uniforme foi sim, se tivessem a oportunidade fariam e tiveram poucos arrependimentos.

Uma História de Sucesso na CSX Transportation

O VBM deu à CSX Transportation uma disciplina interna. Havia pessoas em nossa empresa que queriam crescer agressivamente e investir para suportar o crescimento. Entretanto, Wall Street estava dizendo: você não é uma empresa de crescimento, você é uma empresa madura e deveria estar distribuindo seu caixa. Sabemos quais são as expectativas de Wall Street e estamos concentrados nos reais direcionadores que aumentam o valor ao acionista. Antes do VBM, pode ter havido uma desconexão entre a nossa visão quanto à maneira de aumentar o valor ao acionista e as expectativas de Wall Street.

Desde 1991, o frete de automóveis subiu 7% durante uma queda nos equipamentos de transporte de 20%. O total de empregos ferroviários caiu de 39.675 em 1988 para 29.537 em 1995. O lucro operacional subiu 70% ao longo dos últimos cinco anos e o investimento de capital diminuiu 10% ao longo do mesmo período. Iniciativas de melhorar o desempenho têm aumentado a eficiência e a produtividade para a casa dos $500 milhões desde 1992. Conseqüentemente, o índice de margem operacional melhorou dramaticamente desde a implementação do EVA.

Quando a subsidiária da CSX, Sea-Land Service, quis entrar em diferentes regiões do mundo, ela não comprou novos navios, em vez disso entrou em acordos de uso comum de embarcações, o que possibilitou evitar os custos associados com a compra de novos navios. A empresa aumentou a utilização de sua frota existente, estendeu seu alcance geográfico e alcançou com sucesso suas iniciativas estratégicas sem gastar capital adicional.

Os gestores não disseram que a adoção de um sistema VBM foi alcançada sem que fossem tentadas algumas experiências; cada empresa enfrentou e superou dificuldades e barreiras. Eles haviam se tornado fortes defensores da gestão baseada em valor, sentindo que ela havia contribuído positivamente para a eficiência de suas empresas. Os gestores apontaram as melhorias na eficiência operacional e financeira que haviam ocorrido. Para alguns, porém não para todos, houve um aumento correspondente no valor ao acionista, que era a principal motivação para adotar o VBM. Advertimos, no entanto, que o aumento no preço da ação pode não ser um resultado natural — certamente não no curto prazo. Assim, a motivação para adotar o VBM deve repousar mais na necessidade de motivar os gestores e empregados a fazerem o que é consistente com o aumento do valor ao acionista. Como Zimmerman habilmente comenta:

> *O sucesso de uma determinada medida de desempenho em acompanhar mudanças a curto prazo no preço da ação de uma empresa provavelmente não é a consideração mais importante na escolha de uma medida como base para as recompensas gerenciais... A melhor medida de desempenho é aquela que sem impor custos excessivos dá aos gestores os mais fortes incentivos a tomar atitudes que aumentem o valor da empresa.*

Em outras palavras, é mais importante mudar o foco de uma empresa e sua direção do que trabalhar diligentemente para desenvolver a medida "perfeita" para a geração de valor. Certamente foi nossa impressão que as empresas visitadas estavam principalmente concentradas em fazer o que tinha sentido econômico para os acionistas e secundariamente no que aconteceria ao desempenho de curto prazo do preço da ação. Para nós, essa perspectiva parece ser a correta.

Uma História de Sucesso na Briggs & Stratton

Os gestores da Briggs & Stratton utilizam o EVA para a avaliação de novos produtos. Eles também utilizam o EVA no processo de tomada de decisão que acompanha a aquisição de fábricas. Além disso, eles também foram capazes de usar o EVA para justificar perante uma corte federal a mudança de 2.000 empregos de uma área para outra.

O sistema VBM também é uma ferramenta valiosa para:

- Proporcionar poder para o empregado.
- Criar valor superior ao desenvolver relacionamentos mutuamente benéficos com nossos clientes, fornecedores e comunidades.
- Elevar o valor de nossa marca ao se concentrar na fabricação de baixo custo e na venda e serviços para uma ampla margem de equipamentos de torque.
- Proporcionar oportunidades para pessoas em todo o mundo de desenvolver suas economias, melhorar a ordem e qualidade de suas vidas e, ao fazê-lo, adicionar valor aos investimentos de nossos acionistas.

Resumo

Para as empresas que entrevistamos, a adoção do VBM foi um divisor de águas que representou o desvio de "fazer negócios como sempre" em direção a um foco no valor para o acionista. Adicionalmente, aprendemos que a adoção do VBM está conectada a uma necessidade por mudança que foi muitas vezes associada com uma erosão do valor econômico ou uma mudança na liderança.

O VBM, se usado eficientemente, é mais do que um exercício financeiro; seu objetivo é mudar o comportamento de modo a alinhar os interesses da gestão de uma empresa com aqueles de seus acionistas. Descobrimos que empresas que integram com sucesso o VBM ao longo de sua organização experimentam uma mudança dramática na cultura. Entretanto, nem tudo funcionou perfeitamente. Houve, invariavelmente, trocas que tiveram de ser feitas entre precisão e simplicidade e, sem dúvida, houve resistência significativa a mudanças dentro da empresa. Entretanto, com base nas empresas que entrevistamos, existem atitudes básicas que podem ser tomadas para aumentar a chance de uma implementação eficiente do sistema. As que mais se destacam são as seguintes:

- O apoio e o envolvimento da gestão de cúpula são essenciais.
- O VBM sem uma ligação ao pagamento de incentivo é como não ter dentes e não pode se esperar que ele gere mudanças duradouras no comportamento.
- A educação e o treinamento cuidadosos por toda a empresa são necessários antes de ligar a remuneração ao desempenho.
- Quando possível, a simplicidade é uma virtude que vale a pena ser almejada.

Finalmente, devemos notar que a escolha da métrica em si não foi considerada por nenhuma das empresas como o principal fator do sucesso. Enquanto o processo de seleção em cada caso indubitavelmente buscou encontrar o melhor ajuste entre a métrica e as características da empresa, a chave para o sucesso, em última instância, foi a implementação eficiente. Colocado em termos que possam ser entendidos pelos profissionais da área ou não (Myers 1997), "Do mesmo modo que acertar uma boa tacada de golfe depende mais de como você acerta a bola do que da marca do seu taco, atingir sucesso através do uso de qualquer métrica de desempenho dependerá mais de quão bem você a aplica do que qual você utiliza."

Assim, não há dúvida de que a gestão voltada ao valor para o acionista será sempre um desafio, mesmo na melhor das circunstâncias. Devemos sempre ficar um pouco desconfiados de qualquer um que nos tente convencer que é fácil, se apenas o fizermos de sua maneira. Também não devemos nunca pensar que simplesmente adotar um sistema é o que conta; o que importa é quão bem nós o fazemos. Do que observamos, escolher um método em que a gestão possa acreditar e apoiar, e então se tornar determinada a ser a melhor em implementá-lo, nos levará a grandes distâncias na rota ao sucesso. E ao escutar aqueles gestores que obtiveram sucesso nesse empenho, a jornada vale o esforço tanto para os gestores quanto para os acionistas.

Apêndice 10A

Perfis das Empresas que Foram Visitadas

Briggs & Stratton Corporation

Setor: Fabricante, pequenos motores a gasolina e travas automotivas
Sede: Milwaukee, Wisconsin
Empregados: 7.950

A Briggs & Stratton Corporation, uma empresa com um passado de oitenta e seis anos, dedica-se a uma única missão para o futuro — revolucionar o setor de equipamentos de corte de madeira no que diz respeito a pequenos motores a combustão.[3]

Por muitos anos, a Briggs & Stratton vem dominando o setor de motores a gasolina refrigerado a ar. Em 1995, a empresa baseada em Milwaukee, conhecida principalmente por seus motores de quatro tempos para equipamentos de atividades ao ar livre, continuou como uma das líderes no setor. A distância entre a Briggs & Stratton e a concorrência aumentou nas áreas de desenvolvimento de novos produtos, pesquisa e desenvolvimento ambiental e em vendas e serviços de seus produtos no mundo todo.

Três ideologias da empresa foram adiantadas pelo presidente do conselho e presidente executivo Frederick P. Stratton, Jr. Foram elas a redução de custos, a melhoria da qualidade do produto e as melhorias no desempenho do produto. Para reduzir custos, a empresa busca encontrar maneiras novas e mais eficientes de fabricação e utilização do mais sofisticado maquinário juntamente com uma força de trabalho especializada. A melhoria na qualidade e no desempenho do produto significa controle de qualidade rigoroso, mais fundos para pesquisa e desenvolvimento e programas agressivos para melhorar os modelos existentes.

---

[3] Trechos e dados desse perfil foram tirados da divisão de comunicações corporativas da Briggs & Stratton e da entrevista durante a visita ao local.

A Briggs & Stratton tem um plano de negócios constituído de três partes que é aplicado a todo modelo e grupos de modelos na linha de produtos da empresa. Esses incluem motores a gasolina de liga leve de alumínio, de cilindro único e de dois cilindros, desde 3 HP até 20 HP, o que representa uma grande variedade de configurações de válvulas superiores e laterais.

Sustentando todos os produtos da empresa está um forte sistema de assistência técnica. Uma rede mundial de mais de 32.000 centros de serviços autorizados existe para atender às necessidades e expectativas dos consumidores. Esses centros são dirigidos por pessoal treinado na fábrica e estocados com peças da Briggs & Stratton.

Principais Pontos Utilizados do VBM

Além dos programas ambiciosos de treinamento e de um forte apoio da gestão de cúpula, a Briggs & Stratton criou posições para gestores contábeis divisionais para cada nível divisional. Essas pessoas comunicavam-se muito bem a respeito do processo e se tornaram os "padres internos da religião".

Adicionalmente, o programa da Briggs & Stratton criou uma remuneração de desempenho e medidas que puderam ser usadas para diminuir o capital investido.

Finalmente, um conjunto consistente de cálculos do EVA existe para cada pessoa, o que é visto como justo e honesto.

CSX Transportation

Setor: Ferrovias: serviços de distribuição e frete
Sede: Richmond, Virginia
Empregados: 146.747

A CSX Transportation (CSXT) é parte da CSX Corporation – uma empresa de transportes listada na *Fortune* 500 fornecedora de contêineres para transporte ferroviário, intermodal e oceânico, rodoviário, de barcaças e serviços logísticos contratados em todo o mundo.[4] A CSXT oferece transporte ferroviário e serviços de distribuição ao longo de 32.000 milhas de trilhos em vinte estados dos EUA e Ontaário, Canadá. A rede de ferrovias da empresa se estende desde Ontário até a Flórida; e da costa do Atlântico até o Rio Mississippi. A CSXT faz entregas a mais pontos do que qualquer outro

---

[4] Trechos e dados desse perfil foram tirados da divisão de *Hoover's Handbook of American Business 1995*, da home page da CSX Corporation em http://www.csx.com e da entrevista durante a visita ao local.

transportador ferroviário no planeta. A CSXT é a maior extratora de carvão nos Estados Unidos e responsável por um terço de todos os carregamentos automobilísticos nacionais.

Em 1995, a CSXT era responsável por 46% da receita operacional da CSX e 74% de seu lucro operacional. Formada em 1986, a CSXT diminuiu significativamente seus custos operacionais à medida que melhorava sua confiabilidade, desempenho e eficiência. A empresa criou duas unidades de negócios para administrar segmentos-chave no mercado de carvão. Ela também estabeleceu vinte e cinco centros de distribuição especializados a fim de proporcionar a extensão de novos serviços de transporte de automóveis tanto para fabricantes domésticos quanto para estrangeiros. Adicionalmente, a empresa transporta minerais, produtos agrícolas, metais, produtos florestais, alimentos e bens de consumo, químicos e fertilizantes.

Principais Pontos Utilizados do VBM

A abordagem VBM da empresa inclui uma inovação com relação à remuneração de incentivo. A gestão de cúpula recebe remuneração direta do retorno sobre o capital investido (ROIC) e os empregados recebem remuneração com base no índice operacional. Os executivos de cúpula são fortemente encorajados a manterem investimentos pesados em ações da CSXT e salários, bônus em dinheiro e ações por desempenho são todos baseados no valor ao acionista. A remuneração de incentivo para empregados é dividida em duas partes. Dos 150 a 300 principais empregados, há uma matriz que delineia o cálculo de incentivo pela porcentagem de ROIC alcançado. A empresa também faz uma análise de correlação baseada nos ROIC no que diz respeito ao índice operacional. O retorno se correlaciona ao lucro operacional requerido. Então, o índice é calculado. Os empregados que não estão no grupo dos 150-300 principais são remunerados com base no índice operacional.

A CSXT mantém um alto nível de comprometimento com o VBM nos níveis mais altos da gestão e isso permeia toda a organização de cima para baixo: "Fizemos a matemática para ter os bônus dos gestores de cúpula alinhados com os bônus ao longo de toda a CSXT. Se a gestão de cúpula ganhar um certo nível de bônus, os empregados ganham o mesmo nível de bônus." Indivíduos "com desempenho extraordinário" em todos os níveis são recompensados com participações acionárias adicionais. A empresa busca a meritocracia, recompensando aqueles que têm bom desempenho.

Harnischfeger Industries

Setor: Empresa holding para subsidiárias envolvidas com a fabricação de papel, equipamentos de mineração e manuseio de materiais.
Sede: Milwaukee, Wisconsin
Empregados: 16.250

A Harnischfeger Industries foi fundada em 1884.[5] Ela é uma holding de empresas internacionais com segmentos de negócios envolvidos na fabricação e distribuição de equipamentos para a produção de papel (Beloit Corporation); mineração de superfície (P&H Mining Equipment); mineração subterrânea (Joy Mining Machinery) e manipulação de materiais (P&H Material Handling). Operações mundiais localizam-se na Austrália, Canadá, Europa, África do Sul, América do Sul, Sudeste Asiático e nos Estados Unidos.

O Papermaking Equipment Group (Beloit Corporation) produz maquinário para a fabricação de papel e sistemas de descoloração, processamento de fibras recicladas/restos de madeira, fabricação da polpa e preparação para armazenamento.

O Mining Equipment Group inclui a P&H Mining Equipment e a Joy Mining Machinery. A P&H é um dos líderes mundiais na produção de pás, linhas de reboque e perfuratrizes para a mineração de superfície. A Joy Mining Machinery lidera o setor na fabricação de mineradoras, lâminas de perfuração, transporte por galerias, sistemas de mineração, perfuratrizes, carregadores e outros. O grupo de manipulação de materiais é um fornecedor líder de guindastes e gruas além de serviços de engenharia e modernização. É a maior base doméstica de equipamentos instalados no setor, com mais de 40.000 guindastes de construção e 100.000 gruas.

Principais Pontos Utilizados do VBM

Os três principais negócios da Harnischfeger possuem as seguintes características-chave:

- Escopo internacional.
- Liderança de mercado.
- Forte posição pós-mercado.
- Líder tecnológico na área.
- Potencial positivo de valor econômico agregado.

---

[5] Trechos e dados desse perfil foram tirados do comunicado corporativo de fatos de 1996 da Harnischfeger e da entrevista durante a visita ao local.

O foco e o crescimento da empresa são direcionados por esses critérios essenciais.

A abordagem de bom-senso da Harnischfeger ao VBM tem tido muito sucesso. Os componentes de seu programa incluem:

- Um programa agressivo de treinamento.
- Uma abordagem simples.
- Remuneração de incentivo ligada ao EVA.
- Um programa que afeta o comportamento.

National Semiconductor Corporation

Setor: Semicondutores
Sede: Santa Clara, Califórnia
Empregados: 22.300

A National Semiconductor, uma empresa de transistores, foi fundada em 1959 em Danbury, Connecticut.[6] Em 1967, Peter Sprague assumiu como presidente e contratou o especialista Charles Sporck que veio da Fairchild Semiconductor. Sporck transferiu as operações para Silicon Valley e investiu pesadamente no desenvolvimento de chips lineares e chips digitais lógicos. Após se afastar do negócio de chips de memória em 1985, Sporck transformou a empresa em uma fornecedora de produtos especializados de maior margem.

Durante um plano de reestruturação de cinco anos iniciado em 1991, o CEO Gilbert Amelio estreitou o foco nos produtos da empresa para três mercados de alta margem e alto crescimento (analógico, comunicação e pessoal).

Produtos analógicos incluem sistemas automotivos, equipamentos de áudio e equipamentos de diagnóstico médico. Produtos de comunicação incluem *hubs* de comunicação de dados, sistemas de voz/dados e redes. O mercado de sistemas pessoais inclui plataformas de multimídia e produtos para computadores pessoais.

A empresa é dividida em dois grupos, Standard Products ou produtos-padrão (chips comuns) e Communications and Computing ou comunicações e computação (dispositivos especializados). Amelio também estabeleceu a divisão de produtos inovadores, que serve como incubadora para novas idéias de produtos.

---

[6] Trechos e dados desse perfil foram tirados de *Hoover's Handbook of American Business 1995*, da publicação da National Semiconductors *International News* e da entrevista durante a visita ao local.

A National Semiconductor está localizada no coração do Vale do Silício e suas instalações de fabricação localizam-se na Malásia, Filipinas, Escócia e Cingapura.

Principais Pontos Utilizados do VBM

A National Semiconductor iniciou o Leading Change Program no começo da década de 90, com milhares de gestores comparecendo a um seminário de cinco dias para compreender a nova visão da empresa. Durante esse período, os gestores também coletaram informações de baixo para cima sobre o que os empregados pensavam a respeito da direção que a empresa deveria seguir. A visão da empresa foi então estabelecida.

Em 1991-1992, a National Semiconductor desenvolveu uma transformação corporativa em duas fases. A primeira fase revisou a situação de capital intensivo. O novo CEO desenvolveu a remuneração de incentivo para facilitar o reposicionamento. Inicialmente, o programa de incentivo se baseou no retorno sobre ativos líquidos (RONA). Isso foi apropriado para a fase 1 à medida que passaram de uma empresa com prejuízos para números positivos.

Enquanto esse programa de incentivo foi apropriado para a fase 1, o CEO e o CFO se conscientizaram de que era necessário passar para a fase 2 e implementar um programa de incentivo baseado na mudança de comportamento dos gestores a fim de direcionar o valor ao acionista. O retorno total do acionista (TSR — a melhora no preço da ação ao longo do tempo) foi o foco principal. Durante o começo da década de 90, o Boston Consulting Group foi chamado e o National Semiconductor Value Model foi iniciado.

Shell Oil

Setor: Petróleo e petroquímica
Sede: Houston, Texas
Empregados: 21.500

A Shell fez sua primeira aparição nos Estados Unidos em 1912. Em 1985, a Shell Oil Company tornou-se uma subsidiária de total propriedade do Royal Dutch-Shell Group, que tem mais de 117.000 empregados em mais de 100 países.[7]

---

[7] Trechos e dados desse perfil são da home page da Shell Oil em http://www.shellus.com e da entrevista durante a visita ao local.

Os negócios da Shell Oil sempre foram além da venda de gasolina. Na década de 30, os cientistas da Shell desenvolveram produtos fertilizantes petroquímicos. Durante a década de 40, a Shell liderou o caminho no desenvolvimento de produtos químicos para a borracha sintética e explosivos, inventou um método para purificar a penicilina e forneceu combustível de aviação aos Aliados.

Ao longo da história da Shell, a empresa atingiu as exigências de um mundo em expansão. Desde lubrificantes para motores até combustível para jatos e o investimento de recursos em processos e produtos que proporcionam um ambiente mais seguro, a Shell tem liderado o caminho.

A Shell Oil possui três principais negócios: exploração, produção e produtos químicos/produtos petrolíficos.

Como cita o presidente Philip J. Carroll em uma carta escrita em 1995, as principais prioridades da Shell Oil continuam a ser atingir um retorno sobre o investimento de pelo menos 12%. Ao estabelecer uma meta alta, a Shell tem a intenção de ser a melhor empresa nos Estados Unidos.

Principais Pontos Utilizados do VBM

A estrutura tremendamente inovadora da Shell tem efeitos positivos sobre os conceitos VBM. A Shell criou uma dinâmica interessante do que costumavam ser centros de trabalho tradicionais. Quatro unidades operacionais semi-autônomas têm seus próprios balanços patrimoniais. Com essa estrutura, o principal negócio da Shell terá capacidade de operar de forma mais independente à medida que preserva um valioso senso de união.

Em 1995, a Shell Oil Company foi dividida em quatro empresas operacionais separadas: uma empresa de serviços, uma empresa de exploração e produção, uma empresa de produtos petrolíferos (refinamento e comercialização) e a Shell Chemical. Um conselho de administração foi colocado em cada uma dessas empresas operacionais. O presidente de cada um dos conselhos é o CEO da Shell Oil Compay. Os conselhos incluem chefes das áreas profissionais (tributária, legal, planejamento, serviços de finanças e investimentos e recursos humanos) bem como CEOs de outras empresas operacionais. A empresa está se movimentando para ter diretores externos nesses conselhos.

Alguns dos efeitos são:
- Com a geração de valor ao acionista em andamento, as decisões de capital com relação às responsabilidades assumidas são feitas no nível operacional. Eles controlam a responsabilidade até essas empresas operacionais.

- Os chefes dos setores carregam muito mais responsabilidade agora do que no passado.
- As áreas profissionais na empresa agem como negócios direcionados ao lucro, muito embora todos os lucros sejam mantidos internamente. Os chefes de cada um desses grupos se unem em conselho para decidir as políticas a serem estabelecidas ao longo das unidades operacionais.

Referências

Myers, Randy. "Measure for Measure." *CFO Magazine*, novembro 1997.

O'Byrne, Stephen F. "Does Value Based Management Discourage Investment in Intangibles?" Trabalho, 1º de março, 1999.

Tully, Shawn. "The Real Key to Creating Wealth." *Fortune* (20 de setembro, 1993): 38-50.

Wallace, James. "Adopting Residual Income-Based Compensation Plans." *Journal of Accounting and Economics* 24 (1998).

Zimmerman, Jerald L. "EVA and Divisional Performance Measurement." *Journal of Applied Corporate Finance* 10 (1997): 98-109.

Epílogo

> *O principal objetivo da Disney é gerar valor ao acionista ao continuar sendo a maior empresa de entretenimento no mundo do ponto de vista criativo, estratégico e financeiro.*
>
> Disney, *relatório anual de 1999*

O valor ao acionista tem sido há muito o tema principal dos economistas financeiros, porém a conversa mudou atualmente das salas de aula para os escritórios dos conselhos — quando os investidores não estão mais dispostos a permanecerem passivos e sofrerem em silêncio ou tomar "a caminhada de Wall Street" (isto é, venderem suas ações). Eles querem acesso às salas dos conselhos em um esforço de estimular o desempenho das empresas em suas carteiras.

As respostas dos gestores ao ativismo dos acionistas têm sido variadas. Onde existe uma forte crença de que o acionista é nada mais do que apenas um de muitos constituintes — e provavelmente não mais importante do que qualquer outro — o chamado para se orientar ao valor para o acionista é muitas vezes ignorado e, em alguns casos, publicamente difamado como promotor de tomadas de decisão míopes. No entanto, para as empresas de desempenho mais pobre, as pressões de grandes acionistas institucionais e, em alguns casos, empresas adquirentes, têm forçado uma mudança no foco. O recado é claro: gerar valor ao acionista ou perecer.

Porém, será este novo entusiasmo pelos interesses do acionista somente uma moda passageira? O emprego pleno e a competição pelo capital humano irão descarrilhar o trem da geração de valor ao acionista? Não somos melhores em adivinhar o futuro do que os especialistas de Wall Street, porém se a intensidade do diálogo atual entre acionistas e gestores for algum tipo de indicação, a resposta é: "Não tão cedo." Entretanto, mesmo se o interesse no valor ao acionista esvair-se, os ganhos da década de 90 são inegáveis.

Conclamar o objetivo de maximizar o valor ao acionista é fácil. Os CEOs fazem isso o tempo todo em declarações feitas por eles à imprensa financeira e cartas que escrevem aos acionistas no relatório anual. No entanto, traduzir o objetivo em prática está longe de ser fácil. Mesmo onde há o entendimento de que melhorar o valor ao acionista é a coisa *certa* a fazer, muitas vezes há opiniões extremamente divergentes sobre a melhor maneira de implementar os objetivos. Além disso, a *geração* de valor envolve muito mais do que o mero monitoramento do desempenho da empresa. O valor é gerado somente quando os gestores estão ativamente engajados no processo de identificar boas oportunidades de investimento e tomando atitudes para capturar seu potencial de criação de valor. Posto de modo simples, a geração de valor exige que a gestão seja eficiente em identificar, desenvolver *e* colher as oportunidades de investimento.

Se você deseja gerenciar pelo valor ao acionista a primeira e mais importante coisa que tem de fazer é identificar exatamente o que direciona o valor ao acionista no mercado de capitais. Uma questão central que freqüentemente surge a esse respeito é a seguinte: o valor da ação reflete os lucros trimestrais da empresa ou ele engloba o potencial de geração de fluxo de caixa futuro da empresa? Muitos investidores e gestores corporativos argumentam que Wall Street se preocupa demais com os lucros atuais da empresa a ponto de excluir as perspectivas futuras de uma empresa. Por outro lado, economistas financeiros geralmente argumentam que os mercados de capitais são orientados a longo prazo e de fato refletem o valor atual do potencial de lucros futuros da empresa. Seríamos omissos se não reconhecêssemos a sinceridade das opiniões de ambos os lados dessa questão. Entretanto, os modelos de gestão baseada em valor, sem exceção, foram construídos sobre a crença básica de que os mercados de capitais visam os fluxos de caixa futuros de uma empresa como a fonte de valor desta empresa. Eles rejeitam a tese básica de que medidas exclusivamente contábeis, tais como os lucros trimestrais atuais e o crescimento em lucros, sejam os princpais determinantes do valor das ações de uma empresa. Se você tomar a estrada da gestão de valor ao acionista, então deve ficar de sobreaviso. Você pode descobrir que é necessário defender suas decisões perante a comunidade de analistas quando tais atitudes aumentarem os fluxos de caixa futuros em detrimento dos lucros correntes.

Nesse estudo, observamos de perto os métodos básicos utilizados por diferentes empresas para incentivar os gestores a se concentrarem na geração de valor ao acionista. Aqui estão nossas conclusões:

- As práticas das empresas engajadas na implementação do VBM diferem grandemente entre empresas. Algumas empresas encontram-se sofrendo de investimentos exagerados que não obtêm mais um retorno competitivo. Sua necessidade imediata é implementar uma medida de desempenho e um sistema de remuneração que encorajem os gestores a racionalizar seus investimentos em ativos, determinar o que é necessário para dar continuidade às operações da empresa e dispensar os excessos. Para outras empresas, a necessidade primordial pode ser estratégica. Nesse caso, o VBM proporciona as ferramentas para analisar o valor das alternativas estratégicas. Assim, a escolha da abordagem VBM *correta* deve se concentrar nas necessidades da empresa em vez de na suposta superioridade de um método sobre outro. Ter um entendimento claro do resultado que se deseja atingir é absolutamente essencial.

- Qualquer estudante de economia e finanças sabe que o processo da geração de valor freqüentemente leva muitos anos e não pode ser facilmente capturado em uma medida de período único, não importa quão intuitiva seja a métrica. Infelizmente, as empresas não podem se dar ao luxo de esperar que seus esforços de geração de valor sigam seu curso total antes de tentar avaliar seu sucesso. O desempenho da empresa e de suas unidades de negócios, nesse ínterim, deve ser medido periodicamente para que os gestores possam reconhecer e recompensar àqueles que foram os responsáveis. Assim, existe uma necessidade real por uma métrica de desempenho de período único que possa medir o desempenho histórico de uma maneira que reflita apropriadamente a geração de valor para o período. Simplesmente não temos escolha se desejamos monitorar as operações da empresa ao longo do tempo. As ferramentas do VBM representam melhorias sobre as métricas contábeis tradicionais, mas ainda têm suas limitações. Portanto, não se deixe levar pelos fortes clamores das métricas VBM — não importa quão impressionantes sejam suas apresentações — de que uma medida de período único irá se correlacionar grandemente com o valor da empresa a cada ano. Você ficará desapontado.

- Programas VBM de sucesso possuem alguns atributos em comum: (1) eles têm o apoio da gestão de cúpula — compromisso genuíno e não simplesmente um envolvimento parcial; (2) eles são atados à remuneração; (3) eles requerem um investimento significativo de tempo e dinheiro na educação da força de trabalho da empresa com relação ao programa e como ele funciona; e (4) eles dão valor à simplicidade em vez da complexidade. Lembre-se de que as ferramentas do VBM não são instrumentos precisamente calibrados. Portanto, você deve considerar o uso de seu sistema VBM para criar valor ao acionista mais como o uso de um rebocador que direciona um petroleiro para o porto, em vez de utilizar um sistema a laser sofisticado para direcionar pequenas bombas para dentro de chaminés!

- Tem-nos surpreendido a freqüência com que encontramos gestores que puderam somente descrever os programas de remuneração de incentivo de suas empresas em termos extremamente vagos. Alguns chegaram a dizer que os determinantes de seus bônus de final de ano eram um mistério. Nesses casos, é difícil acreditar que o sistema de incentivo está levando aos resultados desejados.

Para fechar, deixemos claro que nenhum sistema baseado em valor é perfeito. De igual importância, nem todas as empresas obtêm os mesmos benefícios da implementação do VBM. Um motivo é que medir o desempenho é mais difícil para empresas que operam em mercados que mudam rapidamente. O valor dessas empresas é ligado muito estritamente às oportunidades de crescimento futuras da empresa, que são caracteristicamente mais difíceis de avaliar do que as operações em andamento em um ambiente mais estável. No final do dia, não existe um "Santo Graal" no que diz respeito a selecionar e implementar um sistema de gestão baseada em valor.

Mesmo com as limitações observadas acima, permanece potencial suficiente para desenvolver o valor ao acionista em muitas empresas. A gestão baseada em valor envolve transformar o comportamento de forma a encorajar os empregados a pensar e agir como proprietários. Acreditamos que a construção cuidadosa de uma medida e de um sistema de remuneração direcionado ao mercado de capitais, que possam medir o desempenho dos empregados utilizando métricas atadas às recompensas dos proprietários, promoverá um ciclo contínuo de geração de valor que beneficia todos na economia.

Outros Títulos Sugeridos

Gestão pela Margem
O Management dos Negócios Orientado para a Otimização das Margens

Autor: Cláudio Luiz Eckhard

Páginas: 386

Formato: 16 x 23 cm

Na Gestão pela Margem toda a ação empresarial gira em torno do composto produto e de sua capacidade de gerar resultados. Daí a importância do foco no produto, da institucionalização da inovação e das competências centrais da empresa.

Cláudio Eckhard ajuda a entender as diversas abordagens da margem, explica o modelo de apuração CaSIS e analisa diferentes estratégias para a melhoria dos resultados. E além da linguagem simples e acurada, traz também exemplos práticos de aplicação dos conceitos apresentados no cotidiano corporativo.

Outros Títulos Sugeridos

Estabelecimento de Limite de Crédito
Uma Nova Abordagem para um Velho Problema

Autor: Carlos Alexandre Sá

Páginas: 88

Formato: 18 x 25 cm

Carlos Alexandre Sá, neste livro, propõe ao leitor uma nova forma de se determinar, estatisticamente, limites de crédito. Tal modelo se baseia não somente nos critérios de classificação disponíveis pelas empresas de informações cadastrais, como também leva em consideração a base de dados do cliente. Também são levadas em consideração a influência dos prazos de pagamento nos limites de crédito para clientes novos, a distinção entre clientes habituais e clientes eventuais, a definição e a importância dos valores atípicos, e etc.

Ao final do livro, o autor comprova a aplicabilidade e a funcionalidade de seu método através da exposição do estudo de um caso.

Outros Títulos Sugeridos

Dilemas na Gestão Financeira Empresarial

Autor: José Antonio Rodrigues

Páginas: 144

Formato: 18 x 25 cm

Debates, discussões, dilemas são comuns durante os processos envolvidos nas finanças empresariais. Soluções são freqüentemente analisadas e ponderadas durante os debates sobre assuntos delicados e vitais para a boa saúde financeira das corporações. Escolhas aparentemente simples nas diversas áreas financeiras podem ter como resultado conseqüências imprevisíveis. São os Dilemas na Gestão Financeira Empresarial.

José Antonio Rodrigues trata da maioria desses dilemas de forma clara e objetiva, sob os diferentes ângulos e com as devidas avaliações procurando esclarecer e adicionar valor informativo para o leitor. Um verdadeiro guia para o moderno homem de finanças.

Outros Títulos Sugeridos

Planejamento Estratégico Empresarial

Foco em Clientes e Pessoas

Autor: Maurício Castelo Branco Valadares

Páginas: 140

Formato: 16 x 23 cm

Maurício Castelo Branco desmistifica a atividade de planejamento estratégico como própria apenas de grandes organizações e motiva os pequenos e médios empresários a utilizá-la como um plano de trabalho para a gestão moderna, com ênfase no mercado e nos valores de clientes. Para tanto, o autor utiliza muitos exemplos que focalizam as pequenas empresas.

O livro é divido em seis capítulos, cada um dos quais enfoca de forma didática uma das etapas do planejamento estratégico: conhecimento da empresa; diagnóstico da situação externa; diagnóstico da situação interna; estabelecimento de objetivos e metas; estratégias de ação; e planos de ação e acompanhamento. Ao final da obra, há um Anexo, com um esquema gráfico que auxilia na implantação do modelo de planejamento proposto.

Entre em sintonia com o mundo

QualityPhone:
0800-263311
Ligação gratuita

Rua Teixeira Júnior, 441
São Cristóvão
20921-400 – Rio de Janeiro – RJ
Tel.: (0XX21) 3860-8422
Fax: (0XX21) 3860-8424

www.qualitymark.com.br
E-Mail: quality@qualitymark.com.br

Dados Técnicos

- **Formato:** 18 x 25
- **Mancha:** 14 x 21
- **Corpo:** 11
- **Entrelinha:** 13
- **Fonte:** Bookman ITC LT BT
- **Total de Páginas:** 272

Impresso por:

Edil
Artes Gráficas
Tel/Fax: (21) 2501-7560
2201-9489
E-mail: grafica.edil@openlink.com.br